科学出版社“十四五”普通高等教育本科规划教材

空间数据库实验教程

程昌秀　著

科学出版社

北　京

内 容 简 介

以数据为中心的应用模式是未来地理信息科学发展的重要趋势。具备空间数据库建设与应用的实践技能，势必成为地理科学、测绘工程及相关专业学生日后开展空间数据库相关工作的基本技能。

作为《空间数据库管理系统概论（第二版）》的配套实验教程，本书以“单机→C/S→B/S→云”的升级为主线，结合地层孢粉样本、蓝湖地区地图、黄河流域典型要素、北京市规划小区与出租车时空轨迹等各类数据，设计了系列跨领域、多尺度、具有地理特色的实验案例，通过实践，由浅入深地帮助读者掌握空间数据库的理论和难点、掌握 GSQL 的编写、掌握空间大数据的分布式存储与计算等技能。

本书可作为地理科学、测绘工程及相关专业本科生的教材，也可供相关专业技术人员参考。

审图号：GS 京(2024)1652 号

图书在版编目(CIP)数据

空间数据库实验教程 / 程昌秀著. -- 北京 : 科学出版社，2024. 9.
(科学出版社“十四五”普通高等教育本科规划教材). -- ISBN 978-7-03-079537-3

Ⅰ. P208-33

中国国家版本馆 CIP 数据核字第 2024C3S130 号

责任编辑：杨　红　郑欣虹/责任校对：杨　赛
责任印制：赵　博/封面设计：无极书装

科学出版社 出版
北京东黄城根北街 16 号
邮政编码：100717
http://www.sciencep.com

三河市骏杰印刷有限公司印刷

科学出版社发行　各地新华书店经销

*

2024 年 9 月第 一 版　开本：787×1092　1/16
2025 年 1 月第二次印刷　印张：14
字数：323 000

定价：59.00 元

(如有印装质量问题，我社负责调换)

序

1998 年美国原副总统戈尔提出“数字地球”。十年后 IBM 提出“智慧地球”。2018 年中国信息通信研究院提出“数字孪生城市”。近年虚实相生的“元宇宙”又正值风口。在这些新技术、新理念、新应用的驱动下，地理信息系统（geographic information system，GIS）不断转型升级，或将成为未来元宇宙的操作系统。空间数据库作为专门用于存储和管理地理空间数据的基座，是 GIS 的重要组成部分。管理全量数据的空间数据库必将成为打造数字孪生、元宇宙的重要基础。

为发展自主知识产权的空间数据库技术，国家先后布局了系列关键技术研发和应用示范项目。程昌秀教授作为空间数据库领域的核心骨干，对国内外经典空间数据库管理系统进行了深入剖析与系统实践，在海量空间数据管理、高效搜索引擎等核心技术方面取得重要进展。2012 年编著了《空间数据库管理系统概论》。2014 年，作者开始依托该著作反哺教学，并在教学实践中不断完善理论体系、丰富实践案例，形成了《空间数据库管理系统概论（第二版）》和《空间数据库实验教程》两部教材。

《空间数据库管理系统概论（第二版）》系统阐述了“研教用”相融合的完备的课程理论和核心知识点。在共性方面，该书以国际国内标准为抓手，系统凝练了数据模型、9 交模型、拓扑分析、索引等空间数据库领域共性的理论、方法和技术；在个性方面，本书以历史为主线、以产品为案例，通过归纳分类和提炼演绎，系统地梳理了不同技术方法的特点与时代局限性。这种共性与个性相结合的编写方式，方便读者全面、系统、客观地掌握国内外现有空间数据库的系列方法与技术。此外，针对地理时空大数据，该书最后一章还重点介绍了分布式存储、分布式计算、NoSQL 等新兴的方法与技术，旨在开阔学生视野、启发创新思维。

《空间数据库实验教程》由浅入深地设计了系列跨领域、多尺度、具有地理特色的空间数据库实验案例，强化了读者理论联系实践的能力，深化了读者对空间数据库在地学相关领域应用的认知。此外，该教程还以北京市出租车时空轨迹大数据为例，展示了轨迹分析在城市感知中的应用与实践，以及分布式存储与计算技术在轨迹大数据管理中的效用，旨在培养与社会需求相接轨的专业人才。

作者近年在空间数据库教学方面的相关实践和探索受到师生好评，荣获第三届高等学校 GIS 教学成果特等奖、北京高校优质本科课程。相信两部教材的出版将对我国 GIS 相关专业的教学与人才培养产生重大的推动作用。同时，希望作者持续关注该领域国内外最新动态与成果，以便纳入该书后续的版本中。

中国科学院院士

2023 年 10 月

前　言

目前，仅依靠信息技术（information technology，IT）已无法实现地理信息系统（geographic information system，GIS）向云计算的数字化转型和升级。为推动上述转型与升级，GIS 势必需要经历三类转变：从以功能为中心到以数据为中心、从空间数据引擎到空间数据库、从单机环境到云平台。可见，“以空间位置为核心的相关理论和技能”逐步成为地理科学、测绘工程及相关专业学生日后开展各类工作的重要基础。

空间数据库是计算机科学与地理学的交叉领域。为了深入理解《空间数据库管理系统概论（第二版）》中的相关理论，《空间数据库实验教程》（以下简称本教程）是与之配套使用的实验教程。本教程设计了地层孢粉观测数据、蓝湖地区地图数据、黄河流域河流-省-城市-DEM 数据、出租车时空轨迹与社区规划等系列实验案例，强化空间数据库理论与地理数据、概念和问题的联系，帮助读者在实践中理解和掌握相关概念和方法，如图 1 所示。

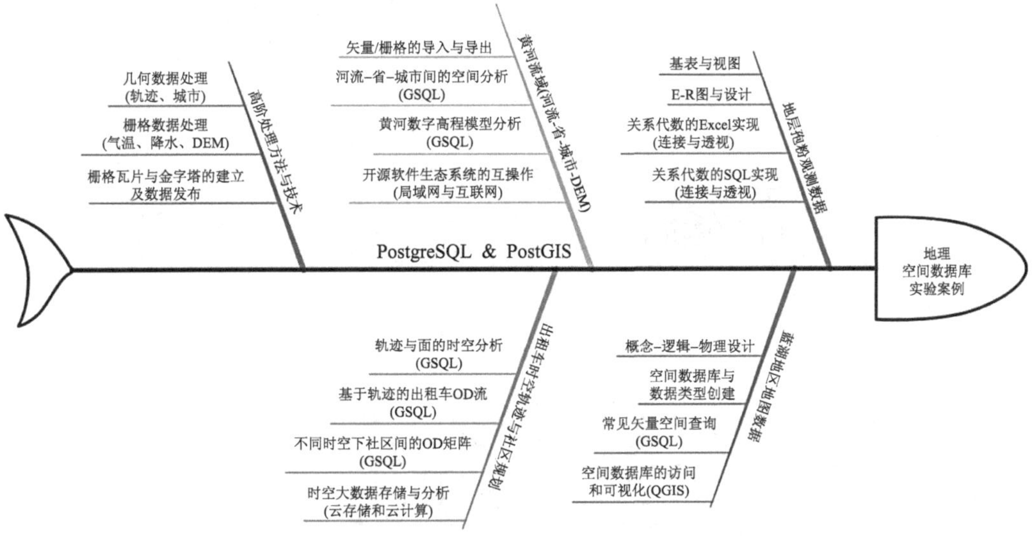

图 1　空间数据库管理系统实践案例

2021 年 Glass 收集并分析了数百万个招聘信息，SQL 成为招聘信息中出现率最高的编程语言。本教程首要且最为关键的特色在于着重培养读者撰写结构化查询语言（GSQL）的能力。GSQL 是与数据库进行交互的核心工具，也是读者应当学习掌握的重点，更是空间数据库课程及其实践的关键内容之一。GSQL 是空间数据库区别于其他专业相关课程的特色所在，是读者理解理论知识和运用空间数据库技能的根本。因此，在实验案例体系中，设计了图 1 中示出的系列重要案例，强化读者编写 GSQL 的能力。同时，为了实现 GeoServer 与 PostGIS 中栅格数据表的连接，本教程还增加了附录 A，以便读者扩展练习。

本教程的第二个特色是先在单机上部署系统，读者通过前 4 章的学习基本掌握了空间数据库管理系统的基础技术，如图 2 中间左部所示；然后，逐步将单机环境扩展到网络环境。扩展主要分为三步：首先，在局域网下基于两层软件架构实现远程数据库的访问，如图 2 中间右部所示，详见 5.2 节；其次，在互联网环境下基于三层架构实现空间数据库的 Web 环境的共享与发布，如图 2 上部所示，详见第 6 章；最后，面向时空大数据实现数据服务器端的分布式存储与计算，如图 2 下部所示，详见第 10 章。通过上述学习过程，让读者体会数据库从单机环境到云环境的过程。

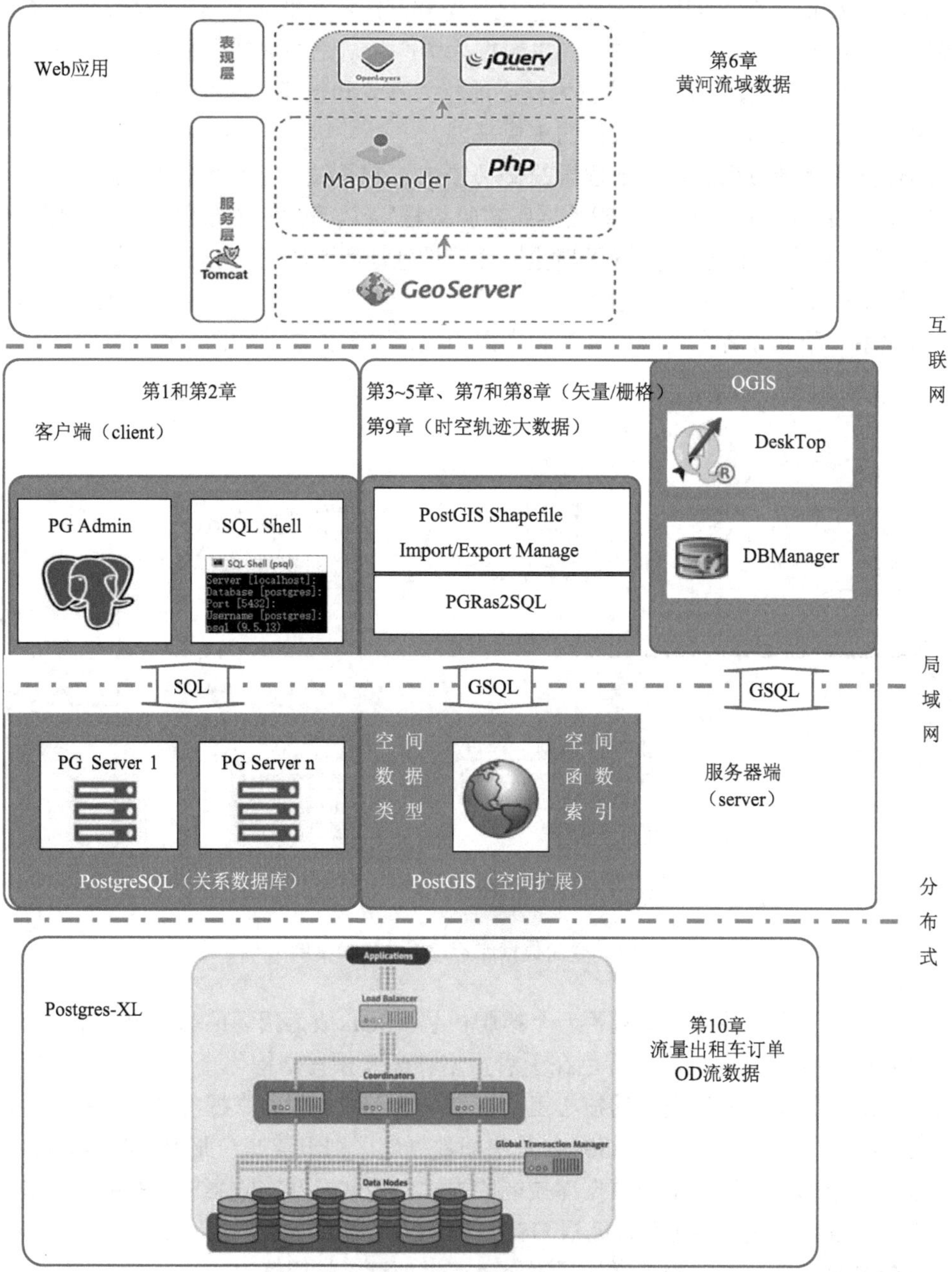

图 2　网络环境下常用软件工具的体系结构

本教程的第三个特色体现为基于开源软件和实践平台。开源空间数据库能够削减教学和使用成本，有益于加深对理论知识的理解；再者，开源产品具备源代码且代表技术发展新趋势。本教程以开源 GIS 软件（QGIS）和开源空间数据库软件（PostgreSQL 和 PostGIS）作为实践平台，其不但适配于 Linux、Windows 和 MacOS 等操作系统，而且简洁灵活、功能完备、易于操作、便于理解。同时，本实验平台与 Oracle Spatial、SQLServer 等系列商业产品的理论、体系、概念保持一致，学习成果易于移植。本教程用到的所有软件或模块的关系及体系结构如图 2 所示。此外，本教程能够与地理信息系统原理、空间分析、时空大数据分析、城市地理学等其他地理科学专业相关课程关联，形成课程链。

本教程的实验代码在文本中的方框内给出，其中，白底正体字的代码为 SQL 或 GSQL 语句，白底斜体字的代码为操作系统的命令行，灰底正体字的代码为 Python 代码或文件内容等其他信息。

配套的实验软件和数据的下载链接为：http://cheng.bnu.edu.cn/ 。若读者所用的操作系统与本教程不同，界面表现形式可能会存在差异，但教程介绍的功能在所有支持的操作系统上均能实现，请结合自己的操作系统和教程描述进行实验。此外，针对教程命令行中出现的目录，请读者用自己计算机上的对应目录进行替换。

博士研究生戴开璇和叶舒雨、硕士研究生魏赞美参与了本教程实验案例的设计与验证，戴特奇老师提供了第 9 章和第 10 章的原始实验数据，在此对他们的付出表示衷心的感谢!

囿于作者能力和时间，书中难免存在疏漏之处，敬请读者批评指正。

作　者

2024 年 1 月

目　　录

第 1 章　PostgreSQL 的安装与使用

本章用于帮助读者了解关系型数据库管理系统 PostgreSQL（简称 PGSQL），掌握 PGSQL 的下载与安装方法，了解空间数据库的组成部分，了解并掌握 PGSQL 及其常用工具。

1.1　PGSQL 简介与体系结构

PGSQL 作为一款强大的数据库，可以在 Windows、MacOS 和 Linux 三大平台进行安装，并且被誉为“世界上最先进且开源的关系型数据库”。其官网是 https://www.postgresql.org/。PGSQL 也支持对象关系模型的扩展，支持绝大部分 SQL 标准，同时扩展了许多函数。PGSQL 的历史可以追溯到 1986 年美国加利福尼亚大学伯克利分校开发的 Postgres 数据库管理系统。该项目最初名为“POSTGRES”，参考了之前在伯克利分校开发的旧 Ingres 数据库。POSTGRES 旨在添加最少的功能、支持多种数据类型。1996 年，为展现其对 SQL 的支持，将其改名为“PostgreSQL”。PGSQL 因其久经考验的体系结构、可靠性、数据完整性、强大的功能集、出色的可扩展性，以及软件背后丰富的开源社区支持，成为许多企业、组织和个人在开源数据库方面的首选。

PGSQL 具有以下优势：①稳定可靠。PGSQL 是目前功能最全面、最强大、最接近商业数据库标准的开源软件。②开源共享。PGSQL 支持的 BSD（Berkeley Software Distribution）开源协议给予使用者极大的自由度，允许他们自由地使用、修改 PGSQL 源码，也支持他们共享、分发修改后的代码。③广泛适用。PGSQL 对主流开发语言支持度高且开发友好，包括 C、C++、Perl、Python、Java、Tcl 以及 PHP 等。④生态丰富。由于 PGSQL 的开源属性以及开放社区的贡献，目前已扩展了多个面向不同功能和服务对象的功能组件，极大丰富了 PGSQL 的数据库生态系统。

PGSQL 是经典的客户端/服务器（client/server，C/S）架构，即不同的用户端程序可以访问同一个数据库服务器，如图 1-1 所示。当然，同一个客户端程序也可以通过网络访问不同

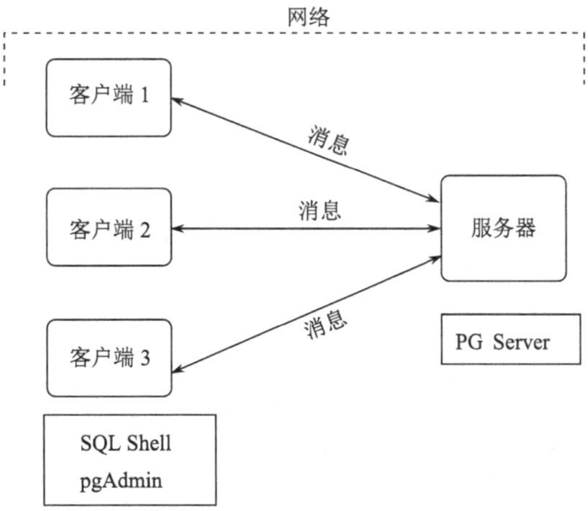

图 1-1　PGSQL 的 C/S 体系结构

的数据库服务器。安装完成后，PG Server 部署在服务器端，负责数据库的建立、管理和运行；而 SQL Shell 和 pgAdmin 是客户端，通过服务器的 IP 地址、端口等信息与 PG Server 建立联系，并向 PG Server 发送指令。SQL Shell、pgAdmin 适用于 DOS、Windows 操作系统；SQL Shell 采用命令行的方式发送指令，而 pgAdmin 则采用图形用户界面（graphical user interface，GUI）的方式发送指令。

1.2　PGSQL 的下载与安装

1.2.1　PGSQL 安装程序的下载

本教程后续实验均采用 PGSQL 15.3-2 版。首先登录 PGSQL 的官网（https://www.postgresql.org/）进入下载页面（图 1-2），点击“Download the installer”后，选用目前常见的 Windows x86-64 操作系统，选择 15.3-2 版下载，之后可以把 postgresql-15.3-2-windows- x64.exe 存储在本地，完成下载即可。注意：读者可以根据自己的操作系统情况选择合适的　版本。如不方便下载，相关安装包也可以到教程配套资源第 1 章目录下获取。

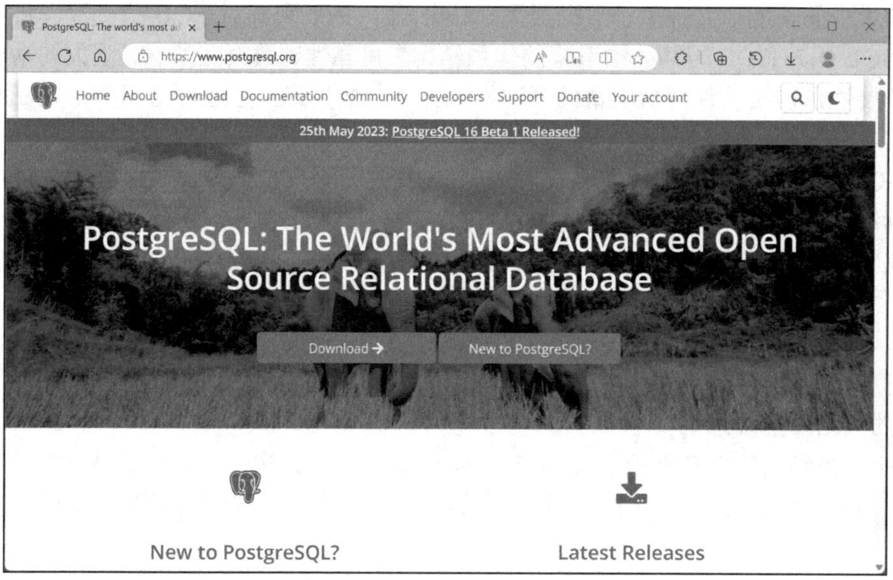

图 1-2　PGSQL 的下载页面

1.2.2　PGSQL 的安装

（1）安装路径的设置与模块的选择。双击安装包 postgresql-15.3-2-windows-x64.exe 后，系统可能会先启动所依赖的“运行时组件”进行安装。之后，进入安装程序的首个界面，界面上的字号可能小于操作环境的默认字号（图 1-3a）；然后，点击“Next”，设定程序的安装路径，建议采用默认路径（图 1-3b）（这里需要注意：若需更改路径，切记路径中不要有中文字符，建议教程后续设置路径时都避免出现中文字符）；之后点击“Next”，选择所需安装的 PostgreSQL Server、pgAdmin 4、Stack Builder、Command Line Tools 等组件，这里默认全选（图 1-3c）；之后点击“Next”，设定数据库的数据存储路径，建议采用默认路径（图 1-3d）。

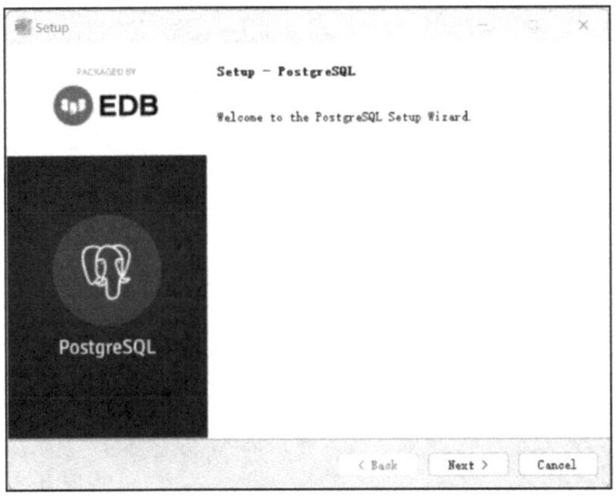

a 安装首界面

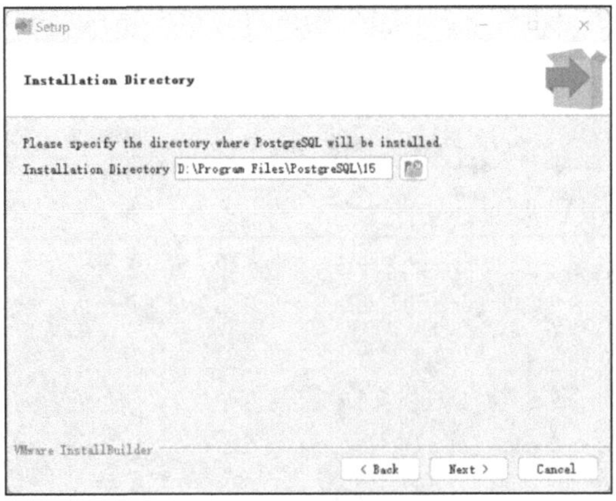

b 选择 PGSQL 程序的安装路径

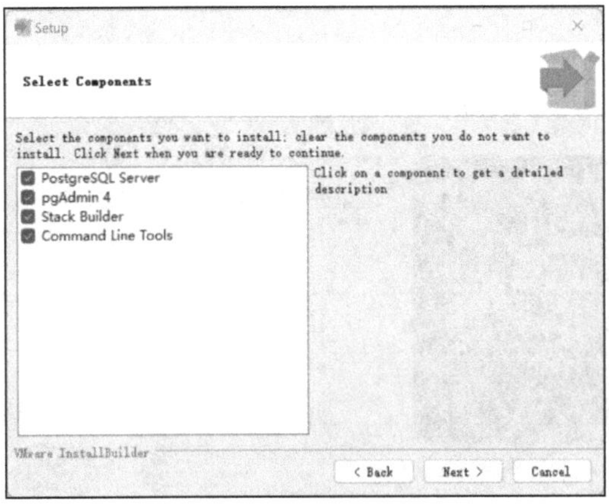

c 选择需要安装的组件

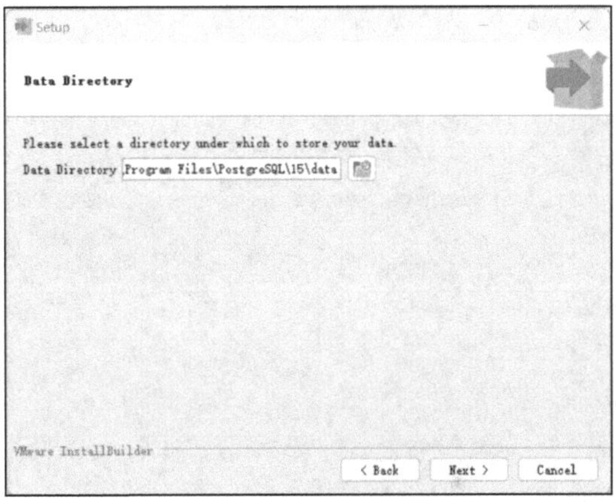

d 选择数据库数据存储路径

图 1-3　安装路径的设置与模块的选择

（2）数据库超级管理员密码和 PGSQL Server 端口的确定。完成第（1）步后，首先需要设置密码（图 1-4a），此处设为 sql（注意：该密码为数据库超级管理员 postgres 登录数据库服务器时的密码，非常重要，请务必牢记）。之后点击“Next”，设置数据服务器的监听端口，建议采用默认的 5432 端口（图 1-4b）；之后点击“Next”，设置用户所在的区域和使用的语言（图 1-4c），建议选择默认（Default locale），当然也可以选择其他，但后续可能会因编码问题导致一些功能不能正常使用；点击“Next”，则显示之前设置的各种参数详情；然后点击“Install”，进入安装流程，可以根据安装进度条了解安装进程，待安装完成后，进入图 1-4d 的界面。鉴于目前仅安装关系数据库、不安装其他扩展模块，因此取消“Stack Builder may be used to download and install additional tools, drivers and applications to complement your PostgreSQL installation.”之前的勾选项，点击“Finish”完成安装。Stack Builder 在后续安装空间扩展的 PostGIS 时会再次用到。

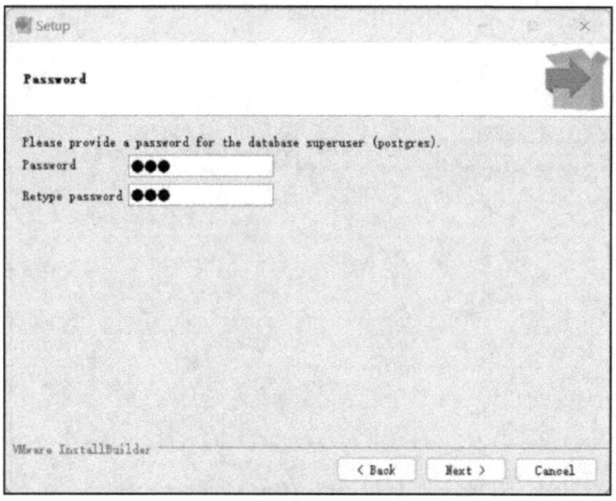

a 数据库超级用户的密码

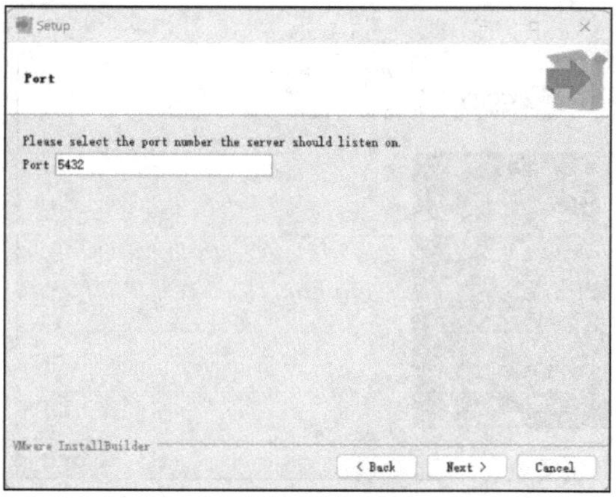

b 数据服务器的监听端口

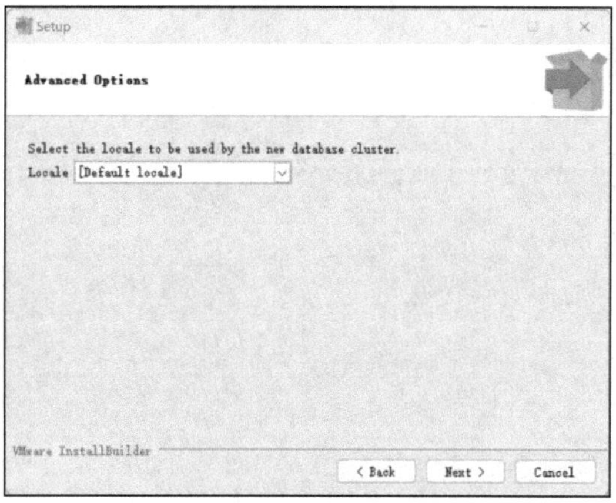

c 数据库管理界面的区域与语言

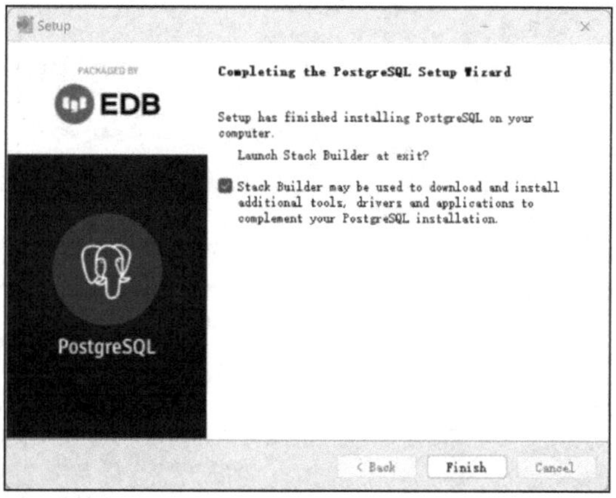

d 完成安装

图 1-4　PGSQL 安装路径的设置与模块的选择

1.3　寻找 PGSQL 的四个模块

使用 Win+R 快捷键，打开输入命令框，输入 services.msc 后回车，在系统的“服务”列表中，翻至 P 开头的服务，应该很快能找到上述安装的 PG Server（数据库服务器），如图 1-5a 所示；后续，后台数据库服务器的启动和停止都在该界面操作，通常将其设为自动启动。服务器启动后，就一直监听来自 5432 端口的客户端命令请求，并根据数据库管理系统（database management system，DBMS）的规则，负责操作和管理后台数据库。上述安装的 pgAdmin 4、Stack Builder、Command Line Tools 可以在操作系统的开始菜单中找到，以 Windows 10 为例，点击开始菜单，翻至 P 开头的程序列表找到 PostgreSQL 15（图 1-5b），其中，Application Stack Builder 是扩展程序的安装器，后续扩展安装 PostGIS 时会用到。pgAdmin 4 是 Windows 环境向服务器发送指令的客户端工具，SQL Shell（psql）是 DOS 系统中向数据库服务器发送 SQL 指令的工具。SQL Shell 是早期面向 DOS 操作系统的工具，而 pgAdmin 则是后期面向 Windows

操作系统的工具，其本质是以 GUI 的形式生成 SQL 命令，最终还是以 SQL Shell 的形式发送给服务器。

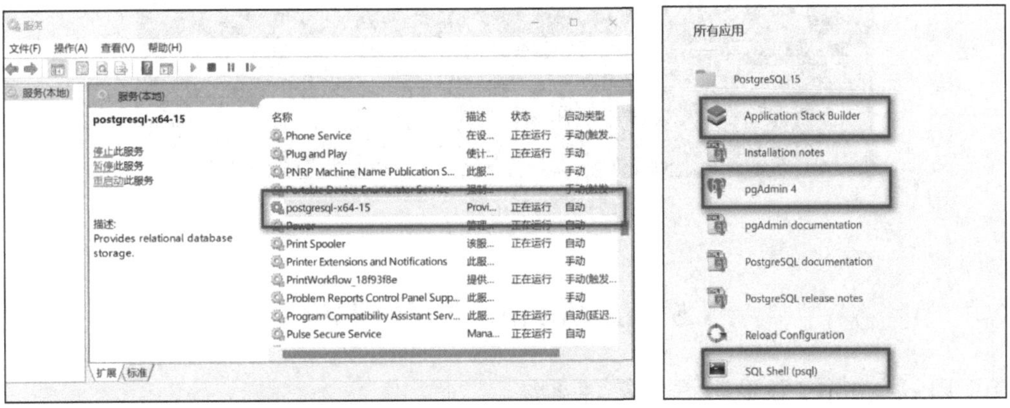

a PGSQL 的后台服务器　　　　b 客户端软件

图 1-5　安装后的 PGSQL

1.4　用 SQL Shell 登录数据库管理系统

点击 SQL Shell 后，可以看到命令行风格的界面，第 1 行提示用户输入需要登录的服务器 IP 地址，若直接回车，则登录默认的服务器，即登录本机（localhost）。第 2 行，提示需要登录的数据库名称，若直接回车，则登录默认的数据库，即 postgres。第 3 行，提示数据库服务器监听的端口号，若直接回车，默认端口号为 5432。第 4 行，提示输入用户名，若直接回车，默认用户名为超级管理员 postgres。第 5 行，提示输入“超级管理员”（用户 postgres）的口令，这里输入我们在 1.1 节中设置的 sql（注意：输入字符时，界面不显示信息，不用担心，只要正确输入密码再回车即可）。当出现“postgres=#”标识符时，则表明已成功登录 postgres 数据库，如图 1-6 所示。此时，输入想运行的 SQL 语句，就可以访问 postgres 数据库了。

图 1-6　SQL Shell

若输入上述参数后，仍无法以“超级管理员”的身份登录（图 1-7），则只能重新安装 PGSQL，重新安装时需要彻底删除原有的数据库配置文件，并覆盖之前的安装。若以普通用户身份登录不成功，则可能是因为权限或密码的问题，可以联系名为 postgres 的超级管理员修改用户的权限和密码。

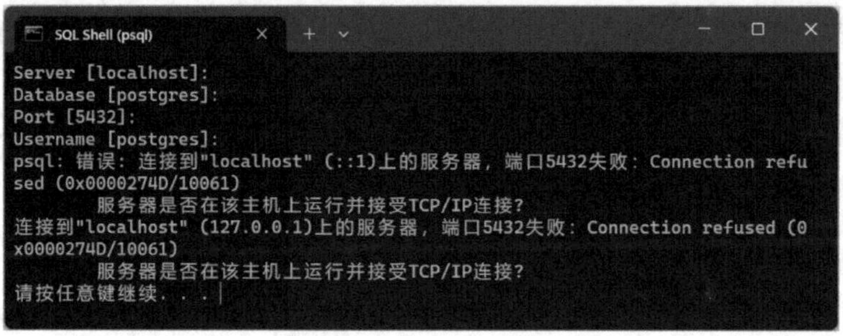

图 1-7　无法登录

1.5　pgAdmin 访问数据库

1.5.1　用 pgAdmin 登录数据库管理系统

pgAdmin 适合初学者。点击启动图 1-5b 中的 pgAdmin 4 后，需要输入数据库超级管理员 postgres 的密码 sql；登录成功后，点击左侧的 Servers，可以看到图 1-8 所示的界面；界面左部为数据库服务器中的所有对象，例如，Postgres 是默认建立的关系型数据库，Login/Group Roles 中有数据库管理系统默认设置的 6 个角色；Tables 下是数据库管理系统默认的 2 个表空间（Tablespaces）。

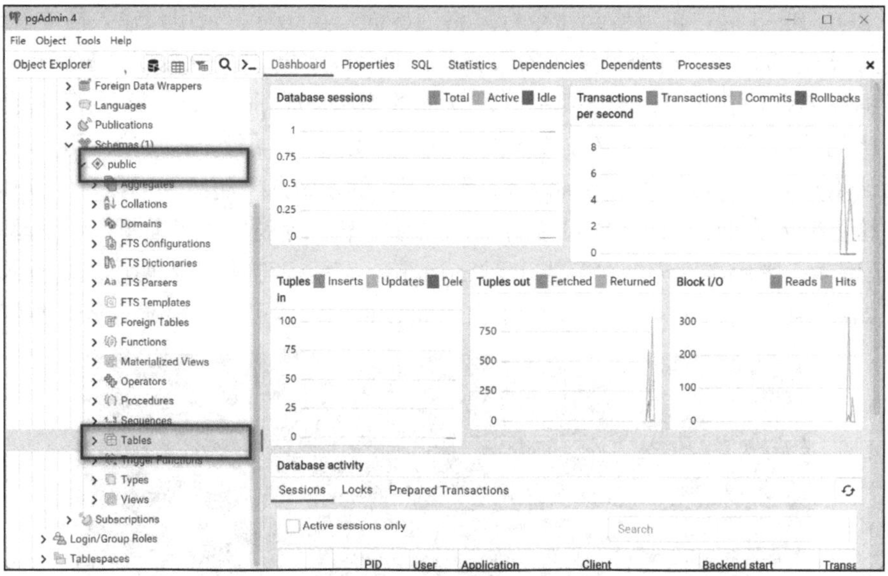

图 1-8　登录后的主界面

表空间用于定义数据库中各对象在文件系统中的存储位置；即数据库管理员能够通过表空间把控数据库中各对象的磁盘布局（图 1-9）。表空间的存在至少带来两个好处：第一，若某数据库的磁盘分区或者硬盘卷已饱和或者不能再扩展，管理员能够在其他分区上建立新的表空间，供其使用。第二，表空间可以让管理员充分利用数据的性质优化数据库，例如，索引可以放在读写速度较快的磁盘上，而数据可以存储在读写速度较慢的磁盘上。

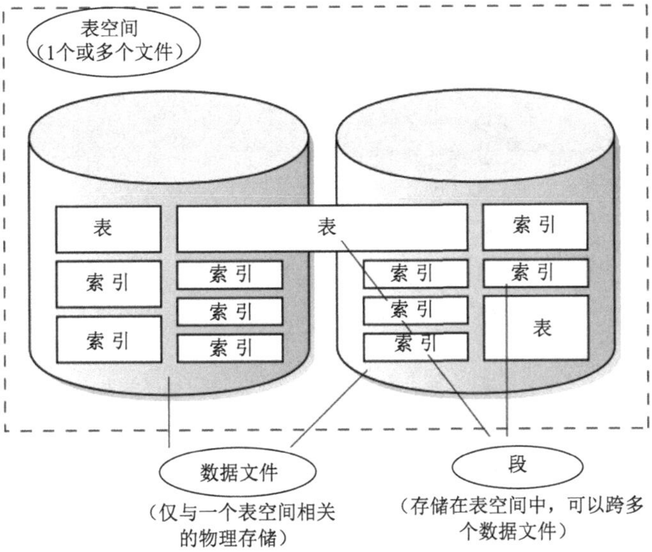

图 1-9　表空间与数据文件

此外，主界面的右侧还展示了当前数据库服务器的进程、事务、元组读写等操作的活动情况。若点击右侧的“Properties”（图 1-10），则显示数据库服务器相关的信息。

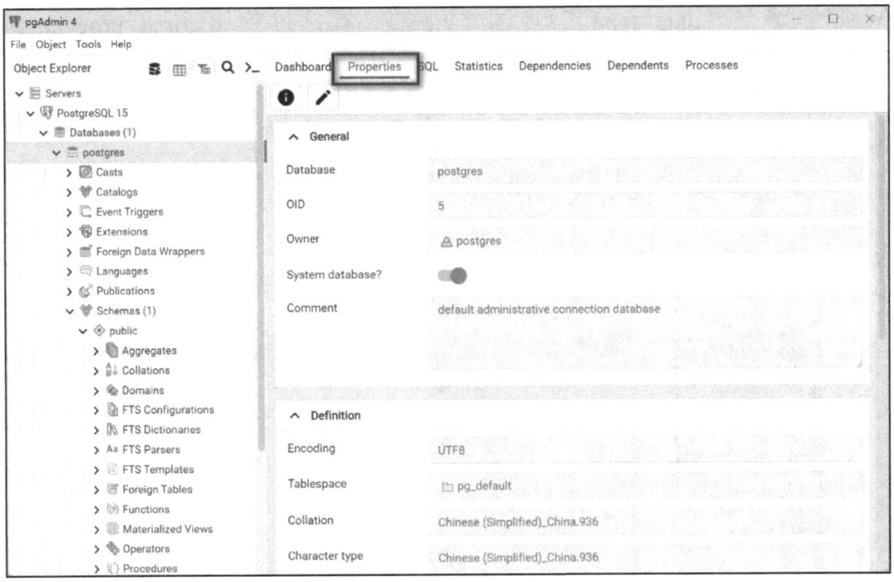

图 1-10　数据库服务器的通用信息和连接信息

若点击主界面右侧的“SQL”（图 1-11），则显示创建 postgres 数据库时的 SQL 语句，其中包含了 postgres 数据库的系列参数。

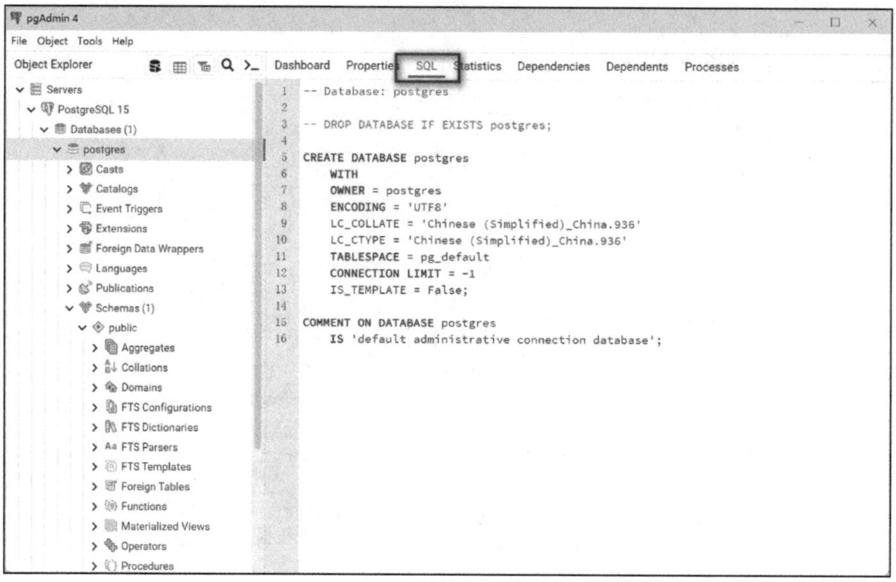

图 1-11　创建 postgres 数据库时的 SQL 语句

若点击主界面左侧 postgres 下的“Schemas”（图 1-12），则可以看到 postgres 数据库下的 public 模式。在数据库中，schema（模式）是数据库的组织和结构，其下包括表（table）、列（column）、数据类型（data type）、视图（view）、存储过程（stored procedures）、关系（relationships）、主键（primary key）、外键（foreign key）等。

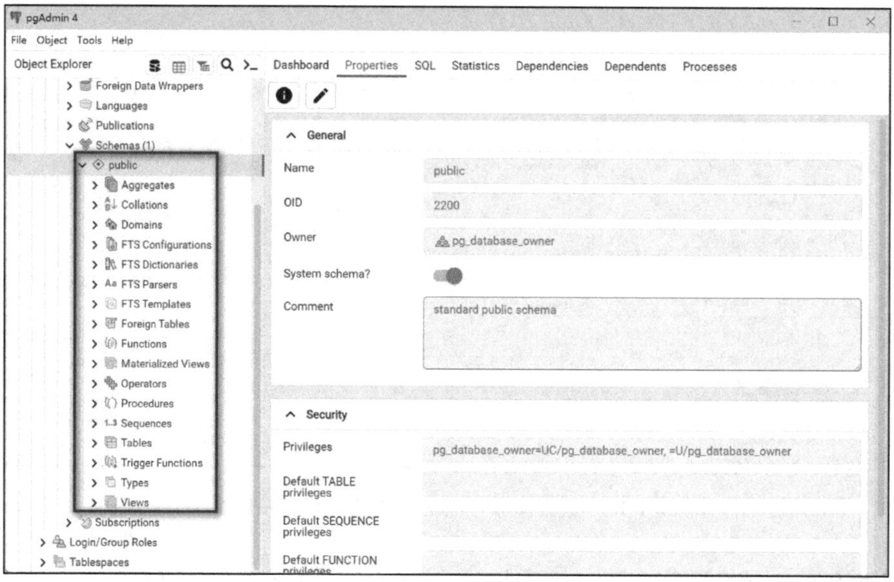

图 1-12　数据库的模式

简言之，PGSQL 的模式可看作表的集合。同一模式中的表名不能相同，不同模式中的表名可以相同。例如，schema1 和 myschema 都可以包含名为 mytable 的表。模式存在的意义在于：①使得多个用户能够访问同一数据库下的不同模式，以免产生相互干扰。②把数据库对象组织成逻辑组，便于管理。③第三方应用的对象可以置于独立的模式中，这样它们就不会与其他对象的名称发生冲突。这里需要注意，模式与操作系统的目录类似，只是模式不能嵌套。

1.5.2　采用 GUI 的方式操作数据库中的表

右键点击主界面中的“Tables”，然后选择“Create→Table...”，则弹出新建表格的对话框。在该对话框中，可以顺序设置表名及相关信息，此处创建一个名为 student 的数据表（图 1-13a）；点击切换至“Columns”选项卡，可以顺序设置该表中的字段信息：sno（学号）、sname（姓名）、sgen（性别）、sage（年龄）、sdept（所属院系）、sgrade（成绩）、sgrant（助学金），并且将字段 sno 设置为主键，字段 sage、sgrade、sgrant 的类型设为 smallint，其余字段类型为 character varying（图 1-13b）。最后点击“Save”，完成表的创建。表创建完成后，依然可以调出该对话框，修改表的相关设置（如约束、权限等），这里不再赘述。

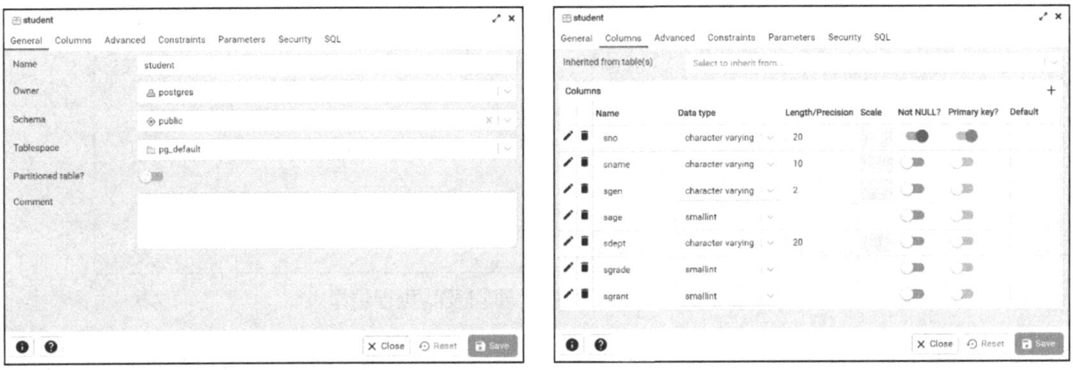

a 表的设置　　　　b 字段的设置

图 1-13　采用 GUI 的方式创建表

创建完 student 表后，在主界面 Table 目录下（图 1-14），右键点击 student，弹出如图 1-14 所示框中的菜单，用于修改、编辑、查看该表中的数据。具体方法可自行探索，这里不再赘述。

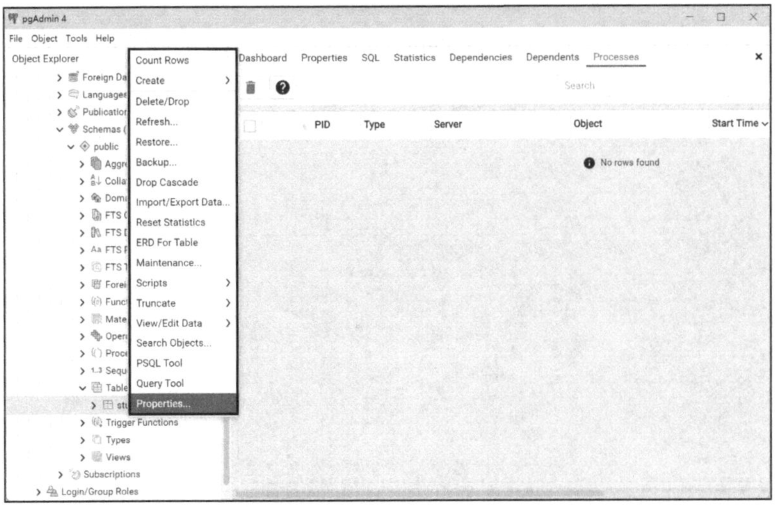

图 1-14　采用 GUI 的方式修改、编辑、查看表

1.5.3　在 pgAdmin 中执行 SQL

SQL 是客户端访问服务器端常用的语言。点击主界面的 Query tool 后，弹出右下方的 Query Editor，可以在其中输入 SQL 语句；点击主界面的 Run 后，可以执行输入的 SQL。以向 student 表中插入数据为例，其 SQL 语句（INSERT）与执行结果如图 1-15 所示。

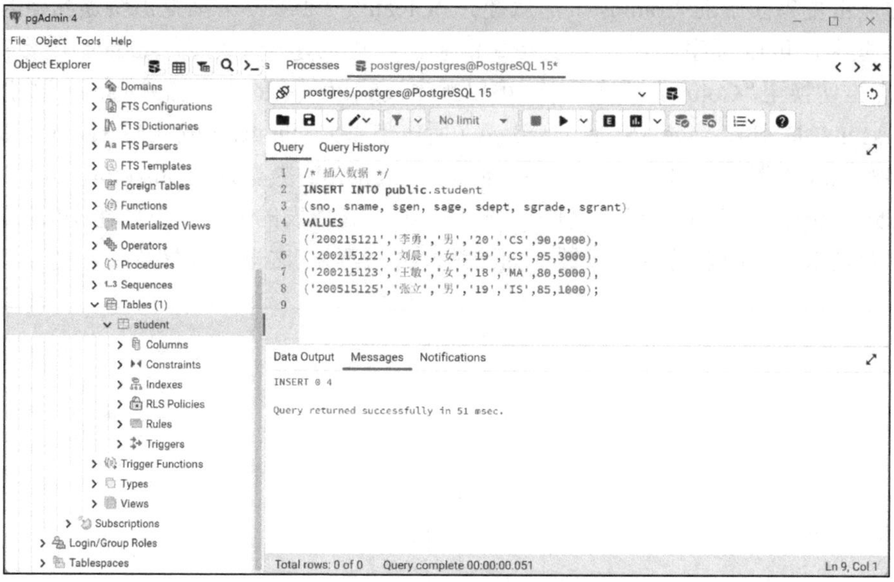

图 1-15　一个 INSERT 语句及其执行结果

若想查看刚插入的数据，则可以通过右键点击主界面的 Tables 下的“student”，选择“View/Edit Data”→“All Rows”，点击“All Rows”实现。图 1-16 展示了相关执行结果，根据 Query Editor 中 SQL 语句可知，上述操作等同于执行“SELECT * FROM public.student ORDER BY sno ASC”。

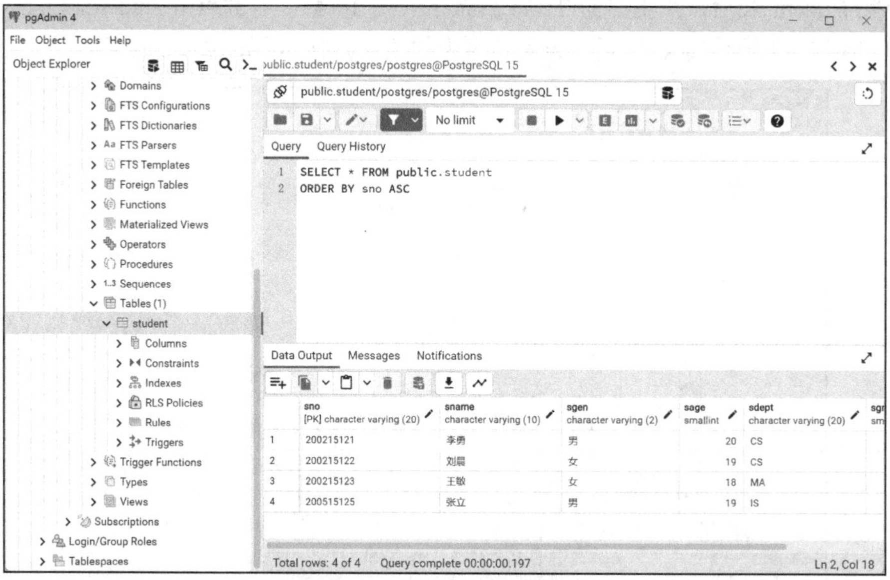

图 1-16　查看导入成功的数据

若想测试主键 sno 的唯一约束（unique constraint）的设置是否有效，可以尝试执行图 1-17 中的 SQL 语句，结果表明之前设置的主键约束是起作用的。

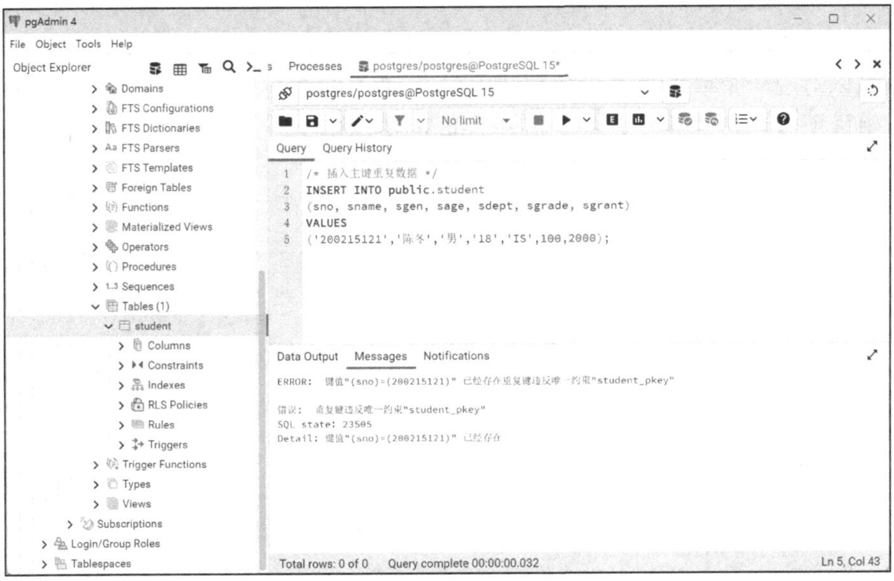

图 1-17　主键的记录值不能重复

1.5.4　在 pgAdmin 设置用户、角色与访问控制

本节帮助读者了解 PGSQL 的角色权限，并熟悉访问控制设置。本节实验一定要认真仔细，若设置有误，可能导致无法登录数据库服务器。

PGSQL 的管理员可以根据需要对各模式、数据库、数据表、字段、函数、视图等设置不同的访问权限，从而控制用户对数据库的访问。其设置顺序如图 1-18 所示。

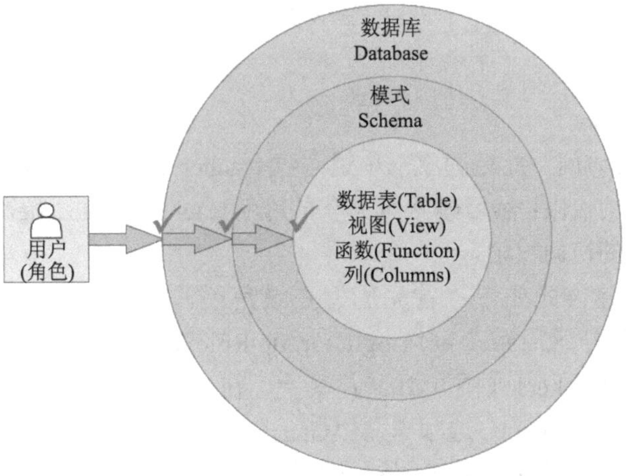

图 1-18　PGSQL 访问控制结构

PGSQL 通过角色（Roles）的概念来管理数据库的访问权限，PGSQL 中包含登录角色（Login Roles）和组角色（Group Roles）两种不同类型的角色（图 1-19）。登录角色是具有登录（LOGIN）权限的角色，一个登录角色对应一位用户（USER），如数据库超级管理员 postgres。而组角色则没有登录的权限，其作用仅在于简化登录角色的批量管理和授权；一个组角色可以对应一个或多个登录角色（用户），通过对组角色权限和访问控制的设置，实现对所有组内所有用户的统一设置。在 pgAdmin 中用单个小人标识登录角色，用三个小人标识组角色（图 1-19）。

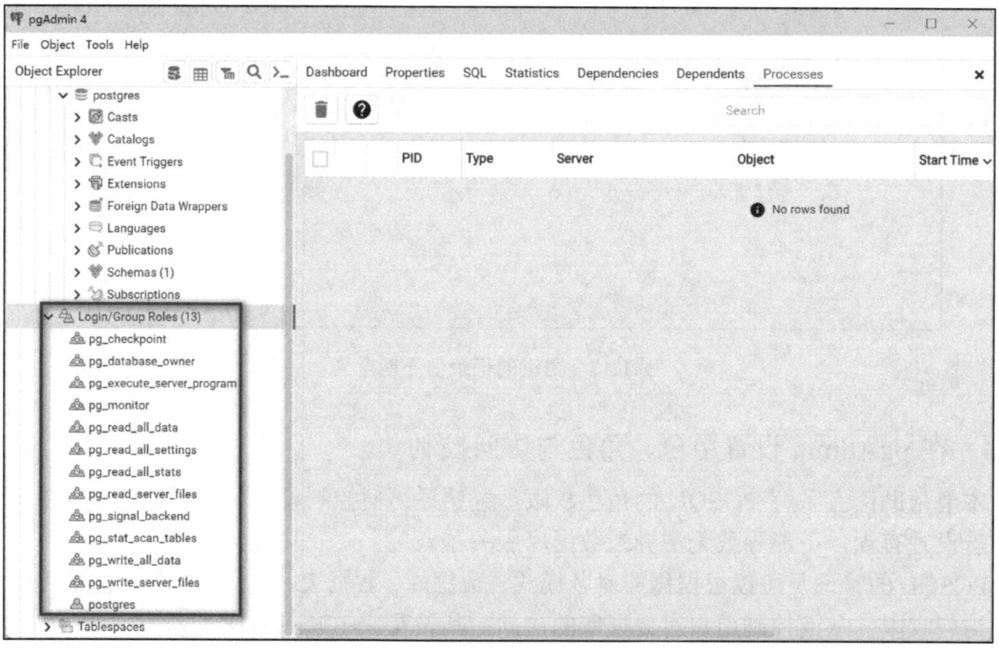

图 1-19 登录角色与组角色

1. 创建登录角色

针对 student 表的访问，此处建立一个组角色 teacher_group（授课教师），赋予其读取除助学金外的所有字段的权限；然后建立两个登录角色 teacher1 和 teacher2，作为 teacher_group 的组成员，享有相同的访问权限。

基于 GUI 的创建方式如下：首先创建登录角色，右键点击主界面的“Login/Group Roles”，弹出菜单，点击“Create”→“Login/Group Role”。弹出对话框，首先选择“General”选项卡，设置登录名 teacher1（图 1-20a）；其次，在 Definition 选项卡设置密码为 123456（图 1-20b）；然后，在 Privileges 选项卡将“Can login？”滑动按钮打开（图 1-20c），表明创建的角色为登录角色；最后，点击“Save”保存。teacher2 的创建方法与 teacher1 相同，此处不再赘述。创建完成后，pgAdmin 中就增加了两个由单个小人标识的登录角色 teacher1、teacher2（图 1-20d）。

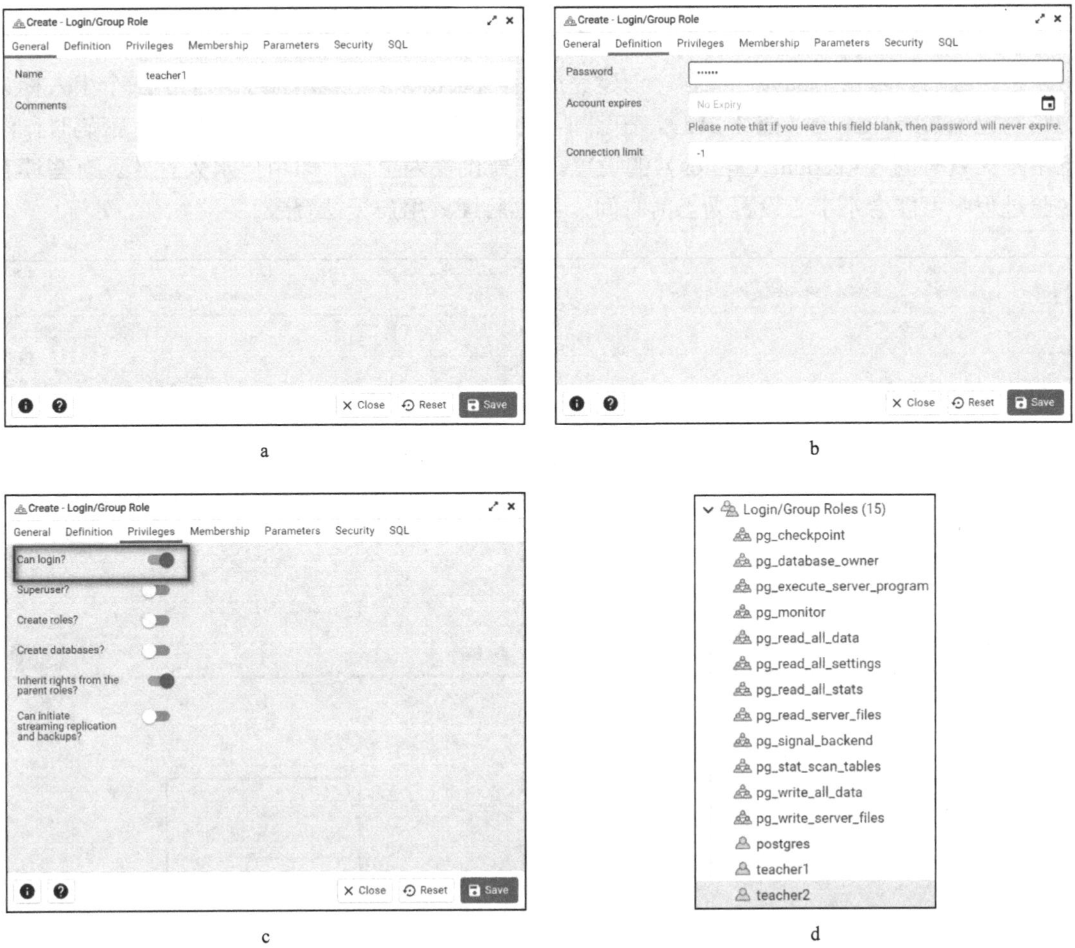

图 1-20　登录角色的创建

上述创建登录角色的过程相当于执行了如下 SQL 语句。注意，SQL 中 PASSWORD 后的信息是经过 SHA-256 算法加密后的密码。

```
/* 登录角色 */
CREATE ROLE teacher1 WITH
  LOGIN
  NOSUPERUSER
  INHERIT
  NOCREATEDB
  NOCREATEROLE
  NOREPLICATION
  ENCRYPTED PASSWORD 'SCRAM-SHA-256$4096:2LoPkiiX8PnsDQMknT94GQ==$0PxS8oht/BMEosywM
+0/PTtHVRXi7pEvnEnk/KxBgyo=:a0WW+1SL3OyClqSkR2G/68aYsmGLe+YVILhvkHeYcDs=';
```

2. 创建组角色

创建组角色的方法如下：右键点击主界面的“Login/Group Roles”，弹出菜单，点击“Create”→“Login/Group Role”。弹出对话框，首先选择“General”选项卡，设置名称为

teacher_group（图 1-21a）；其次，在“Definition”选项卡设置密码为 123456（图 1-21b）；然后，在“Privileges”选项卡将“Can login”设置为关闭状态（图 1-21c），表明创建的角色为组角色；最后，点击“Save”保存。创建完成后，pgAdmin 中就增加了一个由三个小人标识的组角色 teacher_group（图 1-21d）。在图 1-21b 中设置登录用户（Login_Role）密码时，注意用户失效时间（Account expires）的设置，此处设置为空值，即用户永久有效。有些读者实验过程中可能会不小心设置为当前时间，导致后续该用户无法登录。

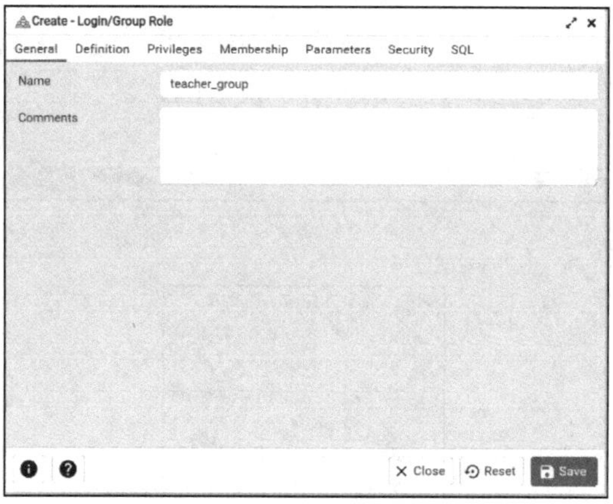

a

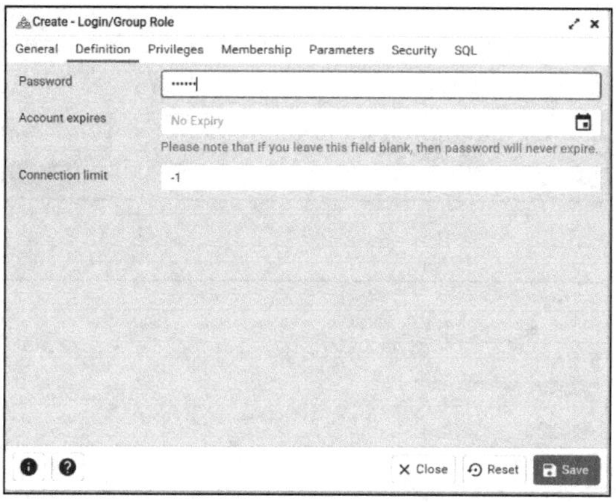

b

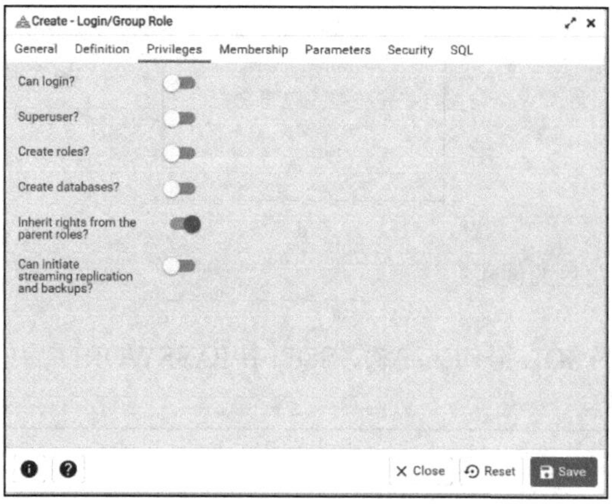

c

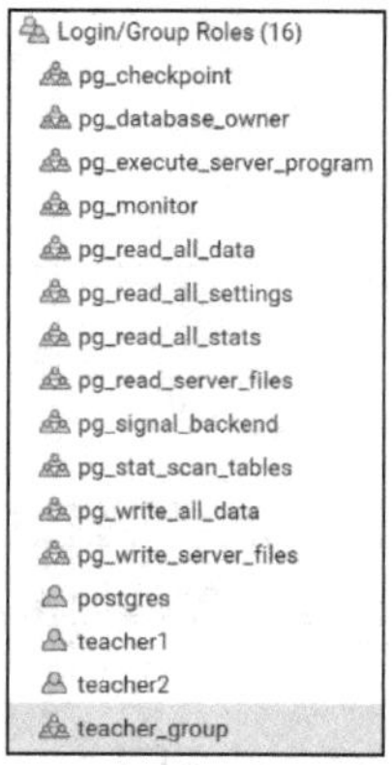

d

图 1-21　组角色的创建

上述创建 teacher_group 角色的过程相当于执行了如下 SQL 语句。

```
/* 创建组角色 */
-- Role: teacher_group
-- DROP ROLE IF EXISTS teacher_group;
CREATE ROLE teacher_group WITH
  NOLOGIN
  NOSUPERUSER
  INHERIT
```

```
  NOCREATEDB
  NOCREATEROLE
  NOREPLICATION
  ENCRYPTED PASSWORD 'SCRAM-SHA-256$4096:2IYG8ngVZMbl2Qw8ZLzWMg==$/e8KOFNnXqzzX1SH
kaOBPdcZHsF+J0PmDASpGvogjtw=:Ym11BqbbQXr4SOhcwQw+nKfT0bffKC9pZOZERoAB1EY=';
```

然后，依次右键打开登录角色 teacher1 和 teacher2 的 Properties 界面，切换到 Membership 选项卡，并将其添加为组角色 teacher_group 的成员（图 1-22）。

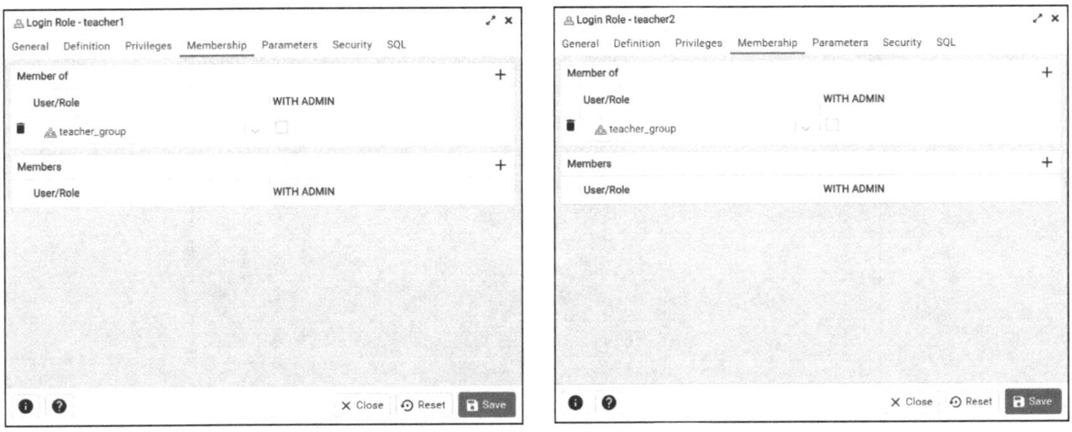

a　　b

图 1-22　添加组角色成员

上述授权过程相当于执行了如下 SQL 语句。

```
/* 添加组角色成员 */
GRANT teacher_group TO teacher1;
GRANT teacher_group TO teacher2;
```

3. 设置组角色的访问权限

1）数据库连接权限

为了使组角色 teacher_group 的成员能够访问默认的 postgres 数据库，需要授予其连接（Connection）权限。授权方法如下：以 postgres 超级管理员身份登录数据库，右键点击主界面的 postgres 数据库图标，弹出菜单，点击“Properties”。首先选择“Security”选项卡，点击“Privileges”卡片右上方的“+”号；然后，在新建的选项行里选择“Grantee”为 teacher_group，并勾选“CONNECT”权限；最后，点击“Save”保存（图 1-23）。

上述授权过程相当于执行了如下 SQL 语句。

```
/*授予组角色数据库连接权限*/
GRANT CONNECT ON DATABASE postgres TO teacher_group;
```

2）字段访问权限

由于隐私保护的需要，此处不允许教师（teacher）查看学生的助学金情况，因此仅授权组角色 teacher_group 访问 student 表中除 sgrant 以外的其他字段。授权方法如下：右键点击主界面的 student 表的 Columns 选项下的字段（sno）图标，弹出菜单，点击“Properties”。首先选择“Security”选项卡，点击“Privileges”卡片右上方的“+”号；然后，在新建的选项行里选择“Grantee”为 teacher_group，并勾选上“SELECT”权限；最后，点击“Save”保存（图 1-24）。按照上述方式，依次选择字段 sno、sname、sgen、sage、sdept、sgrade 进行授权；就实现了用户在字段粒度上的授权。

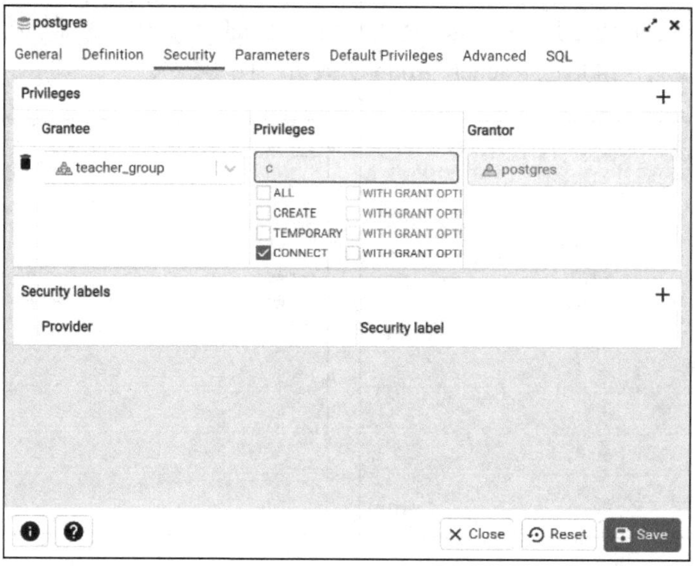

图 1-23　授予组角色数据库连接权限

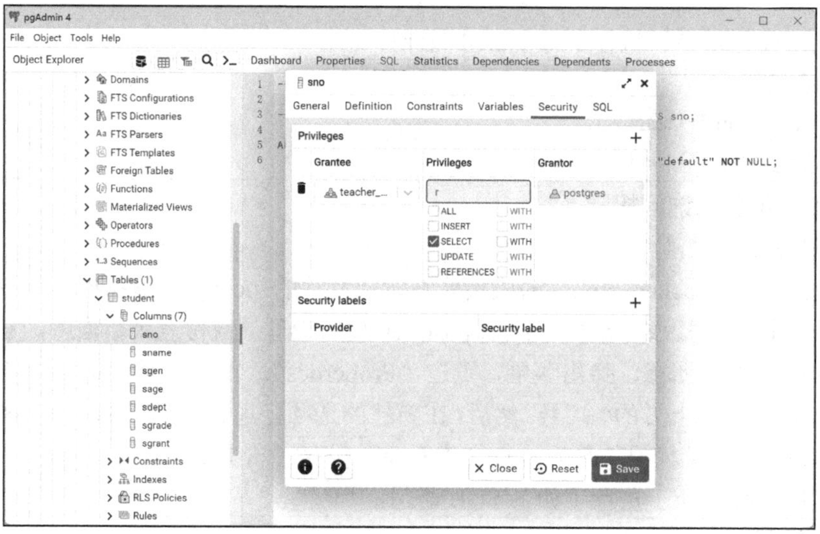

图 1-24　授予字段访问权限

上述授权过程相当于执行了如下 SQL 语句。

```
/* 授予字段访问权限 */
GRANT SELECT(sno, sname, sgen, sage, sdept, sgrade) ON public.student TO teacher_group;
```

4. 不同角色访问数据库

1）组角色连接数据库

PGSQL 中登录角色和组角色的区别在于是否具有 Login 权限。为了直观验证，下面尝试用组角色登录数据库。在主界面中，右键点击“Servers”，选择“Register/Servers”，弹出如图 1-25a 所示的对话框。在“General”选项卡中，设置本连接的名称为 login_teacher1；然后切换到 Connection 选项卡下，设置链接地址为 localhost，用户名为 teacher_group，密码为 123456（图 1-25b）；最后点击“Save”，此时会提示“Unable to connect to server”即无法连接到服务器，验证了组角色不具备登录数据库的权限。

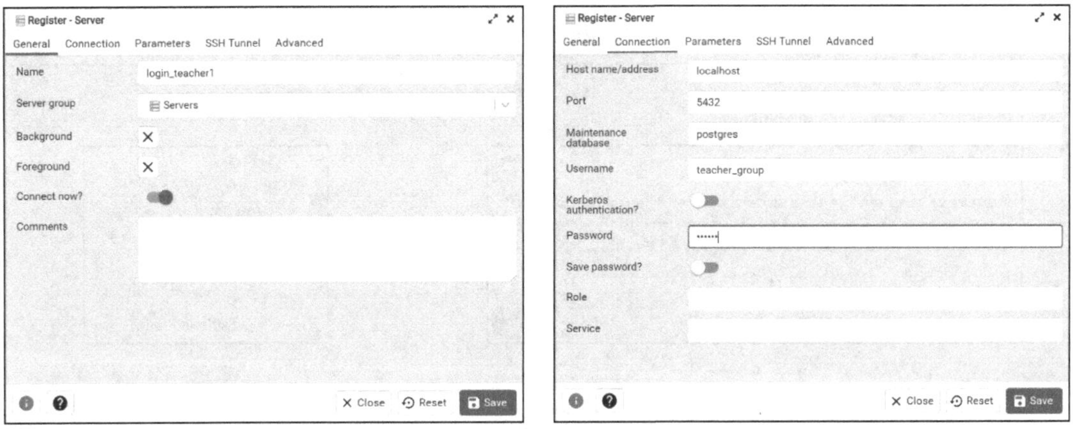

a　　　　　　　　b

图 1-25　组角色连接数据库失败

2）登录角色连接数据库

登录角色连接数据库的步骤与上述方法相同：在主界面中，右键点击“Servers”，选择“Register/Servers”，弹出对话框如图 1-26a 所示。在“General”选项卡中，设置连接名称为 login_teacher1；然后切换到“Connection”选项卡下，设置链接地址为 localhost，用户名为 teacher1，密码为 123456，最后点击“Save”（图 1-26b）。保存好之后，在主界面双击 login_teacher1 连接，在弹出对话框的输入密码 123456，点击“OK”（图 1-26c）。此时在主界面中可以看到，以登录角色 teacher1 与数据库服务器连接成功（图 1-26d）。

3）组角色成员访问数据表

以 teacher1 身份连接到数据库后，可以对第 3 小节中的授权设置结果进行验证。因为 teacher1 所在的 teacher_group 组角色仅拥有 student 表中除 sgrant 字段外的查询权限，所以如果发出查看所有字段的 SQL 命令，PGSQL 会提示权限不够，如图 1-27a 所示。但是，如果只对有权限的字段进行查询，则会返回正确的查询结果，如图 1-27b 所示。

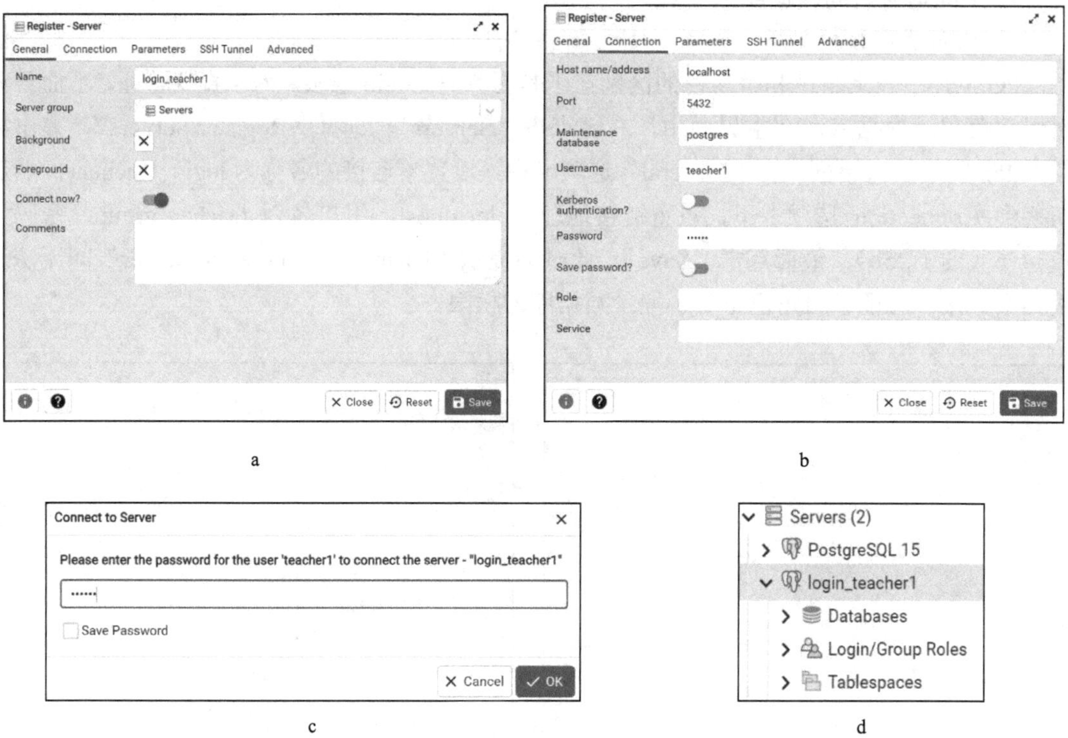

图 1-26　组角色成员连接数据库成功

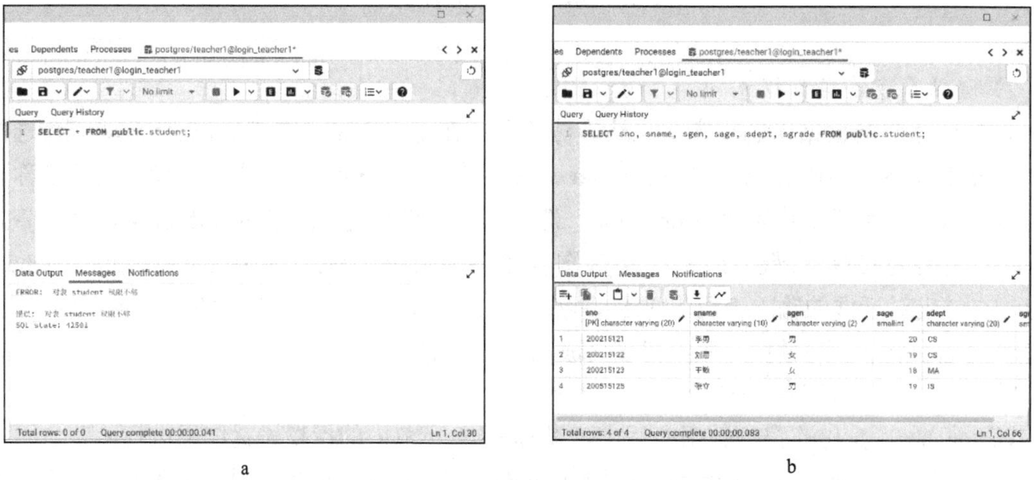

图 1-27　组角色成员访问数据表

此处执行的 SQL 语句如下。

```
/* 组角色权限数据表查询 */
SELECT * FROM public.student;
SELECT sno, sname, sgen, sage, sdept, sgrade FROM public.student;
```

1.6　常见问题与解决方案

【问题 1】在 PGSQL 安装过程中，已经全部按照要求设置，但却提示“Problem running post-install step. Installation may not complete correctly. The database cluster initialisation failed.”的错误（图 1-28a）时，解决办法是：在不卸载的情况下，重新安装 PGSQL，并且在图 1-28b 的区域界面选择默认选项，并关闭防火墙/杀毒软件。

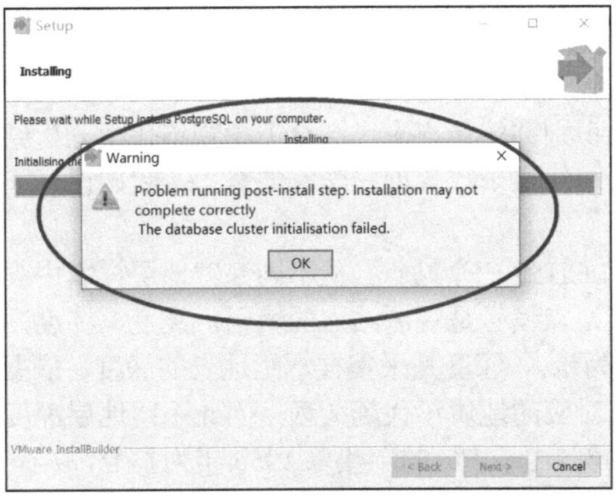

a 常见错误

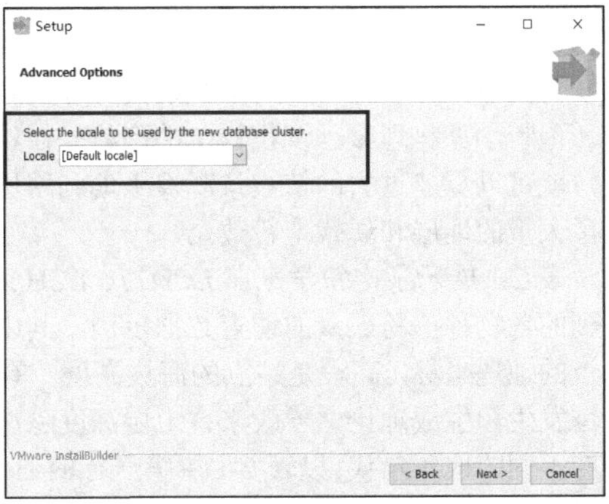

b 修改设置

图 1-28　常见错误与解决办法

【问题 2】若成功安装，但无法连接服务器且找不到 PGSQL Server 服务，可能是没有以管理员身份进行安装，解决办法是：重新以管理员身份安装 PGSQL。

【问题 3】若无法成功下载到合适版本的 PGSQL，也可以在本教程配套资源的第 1 章目录下获取。

第 2 章　关系型孢粉数据库的构建与 SQL

2.1　实验数据介绍

孢粉是植物孢子和花粉的总称，埋藏在湖泊和泥炭沉积物中的孢粉是重建古植被景观的“钥匙”，“记载”了植被的变化过程及人类活动的影响。不同科属孢粉粒的外壁纹饰以及萌发器类型存在差异，可用于识别其母体植物，因此不同的孢粉组合能够代表不同的植被群落。孢粉学家将埋藏于沉积物中的孢粉一粒粒地识别并统计出来，结合沉积物年代学分析结果，就可以重建过去的植被景观及土地利用历史。经过一代代孢粉学家的努力，我国已经积累了大量的地层和现代孢粉数据。

表 2-1 展示了孢粉学家在 LCH77、LCH66、LCH55 三个站点，从不同深度地层样本中观测到的各物种孢粉数量的调查数据示例。其中，站点编号是观测站点的编码，经度、纬度是站点的地理坐标，高程是站点的海拔高度（单位为米），深度是采集样本距地表的深度。依据土壤发生和生成理论，一般来说土层深度越深其对应的地质年代越久远，因此不同地层深度对应不同的地质年代；以表 2-1 中第一行的–36 为例，由于 ^{14}C 的年代以 1950 年为基准，故–36 表示 1950–（–36）=1986 年。由于自然界植物种类繁多，在研究中通常会先建立植物分类的数据字典，描述其科属名的分类，然后再统计不同植物孢粉在不同深度土壤样本中出现的次数。由于篇幅有限，表 2-1 做了两个示意性的简化：其一，将数据字典中的植物分类体系简化为两级，第一级是草本、木本、藤本；第二级是对应的物种；其二，仅展示了几种孢粉的统计情况，其实数据库中可能远不止这些，在表 2-1 中用“…”表示。此外，由于不同观测站点的植物群落可能不一样，增加或删除站点后表 2-1 中孢粉列的数量或许也会发生变化。这里需要注意：①对于无法辨认的孢粉类型，其统计数量通常记入未知字段；②NULL 表示不确定该物种的统计量，不能简单将其理解为 0。这里提前声明，简化后的数据表或许不够科学，但不影响数据库设计中的相关概念。

上述孢粉观测数据的 Excel 版可以在本教程配套资源的第 2 章目录下找到。本章以该数据为例，介绍如何利用关系范式规范该数据，形成数据库基表设计方案；然后，采用 Excel 的 VLOOKUP 函数和数据透视功能，体会关系代数中连接和查询操作的过程，并将规范化后的基表还原为表 2-1 形式的视图；最后，采用 SQL 构建符合关系范式的孢粉观测数据库，并用 SQL 语句实现上述在 Excel 中实现的功能，让读者体会 SQL 的实用性。

2.2　孢粉数据的关系规范化

正式开始规范前，首先需要解决两个问题：一是，表 2-1 中不同站点第 7～17 列的列名和列数不确定的问题，因为数据库要求表的列名和列数固定且应长期维持稳定；二是，列不同质的问题，即在数字列中还有 NULL 字样。

针对第一个问题，可以采用列转行的思路，因为数据库中记录（行）是可以增减变动的。以表 2-1 前 3 行为例，可以将其第 7～17 列转置为表 2-2 的形式。针对第二个问题，可以删除表中数量为 NULL 的记录，例如，表 2-2 中孢粉数量列没有值为 NULL 的单元。由于篇幅有限，表 2-2 中暂且不记录“…”的信息；在实际应用中，“…”的具体信息可以作为行添加在表 2-2 后。

表 2-1　地层不同深度孢粉数据（片段）

站点编号	经度/(°)	纬度/(°)	高程/m	深度/cm	年代	木本：茎很坚固，内部有木材							藤本：攀附于其他物体或匍匐于地面		草本：茎柔软、多汁、富有弹性		未知/Unknown
						桤木属/*Alnus*	桦木属/*Betula*	帚石南属/*Calluna*	刺柏属/*Juniperus*	梣属/*Fraxinus*	冬青属/*Ilex*	…	常春藤属/*Hedera*	…	委陵菜属/*Potentilla*	…	
LCH77	149.019	5.181560	3215.725	0	−36	0	10	0	8	0	10	…	0	…	0	…	4
LCH77	149.019	5.181560	3215.725	3	13	38	28	210	0	11	12	…	4	…	66	…	4
LCH77	149.019	5.181560	3215.725	20	288	23	22	NULL	0	8	10	…	0	…	26	…	1
LCH77	149.019	5.181560	3215.725	40	612	24	34	129	0	9	20	…	0	…	37	…	2
LCH77	149.019	5.181560	3215.725	60	936	29	36	86	0	9	21	…	0	…	22	…	3
LCH77	149.019	5.181560	3215.725	80	1261	25	44	80	0	1	12	…	0	…	11	…	1
LCH77	149.019	5.181560	3215.725	120	1909	52	71	192	0	4	NULL	…	0	…	39	…	1
LCH77	149.019	5.181560	3215.725	240	3854	69	26	71	1	8	17	…	0	…	17	…	1
LCH77	149.019	5.181560	3215.725	260	4178	57	38	50	0	3	13	…	0	…	17	…	2
LCH66	163.103	5.624758	2524.844	220	3529	43	42	72	0	14	25	…	0	…	35	…	3
LCH66	163.103	5.624758	2524.844	260	4178	57	38	50	0	3	13	…	0	…	17	…	2
LCH66	163.103	5.624758	2524.844	280	4502	46	24	28	0	1	8	…	0	…	6	…	0
LCH55	210.065	5.584827	2664.252	0	−36	0	10	0	8	0	10	…	0	…	0	…	4
LCH55	210.065	5.584827	2664.252	3	13	38	28	210	0	11	12	…	4	…	66	…	4
LCH55	210.065	5.584827	2664.252	20	288	23	22	192	0	8	10	…	0	…	26	…	1
LCH55	210.065	5.584827	2664.252	60	936	29	36	86	0	9	21	…	0	…	22	…	3
LCH55	210.065	5.584827	2664.252	80	1261	25	44	80	0	1	12	…	0	…	11	…	1
LCH55	210.065	5.584827	2664.252	120	1909	NULL	71	192	0	4	19	…	0	…	39	…	1
LCH55	210.065	5.584827	2664.252	140	2233	26	43	108	0	2	23	…	0	…	15	…	1
LCH55	210.065	5.584827	2664.252	180	2881	34	33	64	0	3	14	…	0	…	16	…	0
LCH55	210.065	5.584827	2664.252	220	3529	43	42	72	0	14	25	…	0	…	35	…	3
LCH55	210.065	5.584827	2664.252	280	4502	46	24	28	0	1	8	…	0	…	6	…	0

表 2-2　列转行后的孢粉观测数据表

站点编号	经度/（°）	纬度/（°）	高程/m	深度/cm	年代	孢粉类型	孢粉类型简介	孢粉名	孢粉拉丁简称	孢粉数量
LCH77	149.019	5.181560	3215.725	0	–36	木本	茎很坚固，内部有木材	桤木属	*Alnus*	0
LCH77	149.019	5.181560	3215.725	0	–36	木本	茎很坚固，内部有木材	桦木属	*Betula*	10
LCH77	149.019	5.181560	3215.725	0	–36	木本	茎很坚固，内部有木材	帚石南属	*Calluna*	0
LCH77	149.019	5.181560	3215.725	0	–36	木本	茎很坚固，内部有木材	梣属	*Fraxinus*	0
LCH77	149.019	5.181560	3215.725	0	–36	木本	茎很坚固，内部有木材	冬青属	*Ilex*	10
LCH77	149.019	5.181560	3215.725	0	–36	木本	茎很坚固，内部有木材	刺柏属	*Juniperus*	8
LCH77	149.019	5.181560	3215.725	0	–36	藤本	攀附于其他物体或匍匐于地面	常春藤属	*Hedera*	0
LCH77	149.019	5.181560	3215.725	0	–36	草本	茎柔软、多汁、富有弹性	委陵菜属	*Potentilla*	0
LCH77	149.019	5.181560	3215.725	0	–36	未知	无法识别	未知	Unknown	4
LCH77	149.019	5.181560	3215.725	3	13	木本	茎很坚固，内部有木材	桤木属	*Alnus*	38
LCH77	149.019	5.181560	3215.725	3	13	木本	茎很坚固，内部有木材	桦木属	*Betula*	28
LCH77	149.019	5.181560	3215.725	3	13	木本	茎很坚固，内部有木材	帚石南属	*Calluna*	210
LCH77	149.019	5.181560	3215.725	3	13	木本	茎很坚固，内部有木材	梣属	*Fraxinus*	11
LCH77	149.019	5.181560	3215.725	3	13	木本	茎很坚固，内部有木材	冬青属	*Ilex*	12
LCH77	149.019	5.181560	3215.725	3	13	木本	茎很坚固，内部有木材	刺柏属	*Juniperus*	0
LCH77	149.019	5.181560	3215.725	3	13	藤本	攀附于其他物体或匍匐于地面	常春藤属	*Hedera*	4
LCH77	149.019	5.181560	3215.725	3	13	草本	茎柔软、多汁、富有弹性	委陵菜属	*Hypericaceae*	66
LCH77	149.019	5.181560	3215.725	3	13	未知	无法识别	未知	Unknown	4
LCH77	149.019	5.181560	3215.725	20	288	木本	茎很坚固，内部有木材	桤木属	*Alnus*	23
LCH77	149.019	5.181560	3215.725	20	288	木本	茎很坚固，内部有木材	桦木属	*Betula*	22
LCH77	149.019	5.181560	3215.725	20	288	木本	茎很坚固，内部有木材	梣属	*Fraxinus*	8
LCH77	149.019	5.181560	3215.725	20	288	木本	茎很坚固，内部有木材	冬青属	*Ilex*	10
LCH77	149.019	5.181560	3215.725	20	288	木本	茎很坚固，内部有木材	刺柏属	*Juniperus*	0
LCH77	149.019	5.181560	3215.725	20	288	藤本	攀附于其他物体或匍匐于地面	常春藤属	*Hedera*	0
LCH77	149.019	5.181560	3215.725	20	288	草本	茎柔软、多汁、富有弹性	委陵菜属	*Potentilla*	26
LCH77	149.019	5.181560	3215.725	20	288	未知	无法识别	未知	Unknown	1
…	…	…	…	…	…	…	…	…	…	…

1）第一范式及规范化

通过检查可知，表 2-2 已经满足范式一“无重复元组、元组无序、属性无序、属性原子化”的要求。

2）第二范式及规范化

由于表 2-2 存在一些字段依赖联合主键（站点编号+深度+孢粉名）的真子集，尚不满足第二范式完全依赖的要求，需要拆表。根据范式二的规范化方法，可将其拆分为四个表。其中，表 2-3 左侧的 a～c 是三个实体表，各表都增加了 ID 或编码字段作为主键；右侧表 d 是描述三个实体之间多对多的关系表，“站点 ID+深度 ID+孢粉编码”为联合主键，“孢粉数量”是因三个实体发生关系而产生的属性。

表 2-3　满足第二范式的表

a 站点表

站点 ID	站点编号	经度	纬度	高程
1	LCH77	149.019	5.181560	3215.725
2	LCH66	163.103	5.624758	2524.844
3	LCH55	210.065	5.584827	264.252

b 深度表

深度 ID	深度	年代
1	0	–36
2	3	13
3	20	288
4	40	612
5	60	36
6	0	1261
7	98	1552
8	120	1909
9	140	2233
10	160	2557
11	180	2881
12	200	3205
13	220	3529
14	240	3854
15	260	4178
16	280	4502

c. 孢粉数据字典

孢粉编码	孢粉类型	孢粉类型简介	孢粉名	孢粉拉丁名
10001	木本	茎很坚固，内部有木材	桤木属	*Alnus*
10002	木本	茎很坚固，内部有木材	桦木属	*Betula*
10003	木本	茎很坚固，内部有木材	帚石南属	*Calluna*
10004	木本	茎很坚固，内部有木材	梣属	*Fraxinus*
10005	木本	茎很坚固，内部有木材	冬青属	*Ilex*
10006	木本	茎很坚固，内部有木材	刺柏属	*Juniperus*
20001	藤本	攀附于其他物体或匍匐于地面	常春藤属	*Hedera*
30001	草本	茎柔软、多汁、富有弹性	委陵菜属	*Potentilla*
99999	未知	无法识别	未知	Unknown

d 样点孢粉数

站点 ID	深度 ID	孢粉编码	孢粉数量
1	1	10001	0
1	1	10002	10
1	1	10003	0
1	1	10004	0
1	1	10005	10
1	1	10006	8
	1	200 1	0
1	1	30001	0
1	1	99999	4
1	2	10001	38
1	2	10002	28
1	2	10003	210
1	2	10004	11
1	2	10005	12
1	2	10006	0
1	2	20001	4
1	2	30001	66
1	2	99999	4
1	3	10001	23
1	3	10002	22
1	3	10004	8
1	3	10005	10
1	3	10006	0
1	3	20001	0
1	3	30001	26
1	3	99999	1

3）第三范式及规范化

由于表 2-3c 中还存在传递函数依赖，尚不满足第三范式的要求，需要拆表。根据范式三的规范化方法，可将表 2-3c 拆分为表 2-4 中 c_1、c_2 两个表，即通过在孢粉表中加入孢粉类型 ID 的外键，采用主键和外键建立 c_1（孢粉类型）、c_2（孢粉）两表间一对多的关系。

表 2-4 表 2-3c 的第三范式规范化

c_1 孢粉类型表

孢粉类型 ID	孢粉类型	孢粉类型简介
1	木本	茎很坚固，内部有木材
2	藤本	攀附于其他物体或匍匐于地面
3	草本	茎柔软、多汁、富有弹性
9	未知	无法识别

c_2 孢粉表

孢粉编码	孢粉类型 ID	孢粉名	孢粉拉丁名
10001	1	桤木属	*Alnus*
10002	1	桦木属	*Betula*
10003	1	帚石南属	*Calluna*
10004	1	刺柏属	*Juniperus*
10005	1	梣属	*Fraxinus*
10006	1	冬青属	*Ilex*
20001	2	常春藤属	*Hedera*
30001	3	委陵菜属	*Potentilla*
99999	9	未知	Unknown

根据上述规范化的结果，很容易画出该数据库概念设计的实体-关系（entity relationship，E-R）图，如图 2-1 所示。

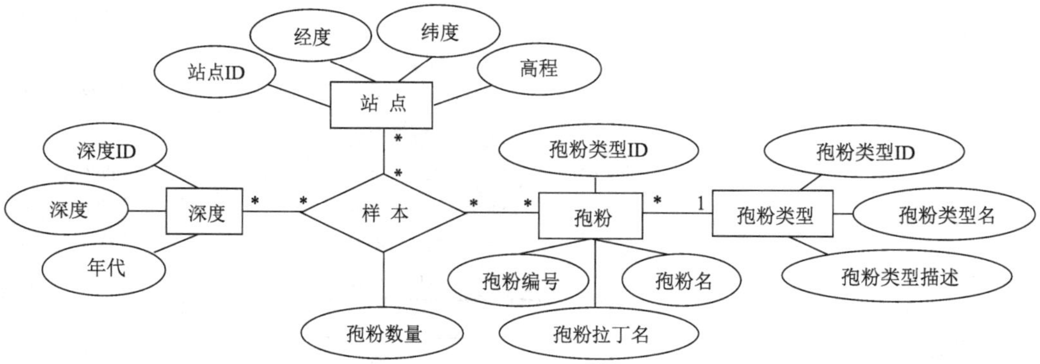

图 2-1 规范化的 5 张表

2.3 Excel：从基表到视图的关系运算过程

根据上述规范化后的表格录入表 2-1 中的数据，结果如图 2-2 所示。

若在 Excle 中仍希望以科学家熟悉的方式（表 2-1）呈现，可采用如下两个步骤实现。

（1）连接运算：首先把记录数最多的“样本”表 COPY 到一个新建的名为“连接操作”的页面上，然后，在“站点 ID”列后插入四列，将其表头分别设置为站点编号、经度、纬度、高程；其他主键相关的列也用同样的方式补足相应的列存储空间；然后，用 VLOOKUP 函数实现表间信息的连接，图 2-3 对话框给出了如何根据站点 ID 补充站点编号的

VLOOKUP 函数的具体参数，依次类推重复 VLOOKUP 逻辑，就可以在其他小表中查到相应的信息填补在对应空白单元处，结果如图 2-3 中的表所示。这就是关系代数中连接操作的具体执行过程。

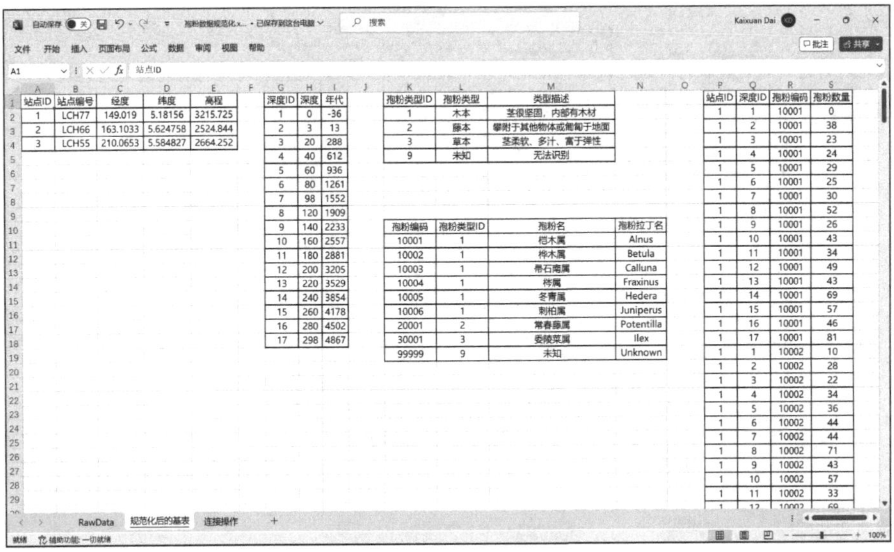

图 2-2 规范化的 5 张表

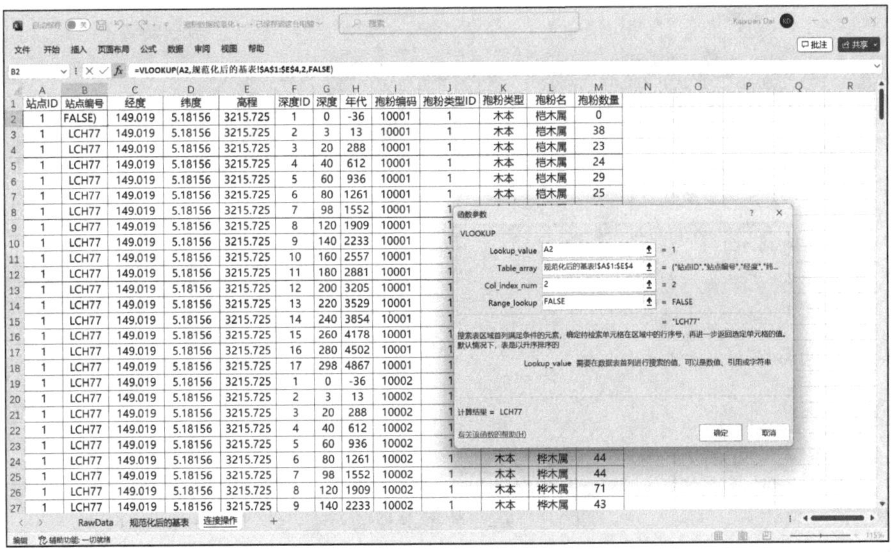

图 2-3 基于 VLOOKUP 的连接

（2）复杂交叉查询：选择上一步连接运算生成的数据表，点击“插入”→“数据透视表”，根据图 2-4 对话框设置相关参数，点击“确定”后，跳入新 Sheet，根据图 2-5 右侧的对话框设置新 Sheet 中右侧的对话框中的信息，设置完成后，由于默认的显示形式与表 2-1 还有差距，可以顺次点击“设计”→“报表布局”→“以表格形式显示”、“设计”→“分类汇总”→“不显示分类汇总”，就得到图 2-5 中的数据表格。数据透视还可以做出各种形式的报表，甚至可以绘制数据透视图，有兴趣的读者可以自行探索。

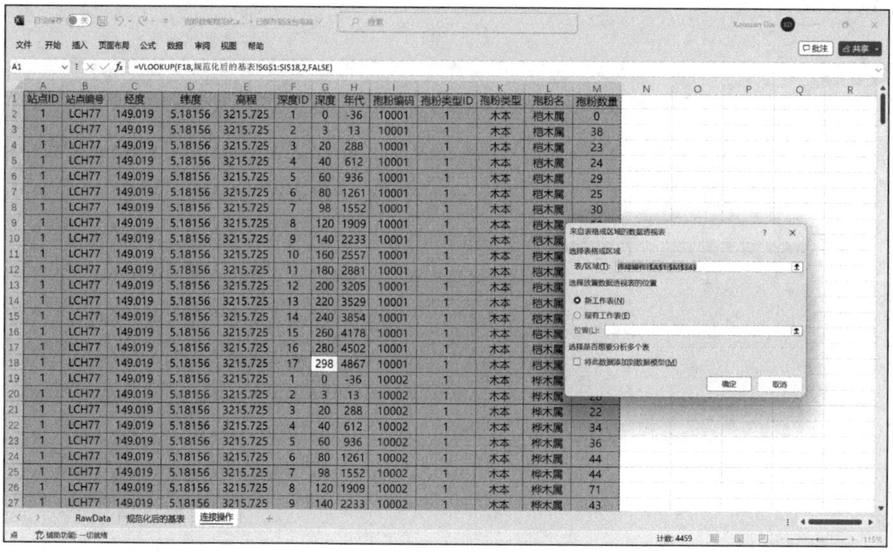

图 2-4　创建数据透视表

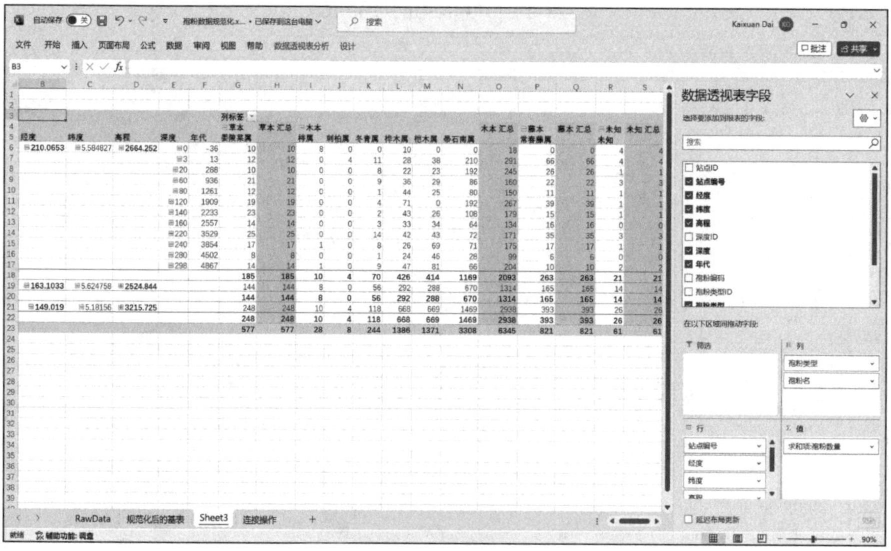

图 2-5　基于数据透视的报表

通过上述实验希望读者体会如下几个要点：①数据库中的数据是存储在图 2-2 的基表中，而图 2-3 和图 2-5 中的表为视图，当基表中的数据发生变化时，可以用右键菜单中的“刷新”更新图 2-3 和图 2-5 的数据，即视图不存储数据，只存储运算的函数和公式；②通过 VLOOKUP 函数理解连接运算的本质和执行过程。

2.4　PGSQL：孢粉数据库的 SQL 实现

数据库设计的核心是生成符合第 1 到第 3 范式的基表，数据库的视图是基表进行关系运算的结果。在数据库中，从数据库设计到用户视图的转换可以用 SQL 实现。下面是 2.2 节的实验内容在 PGSQL 中的实现。

1）创建模式和表

参见 1.5.1 节的方法，登录 PGSQL 中 postgres 数据库，点击主界面的 Query tool 后，可以在主界面右下方的 Query Edit 中输入如下 SQL 语句，点击▶执行。

```
/*创建 netoma 模式*/
CREATE SCHEMA netoma;
/*创建 obssite 表*/
CREATE TABLE netoma.obssite(
	osid SERIAL PRIMARY KEY,
	oscode CHAR(10),
	longi DOUBLE PRECISION,
	lati DOUBLE PRECISION,
	alti DOUBLE PRECISION
);
/*创建 deepsite 表*/
CREATE TABLE netoma.deepsite(
	dsid SERIAL PRIMARY KEY,
	deep SMALLINT,
	age SMALLINT
);
/*创建 pnetomatype 表*/
CREATE TABLE netoma.pnetomatype(
	ptid SERIAL PRIMARY KEY,
	ptname CHAR(10),
	ptdes VARCHAR(40)
);
 /*创建 pnetoma 表*/
CREATE TABLE netoma.pnetoma(
	pcode CHAR(8) PRIMARY KEY,
	ptid SMALLINT,
	pname VARCHAR(40),
	pnamelt VARCHAR(40),
	/* 表级完整性约束条件，ptid 是外码，参照表 pnetomatype 表的 ptid */
	FOREIGN KEY (ptid) REFERENCES netoma.pnetomatype (ptid)
);
/*创建 obssample 表*/
CREATE TABLE netoma.obssample(
	osid SMALLINT,
```

```
    dsid SMALLINT,
    pcode CHAR(8),
    spnum SMALLINT,
    PRIMARY KEY (osid, dsid, pcode),
    FOREIGN KEY (osid) REFERENCES netoma.obssite (osid),
    FOREIGN KEY (dsid) REFERENCES netoma.deepsite (dsid),
    FOREIGN KEY (pcode) REFERENCES netoma.pnetoma (pcode)
);
```

若执行成功，右键点击主界面的 postgres 数据库，在弹出的菜单中选择“Refresh”后，在 postgres 数据库中就可以看到 netoma 模式及 obssite（osid，oscode，longi，lati，alti）、deepsite（dsid，deep，age）、pnetomatype（ptid，ptname，ptdes）、pnetoma（pcode，ptid，pname，pnamelt）、obssample（osid，dsid，pcode，spnum）5 张表，如图 2-6 所示。

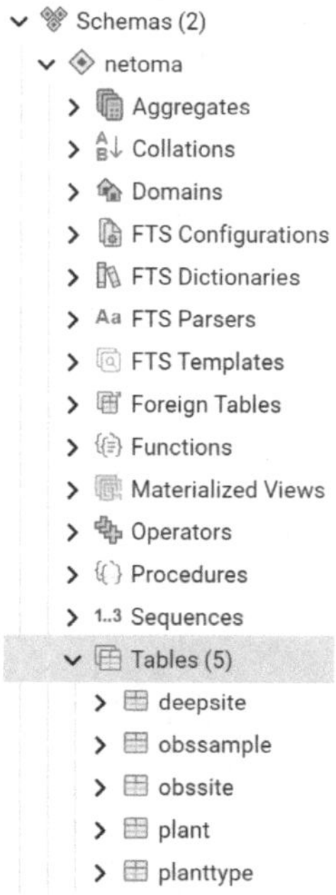

图 2-6　Postgres 中 netoma 模式及其相关的表

2）插入数据

在主界面右下方的 Query Edit 中输入如下 SQL 语句，点击▶执行，若执行成功，则完成了数据的插入。

```
/*插入站点数据*/
INSERT INTO netoma.obssite (osid,oscode,longi,lati,alti) VALUES
(1,'LCH77',149.019,5.181560,3215.725),
(2,'LCH66',163.1033,5.624758,2524.844),
(3,'LCH55',210.0653,5.584827,2664.252);
/*插入深度数据*/
INSERT INTO netoma.deepsite (dsid,deep,age) VALUES
```

```
(1,0,-36),(2,3,13),(3,20,288),
(4,40,612),(5,60,936),(6,80,1261),
(7,98,1552),(8,120,1909),(9,140,2233),
(10,160,2557),(11,180,2881),(12,200,3205),
(13,220,3529),(14,240,3854),(15,260,4178),
(16,280,4502),(17,298,4867);
/*插入孢粉类型数据*/
INSERT INTO netoma.pnetomatype (ptid,ptname,ptdes) VALUES
(1,'木本','茎很坚固,内部有木材'),
(2,'藤本','攀附于其他物体或匍匐于地面'),
(3,'草本','茎柔软、多汁、富有弹性'),
(9,'未知','无法识别');
/*插入孢粉数据*/
INSERT INTO netoma.pnetoma (pcode,ptid,pname,pnamelt) VALUES
('10001',1,'桤木属','Alnus'),('10002',1,'桦木属','Betula'),
('10003',1,'帚石南属','Calluna'),('10004',1,' 刺柏属','Juniperus'),
('10005',1,'梣属','Fraxinus'),('10006',1,'冬青属','Ilex'),
('20001',2,'常春藤属','Hedera'),('30001',3,'委陵菜属','Potentilla'),
('99999',9,'未知','Unknown');
/*插入孢粉观测数据*/
INSERT INTO netoma.obssample (osid,dsid,pcode,spnum) VALUES
(1,1,'10001',0),(1,1,'10002',10),(1,1,'10003',0),(1,1,'10006',8),(1,1,'10005',0),
(1,1,'10005',10),(1,1,'20001',0),(1,1,'30001',0),(1,1,'99999',4),(1,2,'10001',38),
(1,2,'10002',28),(1,2,'10003',210),(1,2,'10006',0),(1,2,'10004',11),(1,2,'10005',12),
(1,2,'20001',4),(1,2,'30001',66),(1,2,'99999',4),(1,3,'10001',23),(1,3,'10002',22),
(1,3,'10006',0),(1,3,'10004',8),(1,3,'10005',10),(1,3,'20001',0),(1,3,'30001',26),
(1,3,'99999',1),(1,4,'10001',24),(1,4,'10002',34),(1,4,'10003',129),(1,4,'10006',0),
(1,4,'10004',9),(1,4,'10005',20),(1,4,'20001',0),(1,4,'30001',37),(1,4,'99999',2),
(1,5,'10001',29),(1,5,'10002',36),(1,5,'10003',86),(1,5,'10006',0),(1,5,'10004',9),
(1,5,'10005',21),(1,5,'20001',0),(1,5,'30001',22),(1,5,'99999',3),(1,6,'10001',25),
(1,6,'10002',44),(1,6,'10003',80),(1,6,'10006',0),(1,6,'10004',1),(1,6,'10005',12),
(1,6,'20001',0),(1,6,'30001',11),(1,6,'99999',1),(1,7,'10001',52),(1,7,'10002',71),
(1,7,'10003',192),(1,7,'10006',0),(1,7,'10004',4),(1,7,'20001',0),(1,7,'30001',39),
(1,7,'99999',1),(1,8,'10001',69),(1,8,'10002',26),(1,8,'10003',71),(1,8,'10006',1),
(1,8,'10004',8),(1,8,'10005',17),(1,8,'20001',0),(1,8,'30001',17),(1,8,'99999',1),
(1,9,'10001',57),(1,9,'10002',38),(1,9,'10003',50),(1,9,'10004',0),(1,9,'10005',3),
(1,9,'10006',13),(1,9,'20001',0),(1,9,'30001',17),(1,9,'99999',2),(2,10,'10001',43),
(2,10,'10002',42),(2,10,'10003',72),(2,10,'10006',0),(2,10,'10004',14),(2,10,'10005',25),
(2,10,'20001',0),(2,10,'30001',35),(2,10,'99999',3),(2,11,'10001',57),(2,11,'10002',38),
(2,11,'10003',50),(2,11,'10006',0),(2,11,'10004',3),(2,11,'10005',13),(2,11,'20001',0),
(2,11,'30001',17),(2,11,'99999',2),(2,12,'10001',46),(2,12,'10002',24),(2,12,'10003',28),
(2,12,'10006',0),(2,12,'10004',1),(2,12,'10005',8),(2,12,'20001',0),(2,12,'30001',6),
(2,12,'99999',0),(3,1,'10001',0),(3,1,'10002',10),(3,1,'10003',0),(3,1,'10006',8),
```

```
(3,1,'10004',0),(3,1,'10005',10),(3,1,'20001',0),(3,1,'30001',0),(3,1,'99999',4),
(3,2,'10001',38),(3,2,'10002',28),(3,2,'10003',210),(3,2,'10006',0),(3,2,'10004',11),
(3,2,'10005',12),(3,2,'20001',4),(3,2,'30001',66),(3,2,'99999',4),(3,3,'10001',23),
(3,3,'10002',22),(3,3,'10003',192),(3,3,'10006',0),(3,3,'10004',8),(3,3,'10005',10),
(3,3,'20001',0),(3,3,'30001',26),(3,3,'99999',1),(3,4,'10001',29),(3,4,'10002',36),
(3,4,'10003',86),(3,4,'10006',0),(3,4,'10004',9),(3,4,'10005',21),(3,4,'20001',0),
(3,4,'30001',22),(3,4,'99999',3),(3,5,'10001',25),(3,5,'10002',44),(3,5,'10003',80),
(3,5,'10006',0),(3,5,'10004',1),(3,5,'10005',12),(3,5,'20001',0),(3,5,'30001',11),
(3,5,'99999',1),(3,8,'10002',71),(3,8,'10003',192),(3,8,'10004',0),(3,8,'10005',4),
(3,8,'10006',19),(3,8,'20001',0),(3,8,'30001',39),(3,8,'99999',1),(3,9,'10001',26),
(3,9,'10002',43),(3,9,'10003',108),(3,9,'10006',0),(3,9,'10004',2),(3,9,'10005',23),
(3,9,'20001',0),(3,9,'30001',15),(3,9,'99999',1),(3,11,'10001',34),(3,11,'10002',33),
(3,11,'10003',64),(3,11,'10006',0),(3,11,'10004',3),(3,11,'10005',14),(3,11,'20001',0),
(3,11,'30001',16),(3,11,'99999',0),(3,13,'10001',43),(3,13,'10002',42),(3,13,'10003',72),
(3,13,'10006',0),(3,13,'10004',14),(3,13,'10005',25),(3,13,'20001',0),(3,13,'30001',35),
(3,13,'99999',3),(3,16,'10001',46),(3,16,'10002',24),(3,16,'10003',28),(3,16,'10006',0),
(3,16,'10004',1),(3,16,'10005',8),(3,16,'20001',0),(3,16,'30001',6),(3,16,'99999',0);
```

3）用连接操作生成表 2-2 格式的查询结果

在主界面右下方的 Query Edit 中输入如下 SQL 语句，点击▶执行，若执行成功，则创建了名为 obsreport 的视图。

```
/*创建 obsreport 视图*/
CREATE VIEW netoma.obsreport AS
SELECT os.oscode, os.longi, os.Lati, os.alti, ds.deep, ds.age, pt.ptname, pt.pname, obss.spnum
FROM netoma.obssite os,netoma.deepsite ds,netoma.pnetoma p,netoma.obssample obss, netoma.pnetomatype pt
WHERE obss.osid=os.osid AND obss.dsid=ds.dsid AND obss.pcode=P.pcode AND p.ptid=pt.ptid;
```

右键点击主界面的 postgres 数据库，在弹出的菜单中选择“Refresh”后，在 postgres 数据库的 netoma 模式下的 View 中就可以看到该视图的定义了，也可以查视图的查询结果，如图 2-7 所示。

4） 用交叉查询操作生成表 2-1 格式的报表

在主界面右下方的 Query Edit 中输入如下 SQL 语句，点击▶执行，若执行成功，其结果如图 2-8 所示，可见其结构与表 2-1 类似。

```
/*交叉查询生成报表*/
  SELECT oscode,longi,lati,alti,deep,age,
     SUM(CASE obs.pname WHEN '桤木属' THEN obs.spnum ELSE NULL END) AS "桤木属",
     SUM(CASE obs.pname WHEN '桦木属' THEN obs.spnum ELSE NULL END) AS "桦木属",
     SUM(CASE obs.Pname WHEN '帚石南属' THEN obs.spnum ELSE NULL END) AS "帚石南属",
     SUM(CASE obs.pname WHEN '刺柏属' THEN obs.spnum ELSE NULL END) AS "刺柏属",
     SUM(CASE obs.pname WHEN '栲属' THEN obs.spnum ELSE NULL END) AS "栲属",
     SUM(CASE obs.pname WHEN '冬青属' THEN obs.spnum ELSE NULL END) AS "冬青属",
     SUM(CASE obs.pname WHEN '常春藤属' THEN obs.spnum ELSE NULL END) AS "常春藤属",
     SUM(CASE obs.pname WHEN '委陵菜属'   THEN obs.spnum ELSE NULL END) AS "委陵菜属",
```

```
    SUM(CASE obs.pname WHEN '未知' THEN obs.spnum ELSE NULL END) AS "未知"
FROM netoma.obsreport obs
GROUP BY oscode,longi,lati,alti,deep,age
ORDER BY longi,deep ASC;
```

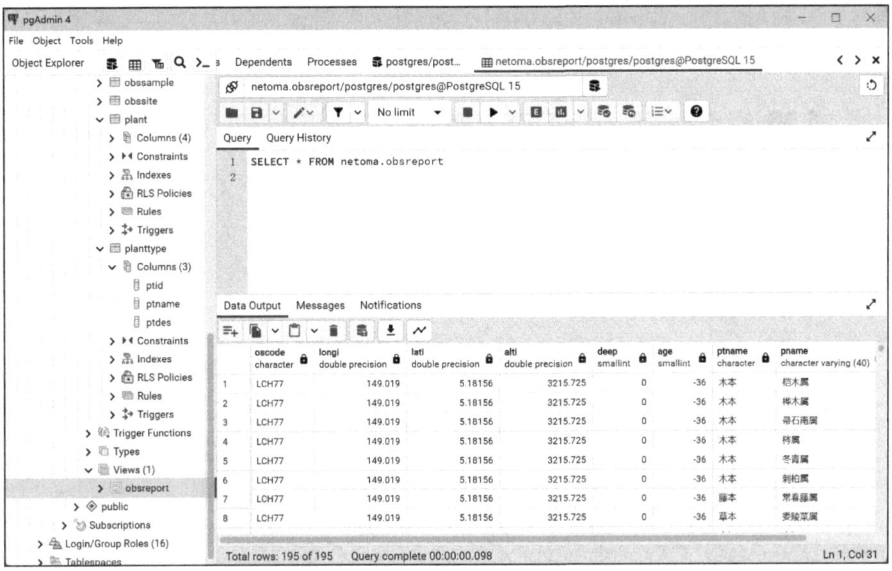

图 2-7　查看 obsreport 视图的数据

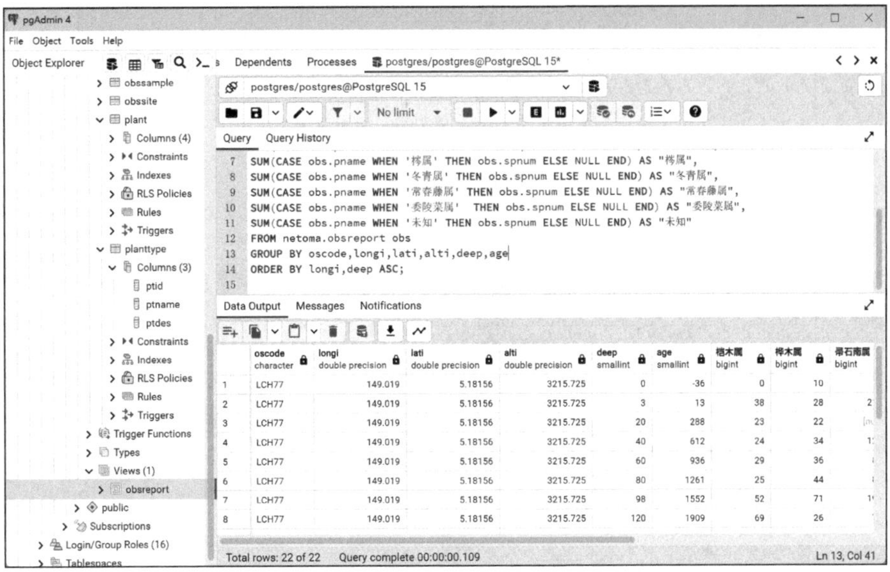

图 2-8　交叉查询的结果

2.5　常见问题与解决方案

【问题 4】当 SQL 语法不存在问题但 pgAdmin 不能正确执行时，常用的解决办法是：①确认句尾有分号；②确认语句中已指明模式；③确认关键词、数据类型均正确；④确认语句中的符号是英文、半角；⑤确认查找条件中字符型、日期型变量值的前后均有半角单引号。

【问题 5】若执行 SQL 语句时出现如图 2-9a 所示的错误，解决方法：若表所在模式不是默认模式，需要在表前加入模式名（图 2-9b）。

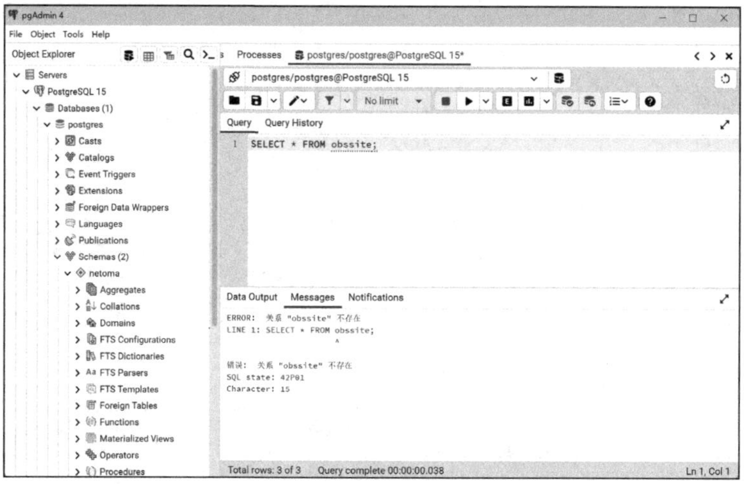

a 表前未加入模式名

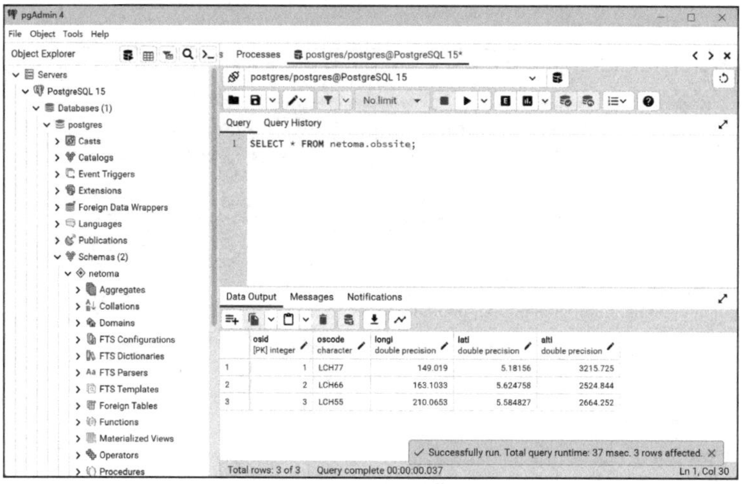

b 表前加入模式名

图 2-9　SQL 语句缺少模式名

2.6　作　　业

在 PGSQL 环境下练习《空间数据库管理系统概论》（第 2 版）第 3 章中学生、课程、选课相关的 SQL 语句。

第 3 章　PostGIS 与 QGIS 的安装与使用

第 1 章介绍了 PGSQL 的安装与使用；第 2 章以孢粉观测数据为例，从关系范式入手介绍了关系数据库设计过程，从关系代数入手介绍了其在 Excel 和 PGSQL 中的实现。本章介绍 PGSQL 在空间方面的扩展模块（PostGIS）的安装与使用，以及开源桌面 GIS 软件 Quantum GIS（QGIS）的安装与使用；如不方便下载，相关安装包也可到教程配套资源第 3 章目录下获取。QGIS 作为桌面版 GIS 工具，是连接、查看空间数据库的工具之一。同时，在第 6 章黄河流域数据库 Web 共享与发布中还用于配置空间数据的显示样式。

3.1　PostGIS 的下载与安装

PostGIS 是 PGSQL 最重要的扩展组件之一。它扩展了空间数据对象、空间索引、空间操作函数和空间操作符等，使 PGSQL 具备组织、管理、处理和分析空间数据的能力。PostGIS 支持开放地理空间信息联盟（Open Geospatial Consortium，OGC）的空间数据标准，如 WKT、WKB、GeoJSON、KML 等，还支持 GSQL 查询，支持空间数据操作、查询和分析，支持 PROJ4 的地图投影和地理坐标系。与 PGSQL 一样，PostGIS 同样支持开源协议。

PostGIS 有 Stackbuilder、OSGeo 两种下载安装途径。

3.1.1　通过 Stackbuilder 安装

启动开始菜单，翻至 P 开头的程序列表找到 PostgreSQL 15，点击其下的“Application Stack Builder”，弹出“Stack Builder”对话框，在对话框中选择前面已安装的 PGSQL 版本（图 3-1a），点击“下一个”；再选择与已装 PGSQL 以及机器位数相匹配的 PostGIS 版本，这里我们选择 PostGIS 3.3 Bundle for PostgreSQL 15（64 bit）v3.3.3（图 3-1b），点击“下一个”；选择安装包的下载目录后，开始下载，待完成下载后，点击“下一个”则进入“License Agreement”对话框，点击“I Agree”；之后选择需要安装的组件，这里我们选择“PostGIS”和“Creat spaital database”模块（图 3-1c），点击“Next”；再选择安装目录，建议保持默认；点击“Next”；再填写连接 PGSQL 的参数，这里选择默认的用户名（postgres）和端口（5432）（图 3-1d），输入之前为 postgres 设置的密码（sql），点击“Next”；再设置需要建立的空间数据库的名称，建议保持默认（图 3-1e），点击“Next”；之后，便开始安装。

在安装过程中，会弹出如图 3-2 所示的三个对话框，询问是否需要注册或安装与栅格数据相关的 GDAL_DATA 的环境变量、POSTGIS_ENABLE_DRIVERS 变量以及 POSTGIS_ENABLE_OUTDB_RASTERS 变量。由于后续有栅格数据的相关实验，这里都选择“是”。安装完成后弹出如图 3-1f 所示的界面，告知安装成功。

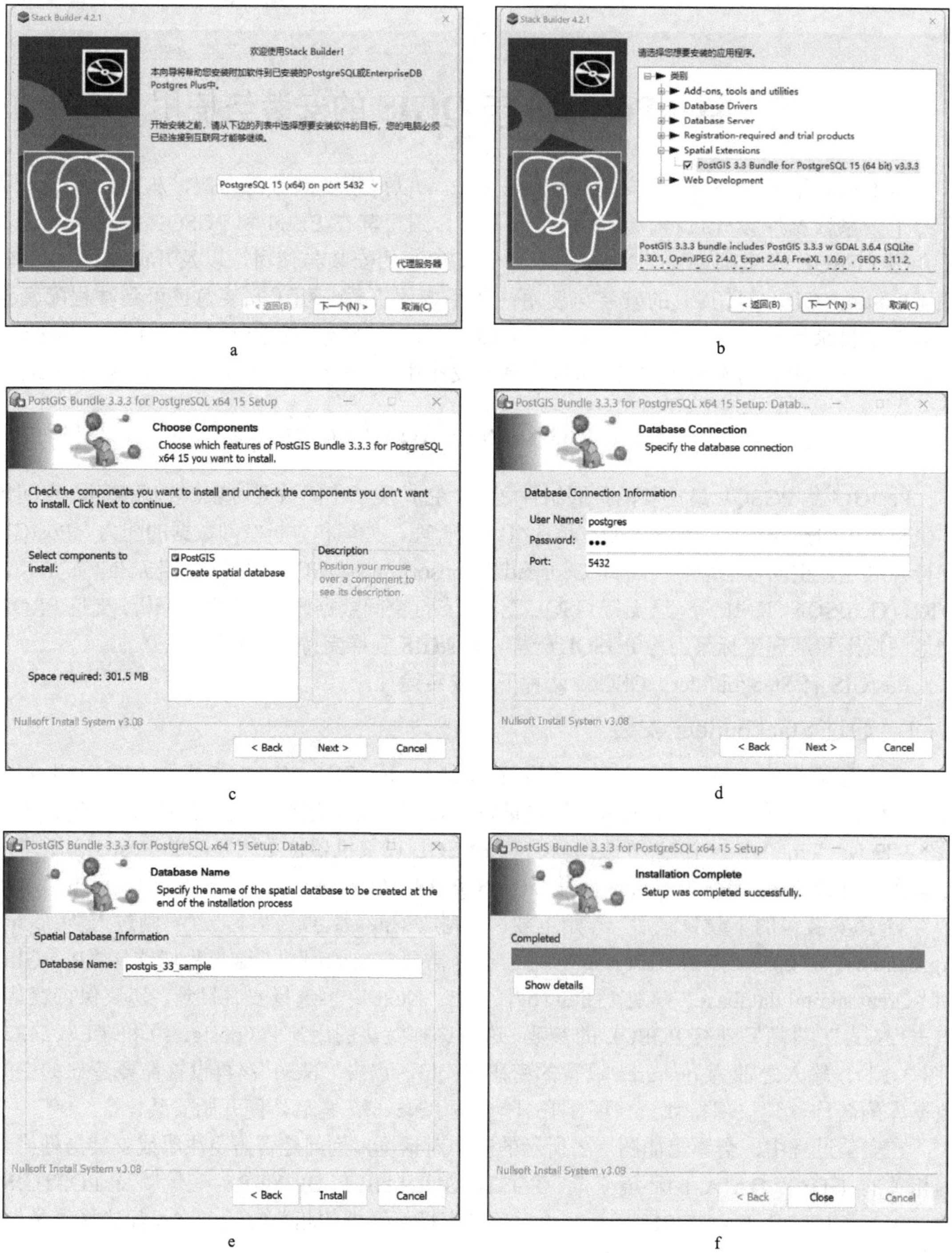

图 3-1　PostGIS 的安装过程

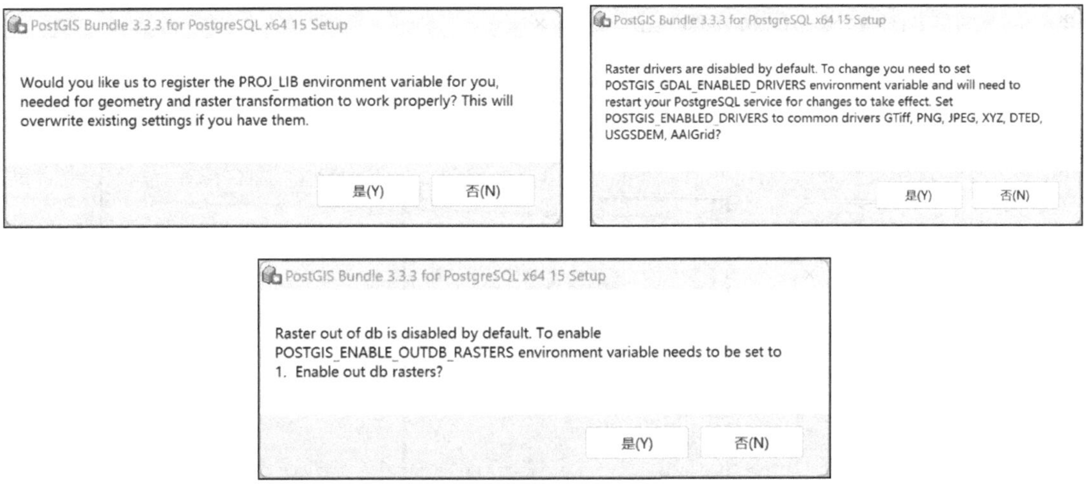

图 3-2　PostGIS 安装过程中弹出的与栅格数据相关的选项

3.1.2　通过 OSGeo 安装

读者也可以直接登录 PostGIS 官网（https://download.osgeo.org/postgis/windows/ pg15/），点击“download”，下载对应版本的 PostGIS 安装包（postgis-bundle-pg15x64-setup- 3.3.3-1.exe），右键点击安装包，弹出如图 3-3 所示的菜单，选择“以管理员身份运行”。注意：必须选择“以管理员身份运行”安装 PostGIS。

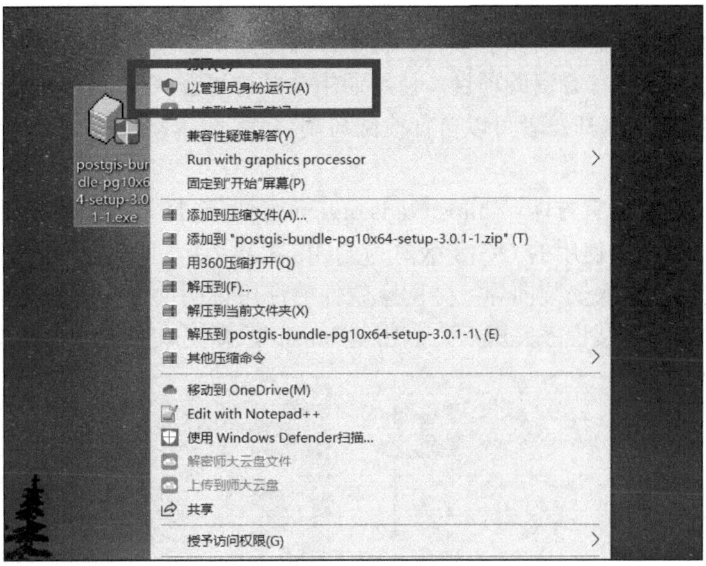

图 3-3　以管理员身份运行 PostGIS 安装程序

3.1.3　寻找 PostGIS 安装的模块与建立的空间数据库

安装完成后，根据 1.5.1 节的步骤连接数据库服务器，连接上后可以看到服务器上已经建了名为“postgis_33_sample”的空间数据库。打开该空间数据库中的“Extension”选项卡，然后点击“postgis”表，再切换到右侧的“Dependents”选项卡，可以看到一系列拓展的空间数据类型，即空间操作函数（图 3-4）。

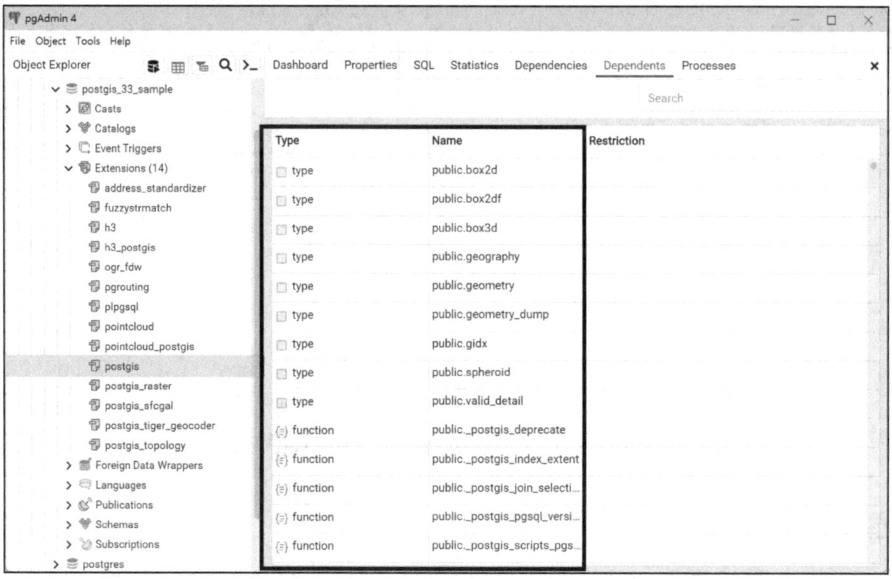

图 3-4　postgis_33_sample 空间数据类型和空间扩展函数

3.2　QGIS 的下载与安装

QGIS 是开源地理信息系统桌面软件，属于开源空间信息基金会（Open Source Geospatial Foundation，OSGeo）的官方资助项目，使用通用公共许可证（general public license，GNU）授权。在 GNU 授权下，开发者可以自行检阅与调整程序代码，并保证让所有使用者可以免费且自由地修改代码。

首先，访问 QGIS 的官方网站 https://qgis.org/en/site/。选择与操作系统相适应的版本下载 QGIS 安装包，本教程中使用的 QGIS 版本为 QGIS-3.28.7-1。下载完成后，双击运行后缀为“.exe”的安装文件，进入安装向导，并同意软件的许可说明；选择安装路径（默认即可），如图 3-5a 所示；等待安装程序完成后，点击“Finish”，即完成安装，如图 3-5b 所示。

a　　　　b

图 3-5　QGIS 安装过程的关键步骤

3.3　矢量数据的导入导出

本节以黄河流域省级行政单位矢量边界(Province.shp)、黄河干流及支流矢量(River.shp)、黄河流域市级行政单位矢量边界（City.shp）等文件为例，介绍 PostGIS、QGIS 的矢量数据导入导出功能。这里需要注意：上述三个文件的空间参考系为 WGS84，对应的空间参考系 ID 为 4326。

为了将黄河的数据放在同一个模式中，请读者先用 pgAdmin 在 postgis_33_sample 空间数据库中建立一个名为“yellowriver”的模式（图 3-6），后续黄河空间数据表均导入到此模式中。

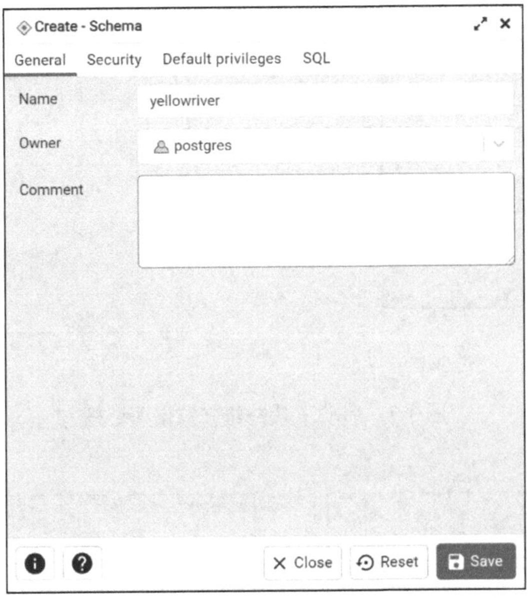

图 3-6　创建模式 yellowriver

3.3.1　用 PostGIS 的工具导入导出

1. 矢量数据的导入

1）*启动工具并建立数据库连接*

PostGIS 作为 PGSQL 的扩展模块，自带导入导出的工具，位于 Windows 的 PostGIS 下的“PostGIS Bundle 3 for PGSQL x64 15”菜单（图 3-7a），点击后，弹出“PostGIS Shapefile Import/Export Manager”的主界面，如图 3-7b 所示。点击“View connction details…”，弹出如图 3-7c 所示对话框，在对话框中正确填写数据库连接参数后，点击“OK”。若连接成功，图 3-7b 的 Log Window 处会提示。

2）*选择 Shapefile 文件、设置参数并入库*

点击图 3-7b 中的“Add File”，弹出图 3-8a 对话框，在这里选择我们需要导入的矢量文件：CITY.shp、PROVINCE.shp、RIVER.shp；然后，返回如图 3-8b 所示的主界面，在①标记的列表中，需要设置三个表的参考系 ID 为 4326；最后，点击“Import”，执行导入。如果成功，图 3-8b 的 Log Window 会有相关提示。

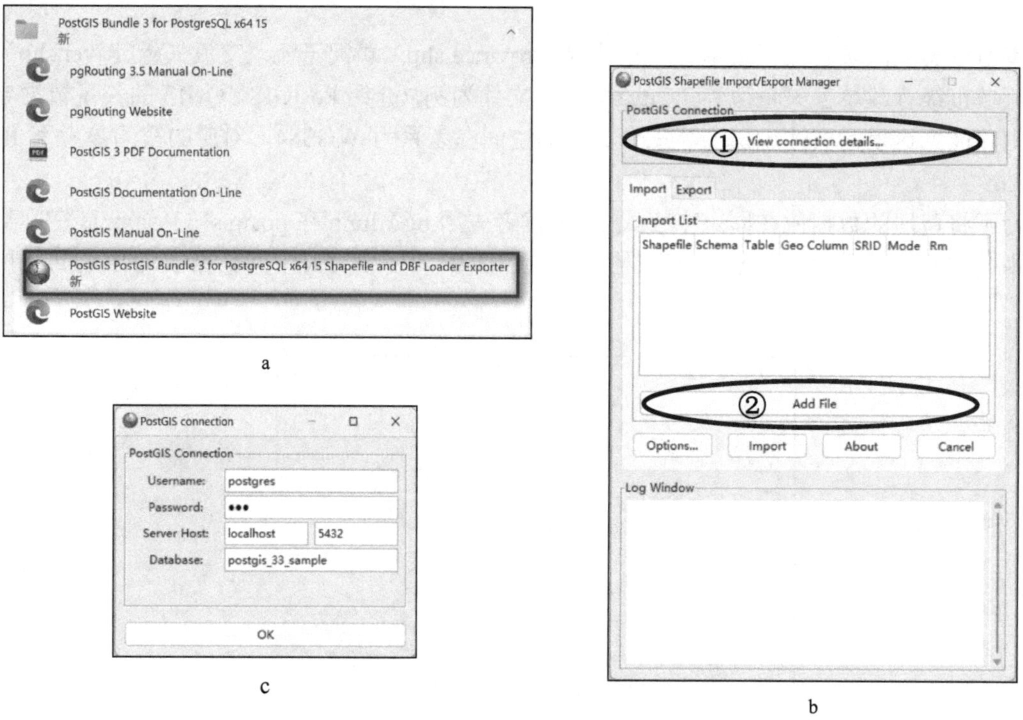

图 3-7　启动工具并建立数据库连接

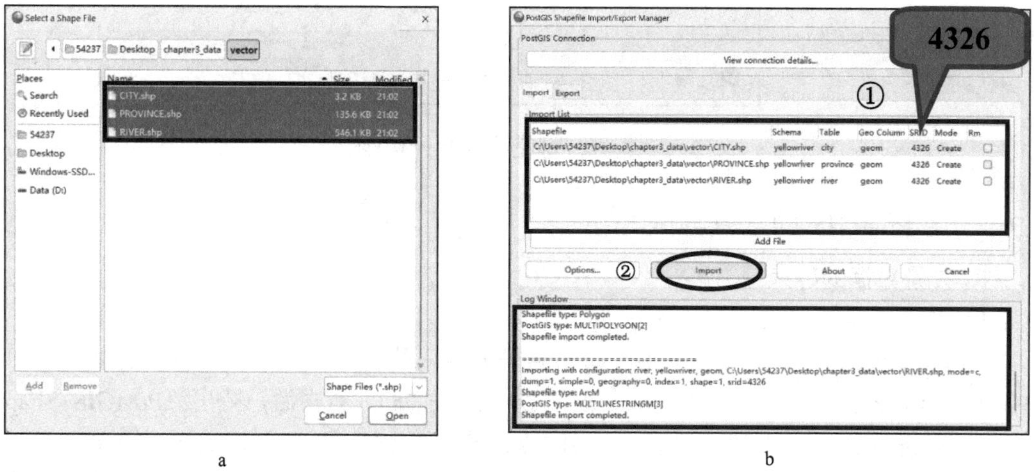

图 3-8　选择 Shapefile 文件导入数据库

2. 矢量数据的导出

与导入相同，首先还是需要建立数据库连接，因为前面已经建立好，这里将不再重复；接下来，点击工具主界面的“Export”选项卡，如图 3-9a①处；然后，点击“Add Table”（图 3-9a②），此时弹出图 3-9b 的对话框，选择需要导出的表后；点击“Export”（图 3-9a③），弹出图 3-9c，选择导出的目录，选择完成后，点击“Open”，程序开始自动导出，并返回如图 3-9d 所示的主界面，执行导出。如果导出成功，图 3-9d 的 Log Window 会有相关提示。

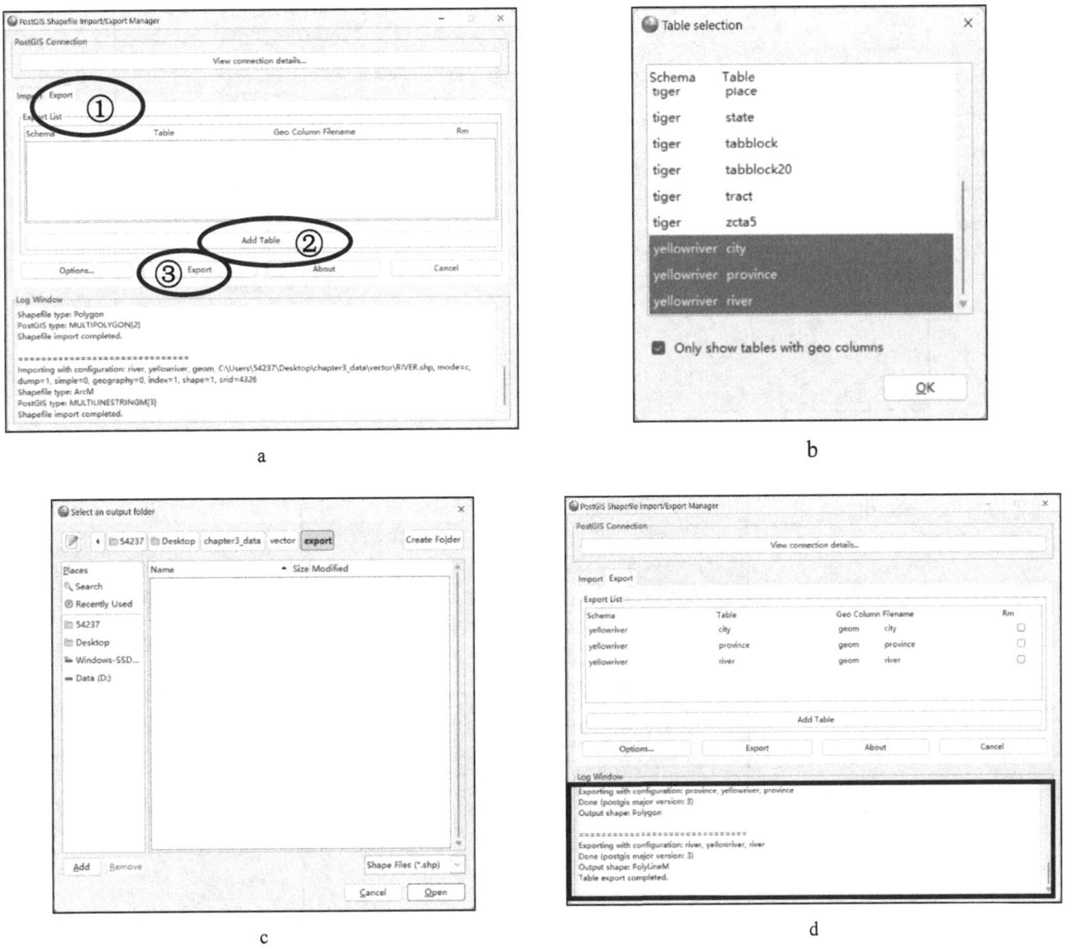

图 3-9 选择数据库表导出到指定目录

3.3.2 用 QGIS 的 DB Manager 导入导出

QGIS 作为一款开源的桌面 GIS 软件，能够连接空间数据库，并实现矢量数据的导入和导出。首先，在 Windows 菜单中找到 QGIS Desktop 的启动项，进入首页后，右键点击“PostgreSQL”，点击弹出的“New Connection...”（图 3-10a），弹出如图 3-10b 所示的对话框，在对话框中输入连接数据库的参数，然后点击“确定”，在弹出的对话框中输入用户名 postgres，密码 sql，点击登录。

1. 矢量数据的导出

连接成功后，点击 QGIS 首页中 Database 下的“DB Manager…”，弹出 DB Manager 的界面。在 DBManager 中选择目标数据库和目标模式后，点击“Import Layer/File···”，如图 3-11a 所示；弹出如图 3-11b 所示的对话框。根据对话框顺序，选择需要导入的文件，设定对应的数据库中表的系列参数后，点击“确定”，就可以实现文件数据的导入。

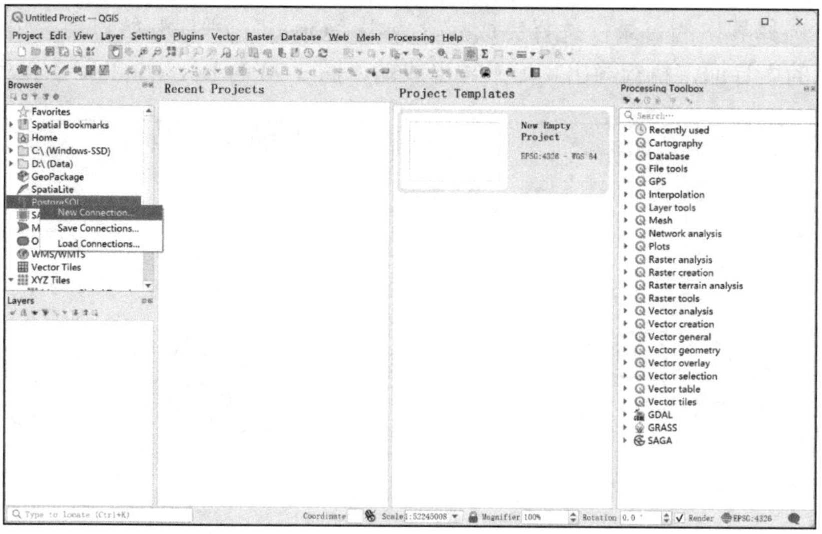

a

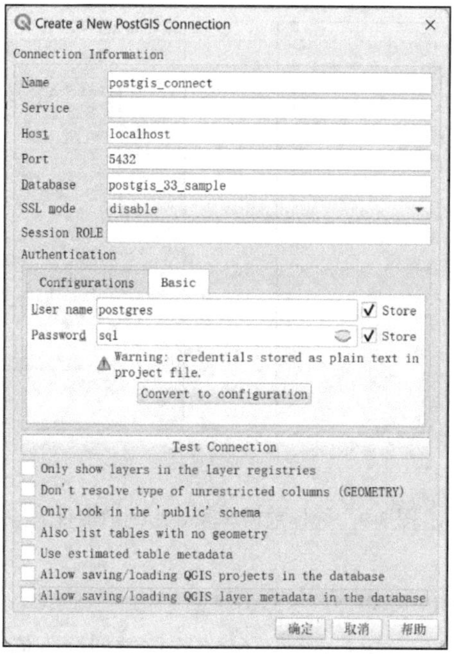

b

图 3-10　设置 DB Manager 连接数据库的参数

2. 矢量数据的导出

在 DB Manager 中选择数据库模式下需要导出的表，点击“Export to File…”（图 3-12a）；弹出如图 3-12b 所示的对话框，设置好参数后，点击“确定”，就可以将表中的空间数据导成对应的文件格式。

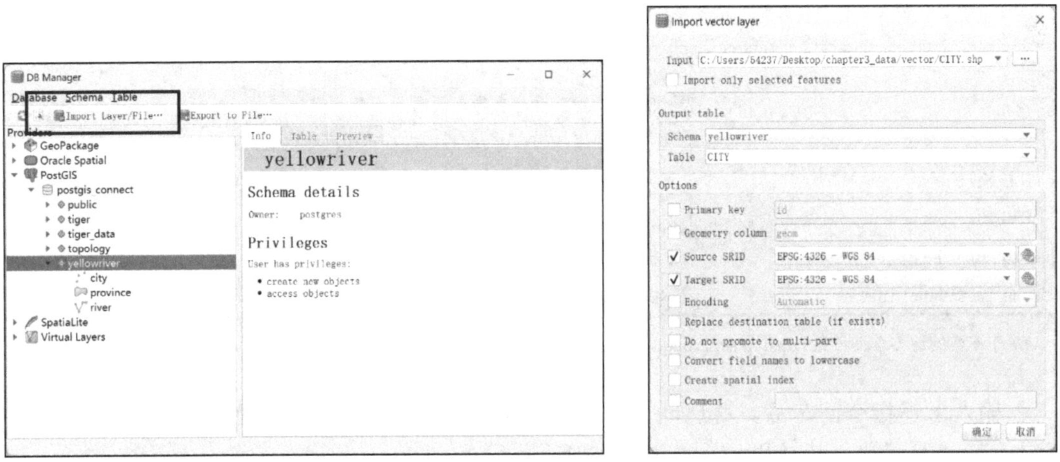

a　　　　b

图 3-11　QGIS 的 DB Manager 的数据导入过程

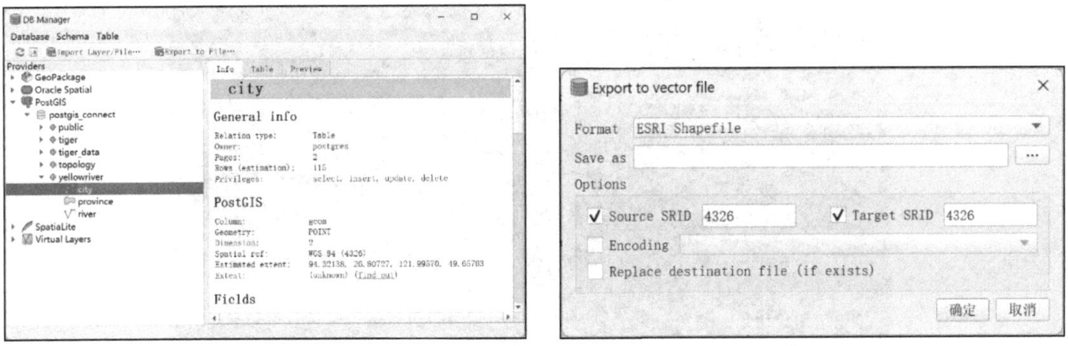

a　　　　b

图 3-12　QGIS 的 DB Manager 的数据导出过程

3.4　栅格数据的导入

本节以黄河流域 1km 分辨率数字高程模型（digital elevation model，DEM）栅格数据（huanghe_dem.tif）为例，介绍 PostGIS 的栅格导入工具（raster2pgsql.exe）。该工具位于 PGSQL 安装目录下的 bin 目录内；默认情况下是 C:\Program Files\PostgreSQL\15\bin。

以管理员模式打开命令提示符，并将当前目录切换至 PGSQL 安装目录的 bin 目录，输入 raster2pgsql 的指令，具体如下。raster2pgsql 命令中各项参数的含义如表 3-1 所示。这里需要注意：命令内的路径需要根据实际进行修改。

```
cd C:\Program Files\PostgreSQL\15\bin
raster2pgsql -I -C -s 4326 -t 128×128 -l 2,4 "C:\Users\54237\Desktop\chapter3_data_data\raster\huanghe_dem.tif" yellowriver.dem | psql -h localhost -p 5432 -U postgres -d postgis_33_sample
```

表 3-1　raster2pgsql 命令中的各项参数

参数	说明
-I	表示创建空间索引
-C	表示使用 COPY 命令来导入数据
-s	4326 表示使用 EPSG 4326 投影进行转换，可以根据需要修改
-t TILE_SIZE	表示将栅格切分成瓦片（tiles），TILE_SIZE 表示为 WIDTH×HEIGHT 的瓦片大小
-l LEVEL1,…	表示生成缩略图，后面的数字表示生成缩略图的级别
\path\to\raster\file.tif	表示栅格数据的路径和文件名
schema_name.table_name	表示要导入的模式名和表名

*关于参数的更多含义参见 https://postgis.net/docs/using_raster_dataman.html。

输入上述指令回车后，就启动了 DEM 数据的导入工作。导入时间视栅格数据文件大小而定，若导入正常，其结果如图 3-13 下部所示。

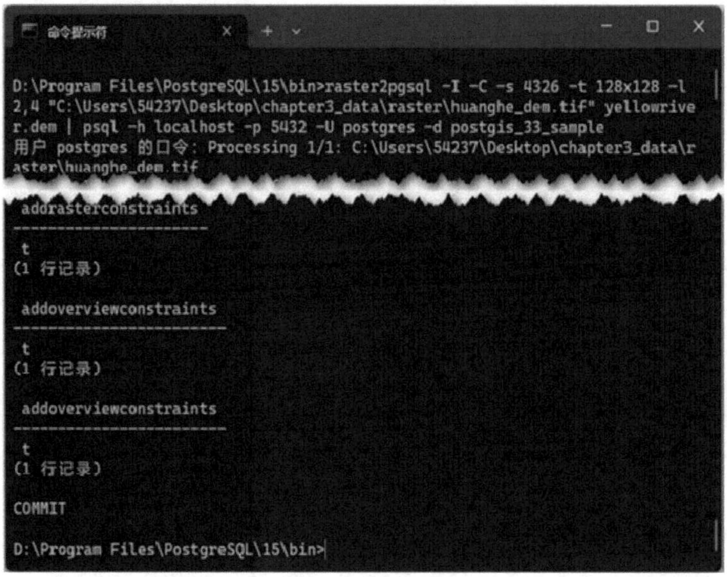

图 3-13　栅格数据的导入

此时进入 pgAdmin 应该可以看到成功导入 3 个栅格数据表，其中 dem 表是栅格的原始数据，o_2_dem 表和 o_4_dem 表为栅格金字塔数据，如图 3-14 所示。

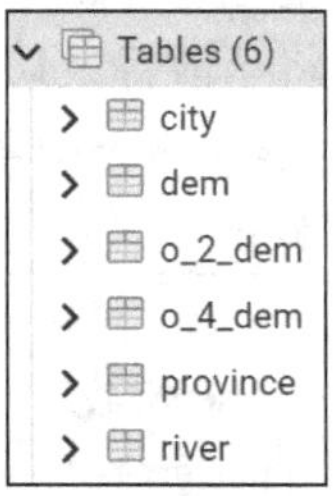

图 3-14　导入的栅格数据表

3.5　导入数据的查看

3.5.1　在 pgAdmin4 中查看与查询

在 pgAdmin4 中找到 postgis_33_sample 的 public 模式，点击“Tables”目录，可以看到数据库中增加了刚导入的 province、river、city、dem 表。点击“province”表可以看到其具体字段，如图 3-15 所示。这里我们可以看到 province 的空间数据已经包含了扩展的 Geometry 类型。在 PostGIS 中，Geometry 类型有 WKT、WKB 等数据格式，还有很多函数以及索引。

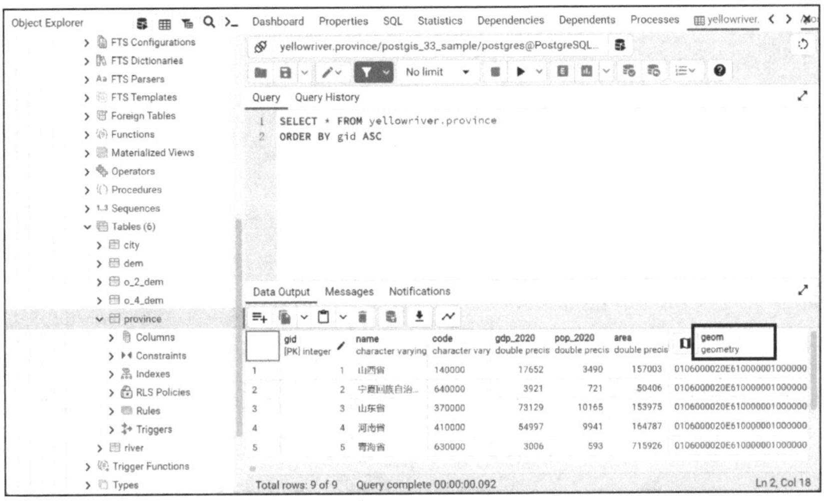

图 3-15　空间数据表的查看

关于空间数据，可以点击 Geometry 字段旁的地图图标（图 3-15 方框左侧）查看，其结果如图 3-16 所示。

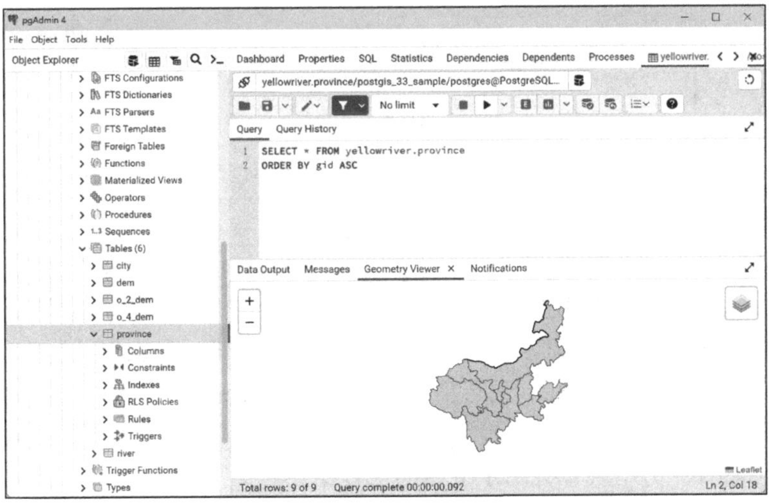

图 3-16　空间数据表中 Geometry 字段的可视化

此外，也可通过在 Query Editor 中执行 SQL 的方式查看数据，如图 3-17 所示。

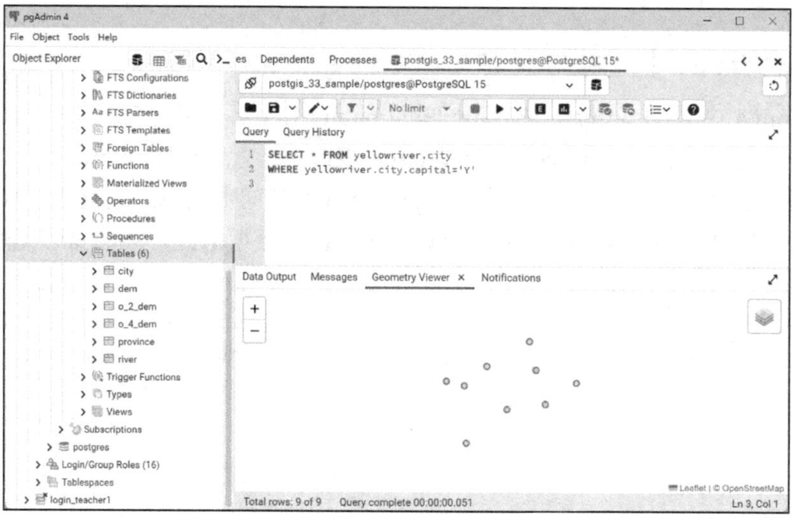

图 3-17　采用 SQL 的方式查看数据

3.5.2　在 QGIS 中查看

打开 QGIS 中的 DB Manager，通过界面中的 Info、Table 和 Preview 等选项（图 3-18）可以查看导入的空间数据，具体过程不再赘述。

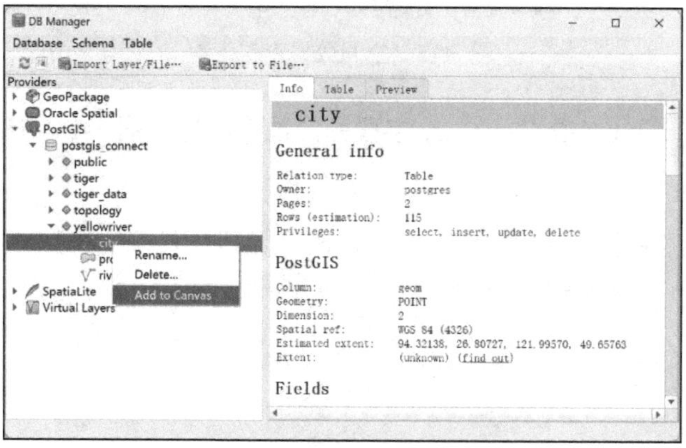

图 3-18　DB Manager 主界面

此外，也可以将数据库加载到 QGIS 桌面，在其图形窗口中查看，如图 3-19 所示。

当然，DB Manager 也支持 SQL 语句的输入和提交。在“Database”下选择“SQL Window”后，弹出如图 3-20a 所示的“Query”选项卡，在其中输入 SQL 语句，点击“Execute”后，可以显示查询结果。DB Manager 不仅可以执行 SQL 语句，还能将查询结果载入 QGIS 桌面中显示，如图 3-20a 中方框标记处；示例中的执行结果如图 3-20b 所示。

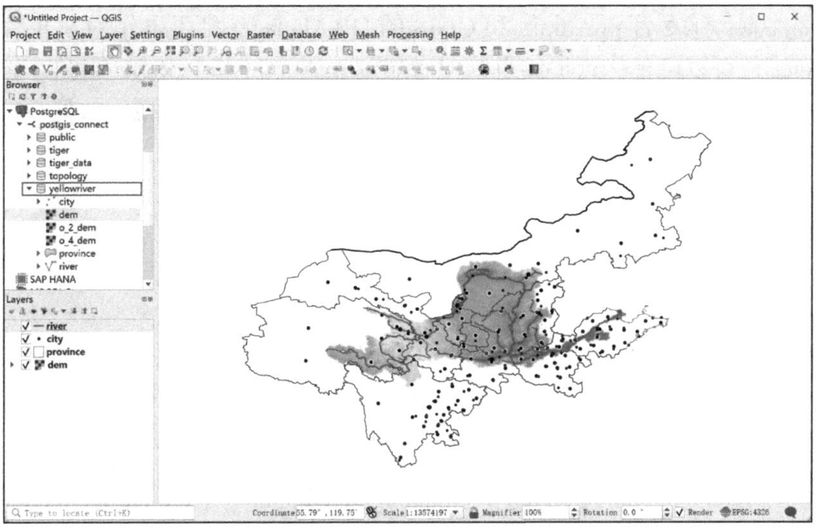

图 3-19　在 QGIS 的图形窗口中查看空间数据

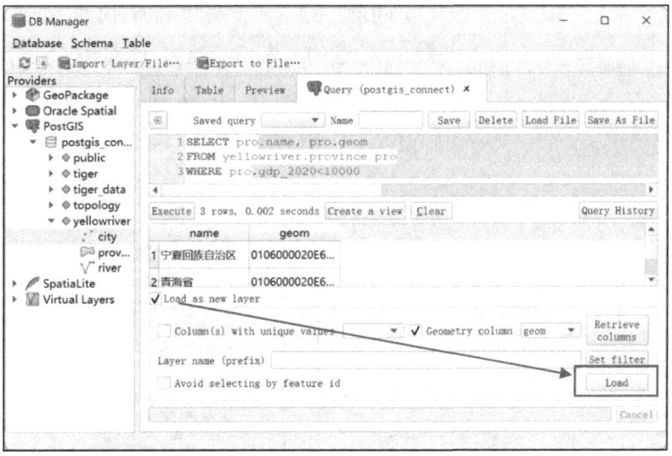

a

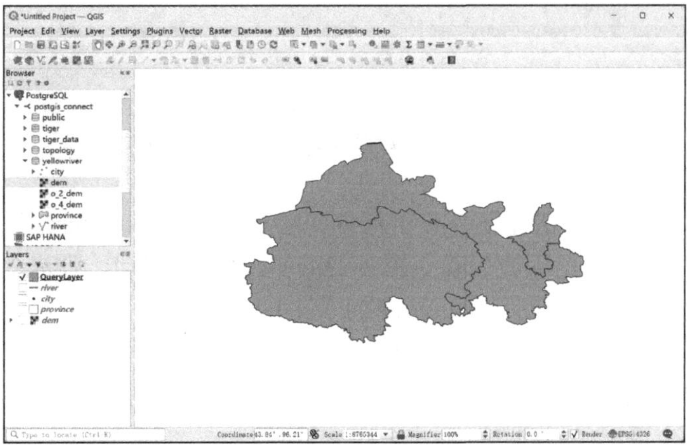

b

图 3-20　SQL 查询与结果可视化

这里需要注意：①尽管 pgAdmin 和 QGIS 的 DB Manager 都可以作为 SQL 编辑的前端，且 DB Manager 还可以可视化查询结果，但考虑到 pgAdmin 和 PGSQL 同源，建议后续涉及 GSQL 的编程实验尽量使用 pgAdmin。②请保留好本章已导入的数据表，方便后续实践 GSQL 编程使用。

3.6 常见问题与解决方案

3.6.1 安装过程中可能遇到的问题

1）安装版本选错

【问题 6】在 PostGIS 下载时提示如图 3-21 所示的错误。可能原因：PostGIS 版本（3.2.3）与 PostgreSQL（15.3-2）不兼容。此问题可通过更换为 PostGIS 3.3 Bundle for PostgreSQL 15（64 bit）v3.3.3 解决，不会报错。

图 3-21　安装报错

2）服务器未启动

【问题 7】在安装过程中可能会弹出空间数据库创建失败的对话框（图 3-22a），查看安装日志文件（图 3-22b），可能会出现无法连接到服务器的提示。这可能是 PostgreSQL 服务器尚未启动的原因。

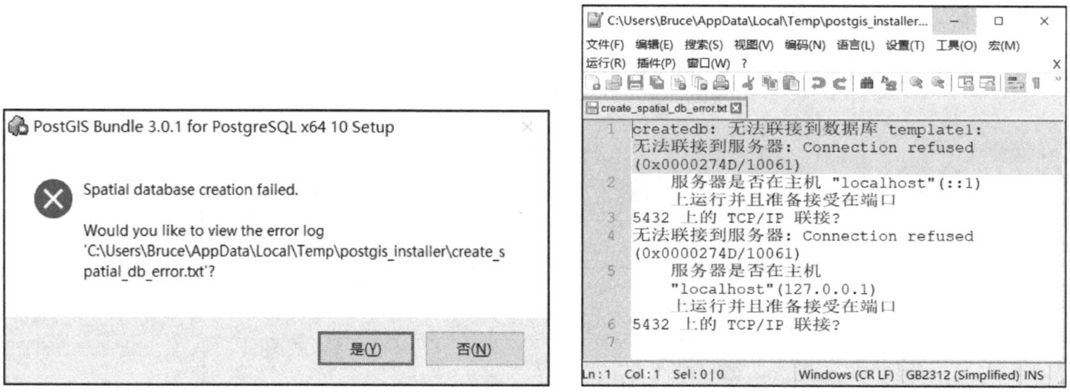

a　　　　b

图 3-22　PostGIS 安装过程中遇到服务器尚未启动的问题

解决方法是，用 Win+R 快捷键打开输入命令框，输入 services.msc 后回车，查看系统服务列表中 PGSQL 的服务器是否被启动（图 3-23）；若确实未启动，则选中 PGSQL 服务，点击右键选择“启动”，正常运行后，重新安装 PostGIS 即可。

【问题 8】如果安装完后提示“Spatial database creation failed”或“1 个安装被跳过”或“安装返回一个错误”或“could not connect to server”等问题（图 3-24），多数情况也是因为 PGSQL 服务器尚未启动，也采用【问题 7】的方法解决即可。

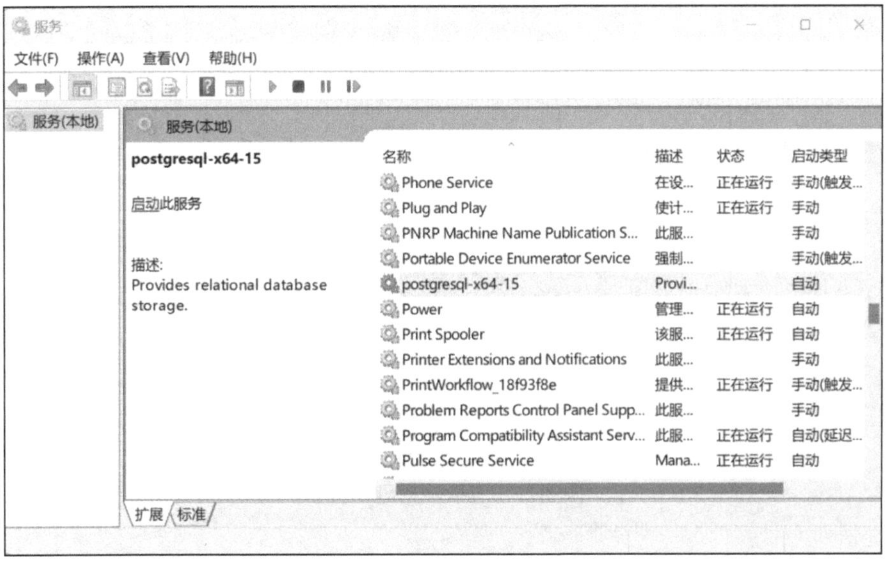

图 3-23　启动 PostgreSQL 服务

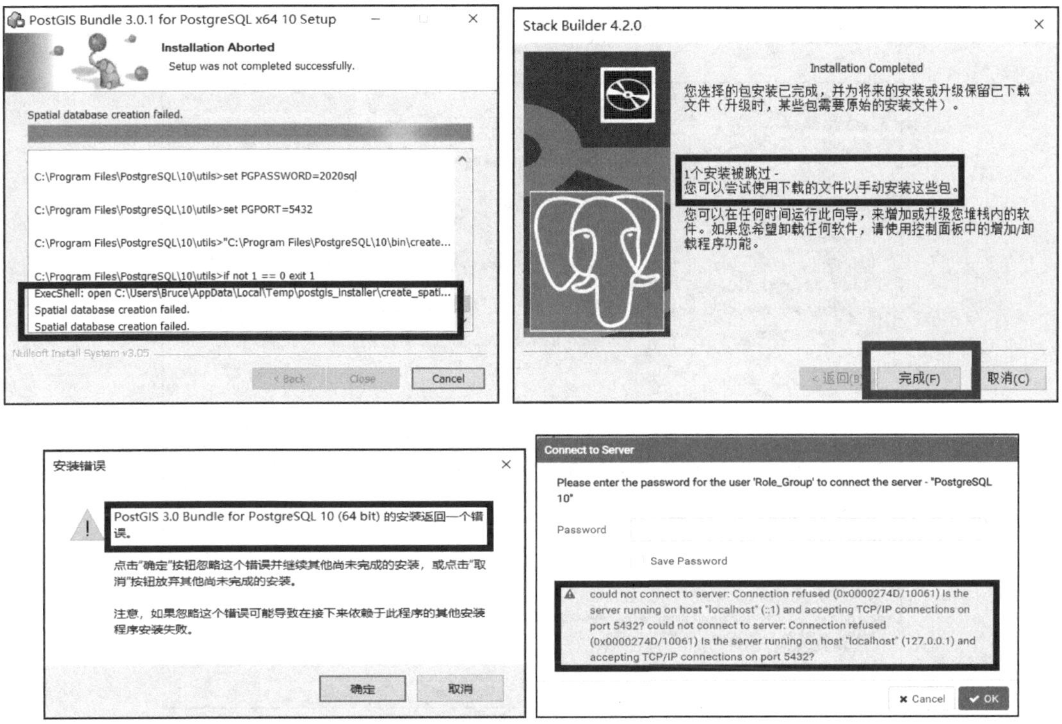

图 3-24　其他类似问题错误

3）互联网连接问题

【问题 9】在使用 Stackbuilder 安装的过程中，出现如图 3-25 所示的错误弹窗，或出现“未响应”的卡顿等，很可能是因为与国外的网络连接不稳定。可以采用以下四种方案：①点击图 3-25 中的“否”，然后重新开始；②稍作等候；③启用 VPN 网络；④改用 OSGeo 方案进行安装。

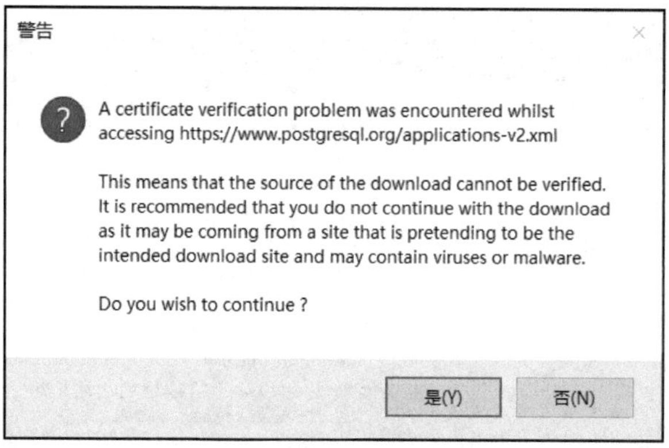

图 3-25　互联网问题的提示

3.6.2　使用过程中可能遇到的问题

【问题 10】在通过 PostGIS 导入数据时导入失败，出现如图 3-26 所示的情况，请将文件路径中的中文改为英文字符后，再次尝试。

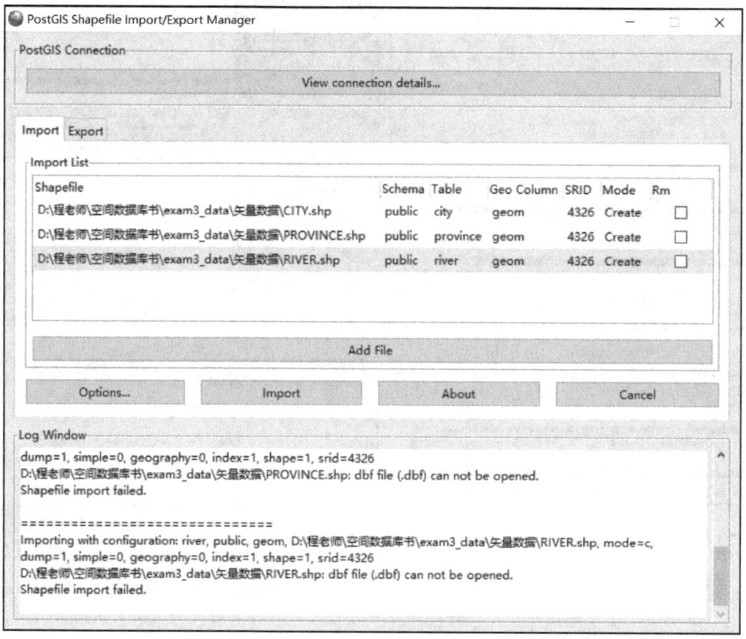

图 3-26　导入数据失败

【问题 11】导入栅格数据时，数据库出现乱码问题，如图 3-27 所示。解决方法是在环境变量里，新建用户变量：PGCLIENTENCODING=GBK，然后重新打开命令行。

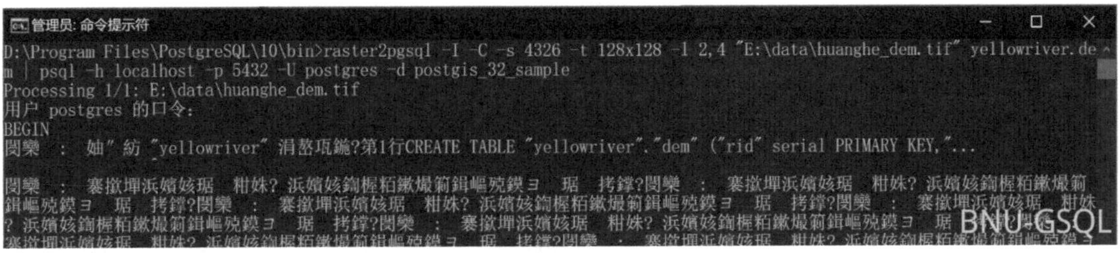

图 3-27　栅格数据导入出现乱码

【问题 12】导入栅格数据时，显示类型"raster"不存在，如图 3-28 所示。这可能是由于 PostGIS 的栅格类型拓展没有加载到当前的数据库，通过执行下面的语句进行添加，之后再尝试导入。

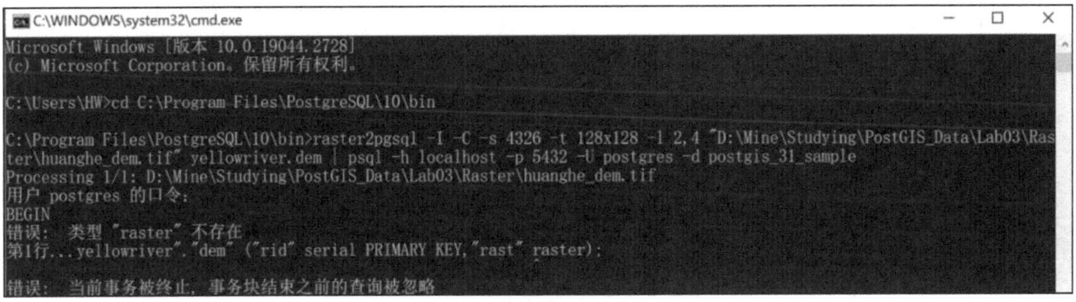

图 3-28　栅格数据导入出现乱码

```
-- geometry/geography 矢量数据类型扩展，如果已经有 geometry/geography 类型，就不用再执行下一条语句
CREATE EXTENSION postgis;
-- raster 栅格数据类型扩展 (for 3+)
CREATE EXTENSION postgis_raster;
-- Topology 扩展
CREATE EXTENSION postgis_topology;
-- PostGIS Advanced 3D and other geoprocessing algorithms
-- sfcgal not available with all distributions
CREATE EXTENSION postgis_sfcgal;
-- fuzzy matching needed for Tiger
CREATE EXTENSION fuzzystrmatch;
-- rule based standardizer
CREATE EXTENSION address_standardizer;
-- example rule data set
CREATE EXTENSION address_standardizer_data_us;
-- Enable US Tiger Geocoder
CREATE EXTENSION postgis_tiger_geocoder;
```

【问题 13】pgAdmin 4 中能够运行的语句在 QGIS 的 DB Manager 中无结果。解决方法有：①确认语句中已指明模式；②确认关键词、数据类型正确；③确认语句中的符号是英文、半角；④确认查找条件中字符型、日期型变量值的前后均有半角单引号。

【问题 14】在 QGIS SQL Window 得到查询结果后无法可视化，并报错：There was an error creating the SQL layer, please check the logs for further information。解决方法，根据错误提示查看 log 日志，路径如图 3-29 所示。

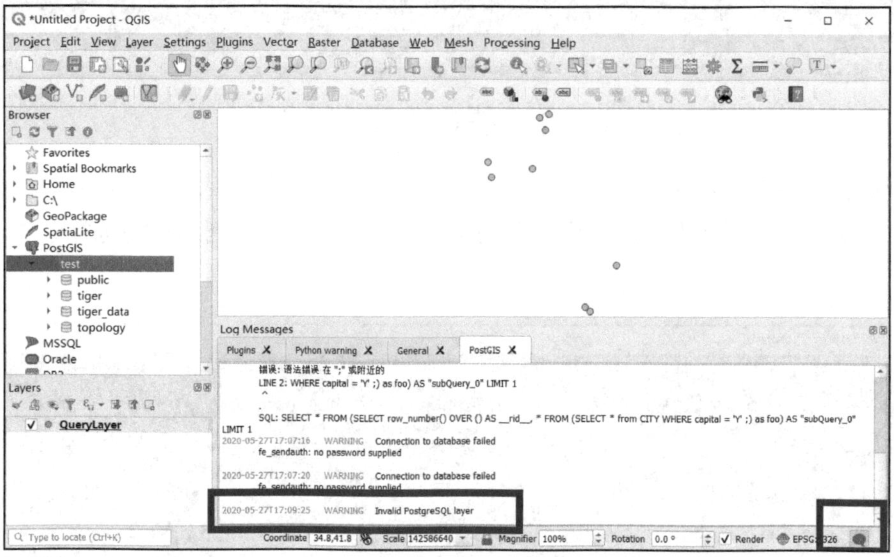

图 3-29　无法可视化并报错

真正的原因可能是：向 PostGIS 导入数据时未定义空间参考。简单的解决方案是删除数据后，重新导入并定义空间参考。

【问题 15】若无法成功下载到合适版本的 PostGIS 或 QGIS，也可以在本教程配套资源的第 3 章目录下获取。

3.7　作　　业

以自有的文件型矢量或栅格数据为例，完成数据的导入导出工作。

第 4 章　蓝湖地区地图数据库的构建与查询

为了使读者更好地体会空间数据库从设计、建设到查询的全过程，理解基于扩展数据类型的空间数据库解决方案，熟悉 PGSQL+PostGIS 的相关概念和操作，本章以蓝湖地区地图数据为例，详细介绍从地图到空间数据库几何对象模型的建模过程，并给出了从建库到查询的 GSQL 代码。在 1～3 章学习的基础上，请读者在 PGSQL+PostGIS 的环境下完成蓝湖地区地图数据库的建设与查询。注意每条 GSQL 语句执行时末尾需带分号。

为了将蓝湖地区数据放在同一个模式中，请读者先用 pgAdmin 在 postgres 数据库中建立一个名为“bluelake”的模式，后续蓝湖地区的表均存在此模式中。

4.1　实验案例介绍

图 4-1 是一套虚构的、蓝湖地区的整饰地图。

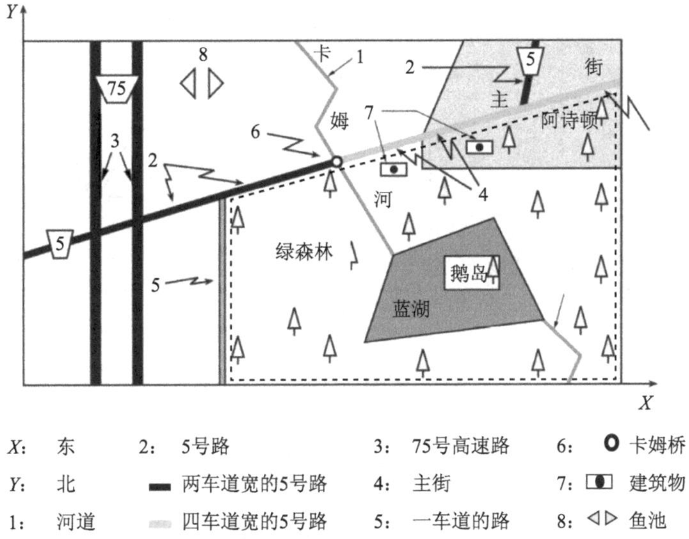

图 4-1　示例数据概念——蓝湖区域的地图

根据图 4-1 的背景及图示，我们读到如下信息：

（1）图 4-1 所示区域是通用横轴墨卡托（universal transverse Mercator，UTM）投影坐标下的一个矩形区域。水平坐标是 POSC 水平坐标系统 32214 号。注意 WGS72/UTM 14 带东伪偏移值为 500000，单位是米。

（2）“鹅岛”所在的“蓝湖”是该地区的重要要素。

（3）有一条从北到南的水系。注入湖的部分叫“卡姆河”，从湖出来的部分没有名字。

（4）这里有个区域叫“阿诗顿”。

（5）州属森林管理的区域包括湖和阿诗顿的一部分。图中一车道的路、5 号两车道宽的部分路段和四车道宽的路段以及地图边界围成了州属森林的边界。其中，标记了“♤”符号的“绿森林”等于州属森林减去湖。

（6）实际延伸出地图的 5 号公路。两车道宽的路用粗黑线表示，四车道的路用粗灰线表示。

（7）组合的 75 号高速路用粗的两条黑线表示，即两条被隔离的双向通行的高速路。这两条线被视为多线。

（8）跨越卡姆河的桥叫“卡姆桥”，被视为点对象。

（9）与 5 号路共享一段路的主街是四车道宽的。

（10）沿着主街有两个建筑物，它们可以被视为点，也可以被视为矩形的区域。

（11）一车道的路形成了州属森林边界的一部分，如两边带黑边的灰线所示。

（12）图中有两个鱼池，它们不是独立的，而是一体的，故可被视为多多边形。

图 4-1 描述的地图上的点和坐标如图 4-2 所示。

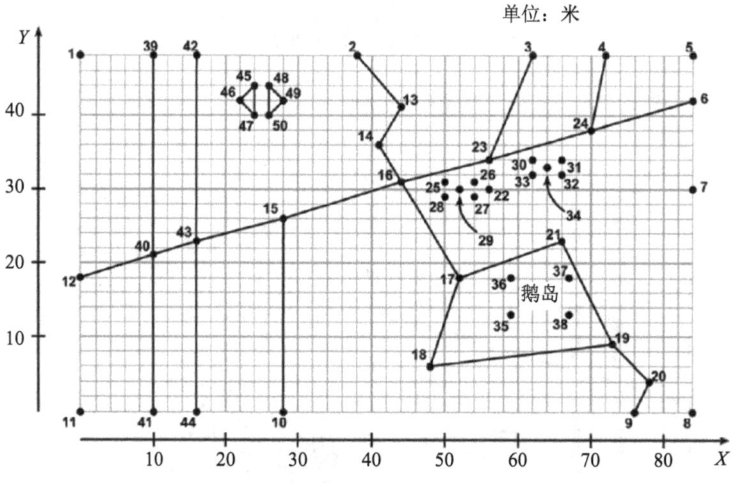

X 东　*Y* 北

图 4-2　蓝湖地区数据集的点

4.2 概 念 设 计

E-R 图直观易懂、简单易行，是数据库应用系统设计人员和普通非计算机专业用户进行数据建模和沟通与交流的有力工具。由于在空间数据库建模中需要融入一些具有空间概念的元素，故我们采用空间扩展 E-R 图来建模。在建模前，先简单介绍空间扩展 E-R 图。

4.2.1 空间扩展 E-R 图

空间扩展 E-R 图是用具有空间含义的象形图（pictogram）来注释和扩展 E-R 图的方法。其象形图主要包括实体象形图和联系象形图。

1）实体象形图

实体象形图是在实体的方框中插入一种用于描述空间实体的几何特征的微缩图。这些微缩形状主要包括如下几类。

（1）基本形状：包括点、线、面，其微缩图依次如图 4-3a 的顺序所示。在一般的应用中，大多数空间实体可用这些基本形状表示。例如，在设施实体的左上角插入点的微缩图，则表示该设施是 0 维的几何实体；在河流或道路实体中插入线的微缩图，则表示该河流或道路是 1 维几何实体；在森林实体中插入面的微缩图，则表示该森林是 2 维几何实体。

（2）复合形状：定义了一组聚合的形状，并用基数来量化这些复合形状，用于表示那些不能用某个形状表示的对象。其中，复合形状中的基数可有“0,1”“1”“1,*n*”“0,*n*”“*n*”多种形式。例如，河流网可用线的微缩图并在其右侧加入“1,*n*”的基数表示，如图 4-3b 中间的微缩图。

（3）导出形状：若一个对象的形状是由其他对象的形状导出的，那么就在其外加上一个菱形来表示，如图 4-3c 所示。例如，我们可以从美国的州界形状中导出美国的国界。

（4）备选形状：用于表示某种条件下的同一个对象。备选形状的元素可以属于其他几类形状。例如，在不同比例尺情况下，一座房屋可以表示为一个多边形，也可以表示为一个点，如图 4-3d 所示，其中，右边的备选多边形则是导出形状。

（5）任意形状：对于形状的组合，我们可用通配符（*）表示，它表示各种形状。例如，一个灌溉网是由泵站（点）、水渠（线）以及水库（多边形）等组成。

（6）自定义形状：除了点、线和多边形这些基本形状外，用户还可以定义自己的形状。例如，为了表达更多的信息，用户可能更愿意使用感叹号之类的象形图来表示灌溉网。

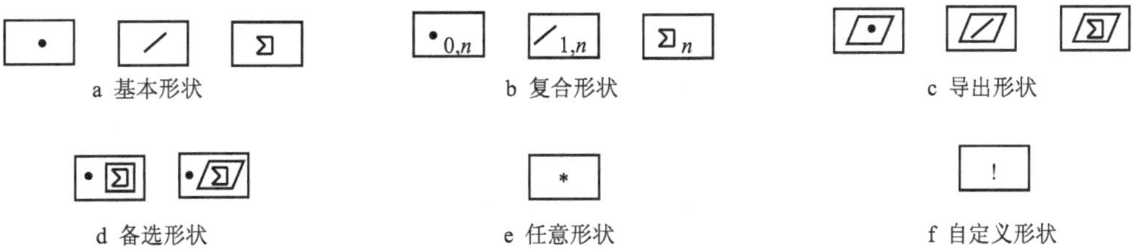

图 4-3　各类实体象形图示例

2）联系象形图

联系象形图是在联系的菱形框中插入的、用于描述实体间空间联系特征的微缩图。例如，图 4-4 给出了用于描述道路与道路网之间联系的 part-of 微缩图，以及用于描述把土地划分为地块的 part-of 微缩图。

图 4-4　联系象形图示例

4.2.2　应用实例的扩展 E-R 图

根据图 4-1 描述的地图上下文的含义，我们将空间对象抽象为“桥”“河流”“湖泊”“岛”“路段”“组合路”“建筑物”“池塘”“区域”九类空间实体。由于它们同时具有空间和非空间属性，故在后续的章节中也被称为“要素”。这些实体的属性及联系如图 4-5 所示。其中，桥被定义为点要素；路段、河流被定义为线要素；考虑到组合路是由两条被隔离的双向高速路组成，故其被定义为多线要素；建筑物可以用点，也可以用多边形表示，故其微缩图为备选形状；池塘则为多多边形要素；尽管图中湖泊、岛、区域等要素尚未出现多多边形的情形，但考虑到后续新增要素可能会出现多多边形，故我们也将其定义为多多边形要素。上述实体各自属性如图 4-5 中与其相连的椭圆所示，其中双线椭圆的属性为主属性。

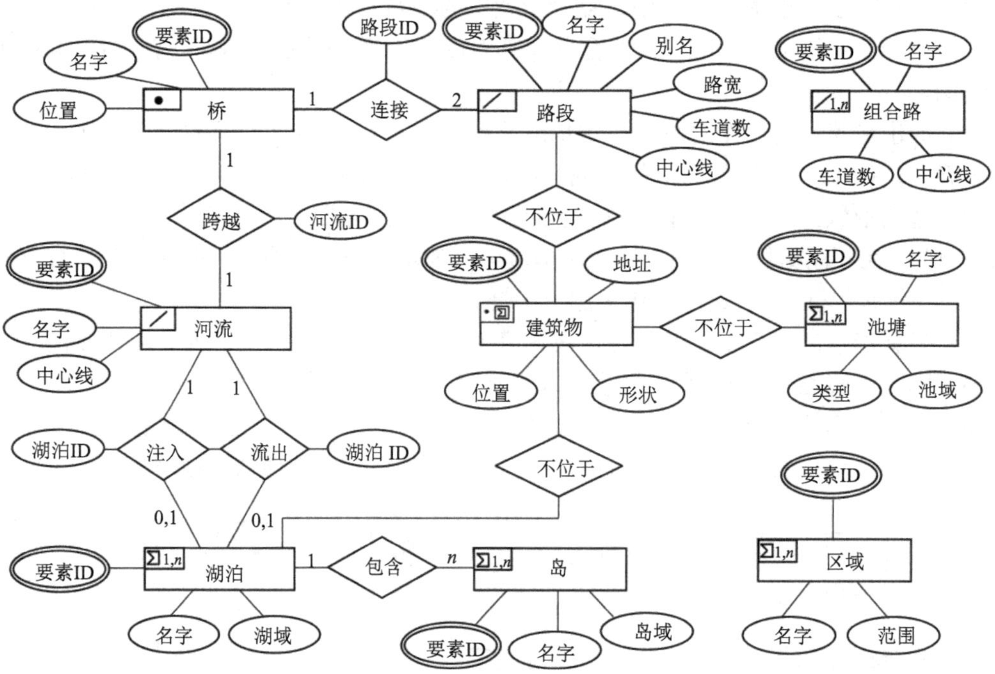

图 4-5　蓝湖地区的扩展 E-R 图

图 4-5 中的实体与属性应不难理解，我们这里重点介绍实体之间的关系。在介绍实体之间的关系前，要重点解释一下“路段”实体。考虑到地图中同一道路不同路段拥有不同的“别名”和“车道数”的情况，我们将“路段”作为道路的最小建模单元。此外，图中的 1 个“桥”连接 2 条路段，1 个桥跨越 1 条河流，1 条河流可能注入 0～1 个湖泊或从 0～1 个湖泊流出，建筑物不能位于“湖泊”或“池塘”中，也不能位于路段上。为了尽可能展示要素的行为规则的一些概念，本章引入的上述联系可能不一定适用于其他空间应用。在数据库的实际设计中，读者应结合应用中的实际情况设计实体-联系，切忌捏造或夸大。

4.3　逻辑设计

根据图 4-5 中的扩展 E-R 图，我们可将每个要素都转换为带有几何类型的二维要素表，如表 4-1 至表 4-9 所示。

表 4-1　湖泊（lakes）

字段（中）	字段（英）	字段类型	主键	外键	备注
要素 ID	fid	Integer	是		
名字	name	Char(64)			
湖域	shore	Geometry			其几何类型限定为 MultiPolygon

表 4-2　路段（road_segments）

字段（中）	字段（英）	字段类型	主键	外键	注备
要素 ID	fid	Integer	是		
名字	name	Char(64)			
别名	aliases	Char(64)			
车道数	num_lanes	Integer			
中心线	centerline	Geometry			其几何类型限定为 Linestring

表 4-3　组合路段（divided_route）

字段（中）	字段（英）	字段类型	主键	外键	注备
要素 ID	fid	Integer	是		
名字	name	Char(64)			
车道数	num_lanes	Integer			
中心线	centerline	Geometry			其几何类型限定为 MultiLinestring

表 4-4　桥（bridges）

字段（中）	字段（英）	字段类型	主键	外键	注备
要素 ID	fid	Integer	是		
名字	name	Char(64)			
河流	streamid	Integer		是	
路段 1ID	roadseg1id	Integer		是	空位 0
路段 2ID	roadseg2id	Integer		是	
位置	position	Geometry			其几何类型限定为 Point

表 4-5　河流（streams）

字段（中）	字段（英）	字段类型	主键	外键	注备
要素 ID	fid	Integer	是		
名字	name	Char(64)			
流出湖泊 ID	fromlakeid	Integer			
注入湖泊 ID	tolakeid	Integer			
中心线	centerline	Geometry			其几何类型限定为 Linestring

表 4-6　建筑物（buildings）

字段（中）	字段（英）	字段类型	主键	外键	注备
要素 ID	fid	Integer	是		
名字	name	Char(64)			
位置	position	Geometry			其几何类型限定为 Point
形状	footprint	Geometry			其几何类型限定为 Polygon

表 4-7　池塘（pond）

字段（中）	字段（英）	字段类型	主键	外键	注备
要素 ID	fid	Integer	是		
名字	name	Char(64)			
类型	type	Char(64)			
池域	shores	Geometry			其几何类型限定为 MultiPolygon

表 4-8　岛（island）

字段（中）	字段（英）	字段类型	主键	外键	注备
要素 ID	fid	Integer	是		
岛名	name	Char(64)			
所在湖泊 ID	lakeid	Integer			
边界	boundary	Geometry			其几何类型限定为 MultiPolygon

表 4-9　区域（zone）

字段（中）	字段（英）	字段类型	主键	外键	注备
要素 ID	fid	Integer	是		
名字	name	Char(64)			
边界	boundary	Geometry			其几何类型限定为 MultiPolygon

这里需要注意如下几点。

（1）如果空间数据库的几何类型足够丰富，要素表中的空间属性应定义为相应的几何类型。例如，“湖泊”中的“湖域”应定义为 MultiPolygon 类型，“桥”的“位置”应定义为 Point 类型。但目前多数空间数据库管理系统都不支持如此丰富的类型，而仅用 Geometry 类型代替所有的几何类型；故表中也都将空间属性的类型定义为 Geometry，至于不同要素表中几何类型的限定，则由用户在应用层进行限制。

（2）对于具有备选形状的建筑物，我们为其建立“位置”和“形状”两个 Geometry 字段，其中位置用于存放以点状形式表达的建筑物，而形状用于存放以多边形形式表达的建筑物。空间数据库中 1 个表可以存储多个几何字段，这也是空间数据库有别于文件地理数据库的特色所在。

（3）对于图 4-5 中的“连接”“跨越”“注入”“流出”“包含”的关系，在数据库设计中可以通过“桥”表中的“路段 1ID”和“路段 2ID”、“桥”表中的“河流 ID”、“河流”表中的“注入湖泊 ID”、“河流”表中的“流出湖泊 ID”、“岛”表中的“所在湖泊 ID”进行限制，但在系统实现中空间关系还需要通过触发器或程序代码进一步约束。对于图 4-5 中的“不位于”关系，则只能通过触发器或开发者在应用程序中实现。

（4）考虑到数据库管理系统对中文支持的缺陷，建议用表 4-1 至表 4-9 中的英文表名、字段名进行建库。

4.4　物理实现

本节物理实现和空间查询都是在 PGSQL 和 PostGIS 的支持下实现的。读者可以在

pgAdmin 中开展下述实验。

4.4.1　建表前的准备工作

建表前先检查空间数据库 SPATIAL_REF_SYS 系统表中，是否存在 WGS72/UTM 14 带的空间参考信息。若不存在，则用下述 GSQL 语句将 WGS72/UTM 14 带的空间参考 WKT 标识插入到 SPATIAL_REF_SYS 系统表。

```
-- 空间参考系
INSERT INTO SPATIAL_REF_SYS VALUES(101, 'POSC', 32214, 'PROJCS["UTM_ZONE_14N", GEOGCS ["World Geodetic System 72",DATUM["WGS_72", ELLIPSOID["NWL_10D", 6378135, 298.26]], PRIMEM ["Greenwich", 0], UNIT["Meter", 1.0]],PROJECTION["Transverse_Mercator"],PARAMETER ["False_Easting", 500000.0],PARAMETER["False_Northing", 0.0],PARAMETER["Central_Meridian", -99.0], PARAMETER ["Scale_Factor", 0.9996],PARAMETER["Latitude_of_origin", 0.0],UNIT["Meter",1.0]]');
```

4.4.2　建表的 GSQL 语句

根据表 4-1 至表 4-9 的描述，可使用下述语句在空间数据库中建立用户定义的要素表。此处我们创建一个新模式 bluelake。注意：没有指定模式的情况下，通常将表建在默认的模式中，若没有特意设置，默认模式为 public。

```
/*创建 bluelake 模式*/
CREATE SCHEMA bluelake;
/*湖泊*/
CREATE TABLE bluelake.lakes (
    fid INTEGER NOT NULL PRIMARY KEY,
    name VARCHAR(64),
    shore GEOMETRY('MULTIPOLYGON',101));
/*路段*/
CREATE TABLE bluelake.road_segments (
    fid INTEGER NOT NULL PRIMARY KEY,
    name VARCHAR(64),
    aliases VARCHAR(64),
    num_lanes INTEGER,
    centerline GEOMETRY('LINESTRING',101));
/*组合路*/
CREATE TABLE bluelake.divided_routes (
    fid INTEGER NOT NULL PRIMARY KEY,
    name VARCHAR(64),
    num_lanes INTEGER,
    centerlines GEOMETRY('MULTILINESTRING',101));
/*桥*/
CREATE TABLE bluelake.bridges (
    fid INTEGER NOT NULL PRIMARY KEY,
    name VARCHAR(64),
    roadseg1id INTEGER REFERENCES bluelake.road_segments,
    roadseg2id INTEGER REFERENCES bluelake.road_segments,
    position GEOMETRY('POINT',101));
```

```
/*河流*/
CREATE TABLE bluelake.streams (
    fid INTEGER NOT NULL PRIMARY KEY,
    name VARCHAR(64),
    fromlakeid INTEGER REFERENCES bluelake.lakes,
    tolakeid INTEGER REFERENCES bluelake.lakes,
    centerline GEOMETRY('LINESTRING',101));
/*建筑物*/
CREATE TABLE bluelake.buildings (
    fid INTEGER NOT NULL PRIMARY KEY,
    address VARCHAR(64),
    position GEOMETRY('POINT',101),
    footprint GEOMETRY('POLYGON',101));
/*池塘*/
CREATE TABLE bluelake.ponds (
    fid INTEGER NOT NULL PRIMARY KEY,
    name VARCHAR(64),
    type VARCHAR(64),
    shores GEOMETRY('MULTIPOLYGON',101));
/*岛*/
CREATE TABLE bluelake.island (
    fid INTEGER NOT NULL PRIMARY KEY,
    name VARCHAR(64),
    lakeid INTEGER REFERENCES bluelake.lakes,
    boundary GEOMETRY('MULTIPOLYGON',101));
/*区域*/
CREATE TABLE bluelake.zone (
    fid INTEGER NOT NULL PRIMARY KEY,
    name VARCHAR(64),
    boundary GEOMETRY('MULTIPOLYGON',101));
```

4.4.3 建表后的系统表信息

建完上述 9 个要素表后，空间数据库的 SPATIAL_REF_SYS 和 GEOMETRY_COLUMNS 系统表的表头及其记录如表 4-10 和表 4-11 所示。

表 4-10　系统表 SPATIAL_REF_SYS 的表头及其相关记录

SRID	AUTH_NAME	AUTH_SRID	SRTEXT
…	…	…	…
101	POSC	32214	'PROJCS["UTM_ZONE_14N", GEOGCS["World Geodetic System 72",DATUM["WGS_72", ELLIPSOID["NWL_10D", 6378135, 298.26]],PRIMEM["Greenwich", 0], UNIT["Meter", 1.0]], PROJECTION["Transverse_Mercator"], PARAMETER["False_Easting", 500000.0], PARAMETER["False_Northing", 0.0], PARAMETER["Central_Meridian", -99.0], PARAMETER["Scale_Factor", 0.9996], PARAMETER["Latitude_of_origin", 0.0],UNIT["Meter",1.0]]'
…	…	…	…

表 4-11　系统表 GEOMETRY_COLUMNS 的表头及其相关记录

F_TABLE_CATALOG	F_TABLE_SCHEMA	F_TABLE_NAME	F_GEOMETRY_COLUMN	COORD_DIMENSION	SRID
postgresql	public	lakes	shore	2	101
postgresql	public	road_segments	centerline	2	101
postgresql	public	divided_routes	centerlines	2	101
postgresql	public	bridges	position	2	101
postgresql	public	streams	centerline	2	101
postgresql	public	buildings	position	2	101
postgresql	public	buildings	footprint	2	101
postgresql	public	ponds	shores	2	101
postgresql	public	island	boundary	2	101
postgresql	public	zone	boundary	2	101

4.4.4　空间数据的插入

利用如下 GSQL 语句，将图 4-2 所示的空间数据分别插入到上述 9 个用户定义的要素表中。

```
/*湖泊*/
  INSERT INTO bluelake.lakes VALUES (101, '蓝湖',
    ST_GeomFromText('MULTIPOLYGON (((52 18,66 23,73 9,48 6,52 18),
    (59 18,67 18,67 13,59 13,59 18)))', 101));
  INSERT INTO bluelake.lakes VALUES (0, '图外其他湖泊');
/*路段*/
  INSERT INTO bluelake.road_segments VALUES(102, '路5', NULL, 2,
    ST_GeomFromText('LINESTRING( 0 18, 10 21, 16 23, 28 26, 44 31 )' ,101));
  INSERT INTO bluelake.road_segments VALUES(103, '路5', '主街', 4,
    ST_GeomFromText('LINESTRING( 44 31, 56 34, 70 38 )' ,101));
  INSERT INTO bluelake.road_segments VALUES(104, '路5', NULL, 2,
    ST_GeomFromText('LINESTRING( 70 38, 72 48 )' ,101));
  INSERT INTO bluelake.road_segments VALUES(105, '主街', NULL, 4,
    ST_GeomFromText('LINESTRING( 70 38, 84 42 )' ,101));
  INSERT INTO bluelake.road_segments VALUES(106, '绿森林边路', NULL, 1,
    ST_GeomFromText('LINESTRING( 28 26, 28 0 )',101));
/*组合路*/
  INSERT INTO bluelake.divided_routes VALUES(119, '路75', 4,
    ST_GeomFromText('MULTILINESTRING((10 48,10 21,10 0),
    (16 0,16 23,16 48))', 101));
 /*桥*/
  INSERT INTO bluelake.bridges VALUES(110, '卡姆桥',102,103,
    ST_GeomFromText('POINT( 44 31 )', 101));
/*河流*/
  INSERT INTO bluelake.streams VALUES(111, '卡姆河',0,101,
    ST_GeomFromText('LINESTRING( 38 48, 44 41, 41 36, 44 31, 52 18 )', 101));
```

```
    INSERT INTO bluelake.streams VALUES(112, NULL,101,0,
      ST_GeomFromText('LINESTRING( 76 0, 78 4, 73 9 )', 101));
/*建筑物*/
    INSERT INTO bluelake.buildings VALUES(113, '主街123 号',
      ST_GeomFromText('POINT( 52 30 )', 101),
      ST_GeomFromText('POLYGON( ( 50 31, 54 31, 54 29, 50 29, 50 31) )', 101));
    INSERT INTO bluelake.buildings VALUES(114, '主街215号',
      ST_GeomFromText('POINT( 64 33 )', 101),
      ST_GeomFromText('POLYGON( ( 66 34, 62 34, 62 32, 66 32, 66 34) )', 101));
/*池塘*/
    INSERT INTO bluelake.ponds VALUES(120, NULL, '思道哥池塘',
      ST_GeomFromText('MULTIPOLYGON((( 24 44, 22 42, 24 40, 24 44)),
      (( 26 44, 26 40, 28 42, 26 44)))', 101));
/*岛*/
    INSERT INTO bluelake.island VALUES(109, '鹅岛',101,
      ST_GeomFromText('MULTIPOLYGON ((( 67 13, 67 18, 59 18, 59 13, 67 13)))', 101));
/*区域*/
    INSERT INTO bluelake.zone VALUES(117, '阿诗顿',
      ST_GeomFromText('MULTIPOLYGON ((( 62 48, 84 48, 84 30, 56 30, 56 34, 62 48)))', 101));
    INSERT INTO bluelake.zone VALUES(118, '绿森林',
      ST_GeomFromText('MULTIPOLYGON(((28 26,28 0,84 0,84 42,28 26),
(52 18,66 23,73 9,48 6,52 18)),((59 18,67 18,67 13,59 13,59 18)))', 101));
```

4.4.5 蓝湖数据的查看

在 QGIS 中加载数据，并合理设置叠放顺序后，可以看到其空间数据情况如图 4-6 所示。

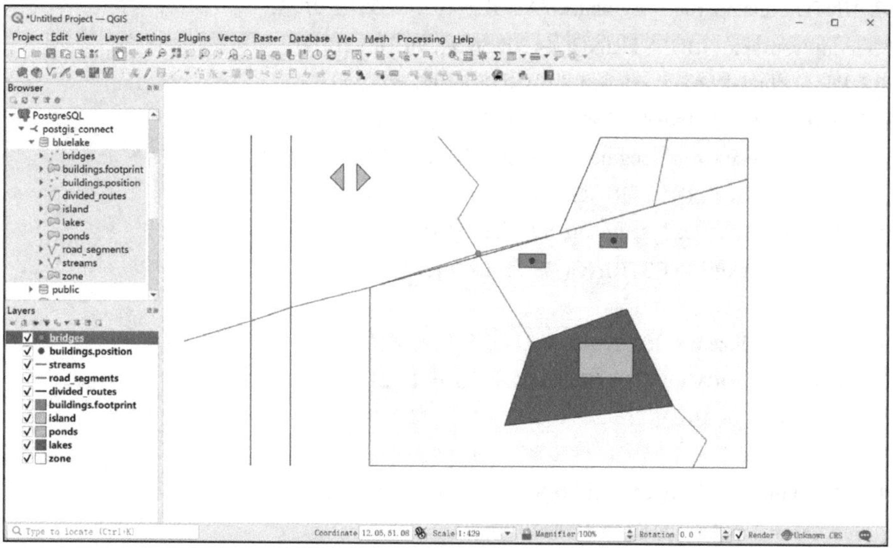

图 4-6　蓝湖地区的空间数据

4.5 空间查询

4.5.1 单表空间查询

基于插入的空间数据，可以进行一些常见的单表空间查询操作。表 4-12 给出了一些常见的单表查询、连接查询及其 GSQL 语句和查询结果。

表 4-12　单表空间查询示例

序号	查询描述	GSQL 语句	答案
1	查找本数据库中所有的空间表	SELECT F_TABLE_NAME FROM GEOMETRY_COLUMNS;	lakes, road_segments, divided_routes, buildings, bridges,island, streams,ponds,zone
2	查找 streams 表的空间参考系的授权	SELECT S.auth_srid FROM SPATIAL_REF_SYS S, GEOMETRY_COLUMNS G WHERE G.F_TABLE_SCHEMA='bluelake' AND G.F_TABLE_NAME='lakes' AND S.SRID=G.SRID;	32214
3	获得 75 号路的几何类型	SELECT ST_GeometryType(centerlines) FROM bluelake.divided_routes WHERE name='路 75';	'ST_MULTILINESTRING'
4	获得鹅岛的 WKT 表示	SELECT ST_AsText(boundary) FROM bluelake.island WHERE name='鹅岛';	'MULTIPOLYGON(((67 13, 67 18, 59 18, 59 13, 67 13)))'
5	判断名为路 5 别名为“主街”的路段的几何属性是否为空	SELECT ST_IsEmpty(centerline) FROM bluelake.road_segments WHERE name='路 5' AND aliases='主街';	false
6	蓝湖的几何结构是否是简单的	SELECT ST_IsSimple(shore) FROM bluelake.lakes　WHERE name='蓝湖';	ture
7	获得鹅岛的边界	SELECT ST_AsText(ST_Boundary(boundary)) FROM bluelake.island WHERE name='鹅岛';	'MULTILINESTRING(67 13, 67 18, 59 18, 59 13, 67 13)'
8	获得鹅岛的 MBR 边界	SELECT ST_AsText(ST_Envelope(boundary)) FROM bluelake.island WHERE name='鹅岛';	‘POLYGON((59 13, 59 18, 67 18, 67 13, 59 13))'
9	获得卡姆桥的 x，y 坐标	SELECT ST_X(position), ST_Y(position) FROM bluelake.bridges WHERE name='卡姆桥';	44.00, 31.00
10	获得 102 路段的起点和终点	SELECT ST_AsText(ST_StartPoint(centerline)), ST_AsText(ST_EndPoint(centerline)) FROM bluelake.road_segments WHERE fid=102;	'POINT(0 18)', 'POINT(44 31)'
11	判断鹅岛的 MBR 边界是否闭合	SELECT ST_IsClosed(ST_Boundary(boundary)) FROM bluelake.island WHERE name='鹅岛';	true
12	获得 106 路段的长度	SELECT ST_Length(centerline) FROM bluelake.road_segments WHERE fid=106;	26.00(米)
13	获得 102 路段中点的数目	SELECT ST_NumPoints(centerline) FROM bluelake.road_segments WHERE fid=102;	5
14	获得 102 路段中点的第一个点	SELECT ST_AsText(ST_PointN(centerline, 1)) FROM bluelake.road_segments WHERE fid=102;	'POINT(0 18)'

续表

序号	查询描述	GSQL 语句	答案
15	获得鹅岛的质心	SELECT ST_AsText(ST_Centroid(boundary)) FROM bluelake.island WHERE name='鹅岛';	'POINT(63 15.5)'
16	判断 PointOnSurface 函数返回鹅岛上的点是否在其边界内	SELECT ST_Contains(boundary, ST_PointOnSurface(boundary)) FROM bluelake.island WHERE name='鹅岛';	True
17	获得鹅岛的面积	SELECT ST_Area(boundary) FROM bluelake.island WHERE name='鹅岛';	40.00(米 ^{2})
18	获得蓝湖内环的数目	SELECT ST_NumInteriorRing (shore) FROM bluelake.lakes WHERE name='蓝湖';	null
19	判断 75 号路的几何元素的数目	SELECT ST_NumGeometries(centerlines) FROM bluelake.divided_routes WHERE name='路 75';	2
20	获得 75 号路的第 2 个几何元素	SELECT ST_AsText(ST_GeometryN(centerlines, 2)) FROM bluelake.divided_routes WHERE name='路 75';	LINESTRING(16 0,16 23,16 48)
21	获得 75 号路的长度	SELECT ST_Length(centerlines) FROM bluelake.divided_routes WHERE name='路 75';	96,00(米 ^{2})
22	判断鹅岛是否与 WKT 表达构造的多边形相等	SELECT ST_Equals(boundary, ST_PolyFromText('POLYGON((67 13, 67 18, 59 18, 59 13, 67 13))',101)) FROM bluelake.island WHERE name='鹅岛';	true
23	判断 75 号路是否与阿诗顿相离	SELECT ST_Disjoint(centerlines, boundary) FROM bluelake.divided_routes d, bluelake.zone z WHERE d.name='路 75' AND z.name='阿诗顿';	true
24	卡姆河流是否与蓝湖相接	SELECT ST_Touches(s.centerline, l.shore) FROM bluelake.streams s, bluelake.lakes l WHERE s.name='卡姆河' AND l.name='蓝湖';	true
25	判断主街 215 号的建筑物是否在阿诗顿内	SELECT ST_Within(z.boundary, b.footprint) FROM bluelake.zone z, bluelake.buildings b WHERE z.name='阿诗顿' AND b.address='主街 215 号';	false
26	判断 102 路段是否跨越 75 号路	SELECT ST_Crosses(r.centerline, d.centerlines) FROM bluelake.road_segments r, bluelake.divided_routes d WHERE r.fid=102 AND d.name='路 75';	true
27	判断鹅岛与阿诗顿是否符合"TTTTTTTTT"的关系	SELECT ST_Relate(z.boundary, i.boundary, 'TTTTTTTTT') FROM bluelake.zone z, bluelake.island i WHERE z.name='阿诗顿' AND i.name='鹅岛';	false
28	获得卡姆桥与阿诗顿的距离	SELECT ST_Distance(position, boundary) FROM bluelake.bridges b, bluelake.zone z WHERE b.name='卡姆桥' AND z.name='阿诗顿';	12(米)
29	获得卡姆河与蓝湖相交部分的几何结构	SELECT ST_AsText(ST_Intersection(s.centerline, l.shore)) FROM bluelake.streams s, bluelake.lakes l WHERE s.name='卡姆河' AND l.name='蓝湖';	'POINT(52 18)'

续表

序号	查询描述	GSQL 语句	答案
30	获得蓝湖和鹅岛并的几何结构	SELECT ST_AsText(ST_Union(l.shore, i.boundary)) FROM bluelake.lakes l, bluelake.island i WHERE l.name='蓝湖' AND i.name ='鹅岛';	'POLYGON((52 18,66 23,73 9,48 6,52 18))'
31	获得蓝湖和鹅岛对称差的几何结构	SELECT ST_AsText(ST_SymDifference (l.shore, i.boundary)) FROM bluelake.lakes l, bluelake.island i WHERE l.name='蓝湖' AND i.name ='鹅岛';	'POLYGON((52 18,66 23,73 9,48 6,52 18))'
32	获得蓝湖的凸包	SELECT ST_AsText(ST_ConvexHull(shore)) FROM bluelake.lakes WHERE name='蓝湖';	'POLYGON((48 6,52 18,66 23,73 9,48 6))'

4.5.2　多表空间查询

在某些复杂的应用中，还可以构造一些嵌套查询和集合查询。下面给出一些复杂空间查询的示例。其中，前两个示例为嵌套查询，后一个示例为集合查询。

例 4-1：找出距离 Stream 中河流中心线最近的一个区域。

```
/*找出距离 Stream 中河流中心线最近的一个区域*/
SELECT Z1.name, S1.Name
FROM bluelake.zone Z1,bluelake.streams S1
WHERE ST_Distance(Z1.Boundary,S1.Centerline) <
                ALL (SELECT ST_Distance(Z2.Boundary, S1.Centerline)
FROM bluelake.zone Z2 WHERE Z1.Name<>Z2.name);
```

例 4-2：找出中心线长度超过“主街”的所有路段。

```
/*找出中心线长度超过“主街”的所有路段*/
SELECT RS1,name
FROM bluelake.road_segments RS1
WHERE ST_Length(RS1.Centerline)>ANY (SELECT ST_Length(RS2.Centerline)
                                     FROM bluelake.road_segments RS2
                                     WHERE RS2.Name<>'主街');
```

例 4-3：列出数据库中所有池塘和湖泊的名字和形状。

```
/*列出数据库中所有池塘和湖泊的名字和形状*/
SELECT name, shores FROM bluelake.ponds
UNION
SELECT name, shore FROM bluelake.lakes;
```

4.6　作　业

（1）按照本章给出的地图实例和 GSQL 代码，在 PostGIS 数据库中重复此空间数据库的相关示例操作。

（2）根据本章给出的空间数据库，除已给出的 GSQL 实例以外，自己再设计出 3 个单表空间查询、3 个多表空间查询的实例。

第 5 章　黄河流域数据库的空间查询与远程访问

本章以黄河流域数据为例，学习高阶的 GSQL 查询和在局域网环境下访问远程数据库服务器。

5.1　黄河流域数据库与 GSQL

5.1.1　实验数据的介绍

黄河发源于青藏高原的巴颜喀拉山脉，流经青海、四川、甘肃、宁夏、内蒙古、陕西、山西、河南、山东 9 个省（自治区），最后于山东省东营市垦利区注入渤海。黄河主要支流有白河、黑河、湟水、祖厉河、清水河、大黑河、窟野河、无定河、汾河、渭河、洛河、沁河、大汶河等。目前，黄河流域的 province、city、river、dem 这 4 个表的数据在第 3 章已导入到 postgis_ 33_sample 数据库中名为 yellowriver 的模式中，前 3 个表的空间数据和属性数据如图 5-1 所示，其中，city 表中的 province 字段参照 province 表中的 name 字段。

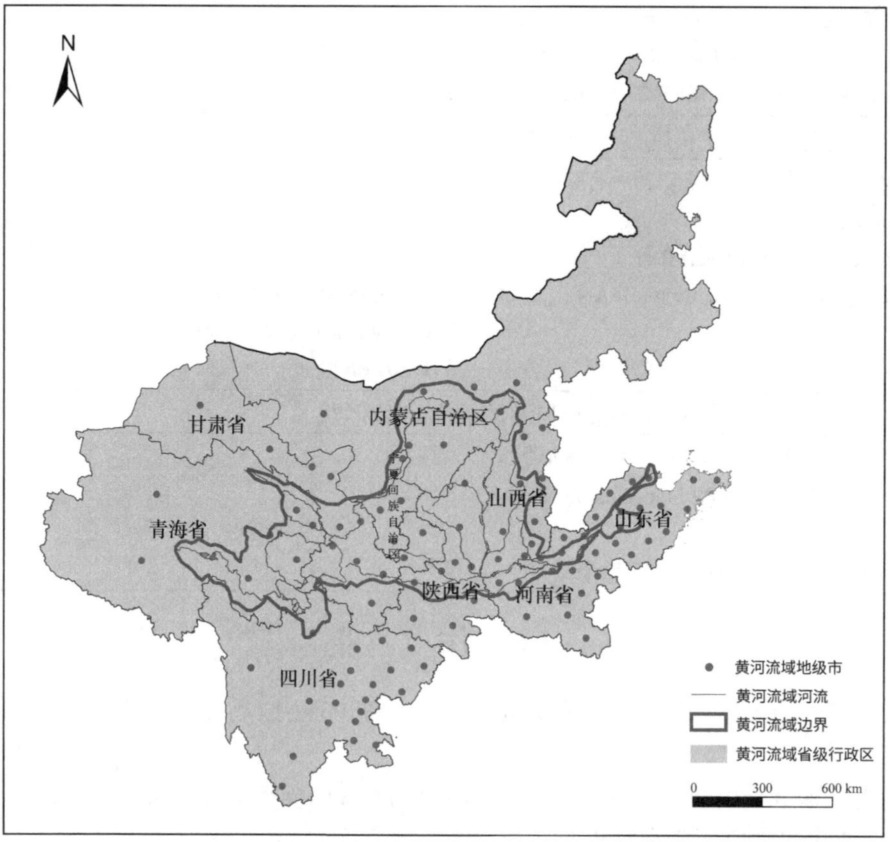

a

图 5-1　黄河流域数据表

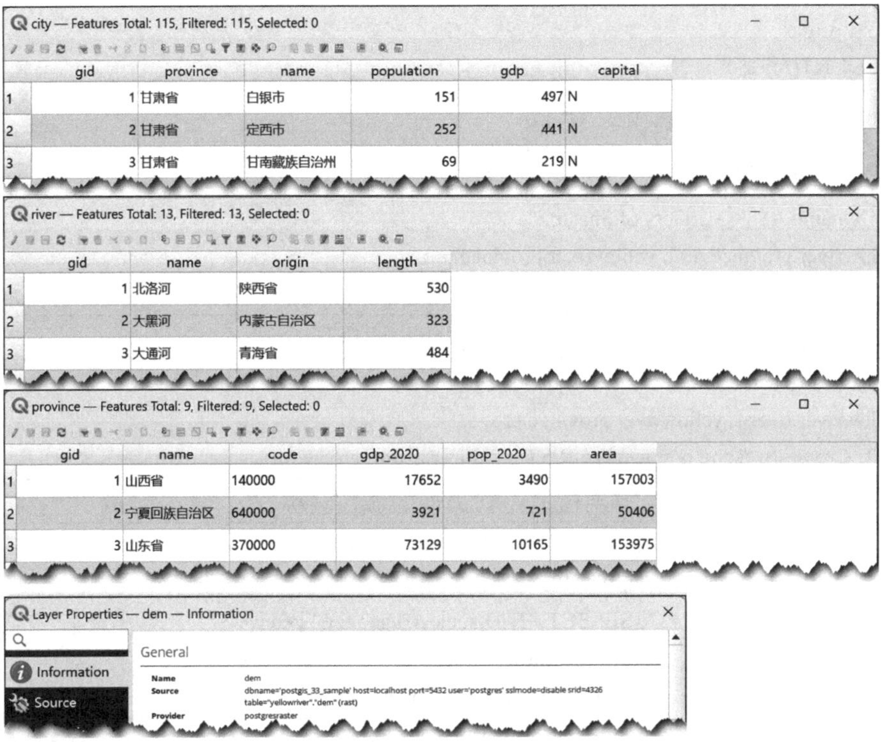

b

图 5-1（续）

5.1.2　SQL 查询分析案例

例 5-1：查询 Province 表中 GDP 低于 1 万亿元的省级行政区。

```
SELECT pro.name FROM yellowriver.province pro WHERE pro.gdp_2020<10000;
```

例 5-2：列出 GDP 超过 2 万亿元省级行政区的省会和人口数。

```
SELECT ct.name, ct .population
FROM yellowriver.city ct, yellowriver.province pro
WHERE pro.gdp_2020>20000 AND ct.capital='Y' AND pro.name=ct.province;
```

例 5-3：统计黄河流域地级市的数量。

```
SELECT COUNT(*) FROM yellowriver.city;
```

例 5-4：统计 city 表中非省会城市的平均人口。

```
SELECT AVG(ct.population) FROM yellowriver.city ct WHERE ct.capital='N';
```

例 5-5：统计各省级行政区地级市的平均 GDP。

```
SELECT ct.province, AVG(ct.gdp) AS mean_gdp
FROM yellowriver.city ct
GROUP BY ct.province;
```

例 5-6：列出至少有两条河流发源的省份和发源于它的最短河流的长度。

```
SELECT r.origin, MIN(r.length) AS min_length;
FROM yellowriver.river r
```

```
GROUP BY r.origin
HAVING COUNT(*)>1;
```

5.1.3 GSQL 查询分析案例：矢量

例 5-7：列出与陕西省相邻的省级行政区名字。

```
SELECT prol.name AS "Neighbors of Shaanxi"
FROM yellowriver.province prol, yellowriver.province pro2
WHERE ST_Touches(prol.geom,pro2.geom) AND pro2.name='陕西省';
```

例 5-8：列出 river 表所有河流所流经的省级行政区。

```
SELECT r.name,pro.name
FROM yellowriver.river r, yellowriver.province pro
WHERE ST_Crosses(r.geom, pro.geom) OR ST_Within(r.geom, pro.geom);
```

例 5-9：列出 river 表的所有河流及距其最近的城市名称。

```
SELECT rl.name,cl.name FROM yellowriver.river rl, yellowriver.city cl
WHERE ST_Distance(rl.geom,cl.geom)<ALL
                    (SELECT ST_Distance(rl.geom,c2.geom)
                    FROM yellowriver.city c2
                    WHERE cl.name<>c2.name);
```

例 5-10：假设渭河仅能为方圆 300km 以内的城市供水，请列出能从渭河获取水的城市。

```
SELECT c.name,c.geom FROM yellowriver.city c, yellowriver.river r
WHERE ST_Within(c.geom,Geometry(
              ST_Buffer(Geography(r.geom),300000)))AND r.name='渭河';
```

注意：此处将 r.geom 转换为 Geography 的目的是：由于研究区域较大，这里采用球面距离计算缓冲区；得到缓冲区后，将其转化为 Geometry 类型，再判断 c.geom 是否在缓冲区内。

例 5-11：列出 Province 中每个省份的名字、人口、面积。

```
SELECT pro.name,pro.pop_2020, ST_Area(pro.geom) AS Area
FROM yellowriver.province pro
ORDER BY Area DESC;
```

例 5-12：列出每个省份的 GDP 以及其省会到赤道的距离。

```
SELECT pro.name,c.name,pro.gdp_2020,
        ST_Distance(ST_SetSrid(ST_Point(ST_X(c.geom),0),4326),c.geom) AS Distance
FROM yellowriver.province pro, yellowriver.city c
WHERE c.province=pro.name AND c.capital='Y'
ORDER BY distance DESC;
```

注意：ST_Point 的作用是生成一个 X 与 c.geom 的 X 相同、Y 为 0 的点，即 c.geom 在赤道上的垂点，然后再求该垂点与 c.geom 的距离。

例 5-13：列出 City 表所有城市两两间的距离。

```
SELECT c1.name,c2.name, ST_Distance_Sphere(c1.geom,c2.geom) *0.001 AS "distance(km)"
FROM yellowriver.city c1, yellowriver.city c2
WHERE c1.name<>c2.name;
```

注意：ST_Distance_Sphere（）函数计算出来的是球面距离，单位是米，需要进行单位转换，即乘以 0.001 转换成千米。

例 5-14：根据 River 表 geom 字段生成河流长度，验证该表中 length 的属性字段是否正确。

```
SELECT r.name, r.length,
        ST_Length(ST_GeographyFromText(ST_AsText(r.geom))) * 0.001 AS "length(km)"
FROM yellowriver.river r;
```

注意：ST_GeographyFromText 用于将 Geometry 类型转换为 Geography 类型，其目的是计算河流在球面上的距离，由于球面坐标计算的长度单位是米，所以需要乘以 0.001 转换为千米。根据计算结果可见，表中 length 字段下的属性值是正确的。

例 5-15：列出邻省最多的省级行政区的名称。

```
SELECT p1.name, COUNT(p2.name) AS "Number of neighbors"
FROM yellowriver.province p1, yellowriver.province p2
WHERE ST_Touches(p1.geom, p2.geom)
GROUP BY p1.name
ORDER BY COUNT(p2.Name) DESC
LIMIT 1;
```

例 5-16：计算河流在其所流经的各省级行政区境内的长度。

```
SELECT r.name,p.name,
        ST_Length(ST_GeographyFromText(
                    ST_ASTEXT(ST_Intersection(r.geom,p.geom))))*0.001 AS "length(km)"
FROM yellowriver.river r, yellowriver.province p
WHERE ST_Crosses(r.geom,p.geom)   OR ST_Within (r.geom,p.geom);
```

注意：ST_Intersection（）函数生成各河流 Geometry 位于各行政 Geometry 内的部分，即河流 Geometry 被行政 Geometry 切割后内部的那部分。

5.1.4　GSQL 查询分析案例：栅格

例 5-17：列出 DEM 数据表中各记录（瓦片）中心点处的纬度值。

```
SELECT ST_UpperLeftY(t1.rast)-0.5*ST_Height(t1.rast)/2*ST_PixelHeight(t1.rast)
FROM yellowriver.dem t1;
```

注意：ST_UpperLeftY 返回各记录（瓦片）左上角点的纬度（单位：度），ST_Height 则返回记录（瓦片）的高度（单位：像元），ST_PixelHeight 返回像元的高度（单位：度）。

例 5-18：基于 DEM 数据表计算黄河流域地区坡度。

由于 DEM 栅格数据表的坐标系统为地理坐标系，其水平距离的度量单位为度（degree），而 DEM 数据在垂直方向上的高程单位为米（meter），在计算坡度前需要将单位统一。针对单位不匹配的问题，为了获得更加准确的坡度计算结果，有以下两种解决方案。

1. 根据栅格中心估算地理坐标系（度）与投影坐标系（米）的缩放比，再计算坡度

在计算坡度时，PostGIS 的 ST_Slope 函数提供了 scale 参数，栅格的地理坐标系（度）与投影坐标系（米）之间的缩放比。实际上，在纬度为 θ 的纬线方向上，经度每差 1 度，其球面水平距离大约相差 111120×cosθ 米，即纬线方向的 Scale；在所有的经线方向上，纬度每差 1 度，其球面垂直距离大约均为 111120 米，即经线方向的 Scale。由于 ST_Slope 函数仅提供了一个 Scale 参数，无法精确区分纬线、经线两个方向的 Scale，故这里粗略地将两个方向 Scale 值求平均，作为 1 个 Scale 参数输入到 ST_Slope 函数，实现各栅格单元坡度的粗略估算。对应的 GSQL 语句如下：

```
CREATE TABLE yellowriver.slope_cal_scale AS
SELECT ST_Slope(
            ST_Union(t1.rast), 1, '32BF', 'DEGREES',
            0.5*(111120+cosd(                                           --scale
                  ST_UpperLeftY(t1.rast)-0.5*ST_Height(t1.rast)*ST_PixelHeight(t1.rast)
                        )*111120),
            false) AS rast
FROM yellowriver.dem t1
GROUP BY t1.rid, t1.rast;
```

其中，cosd 用于计算 DEM 栅格表中各记录的中心点纬度的余弦值，第一个 0.5 用于计算各记录（瓦片）经线、纬线方向上 scale 的平均值。

2. 将栅格数据转换到合适的投影坐标系后再计算坡度

定义了投影坐标系后，数据的长度单位便转换成了米，所以此时的 scale 设置为 1 即可。本例中采用的投影坐标系为：EPSG：4479，China Geodetic Coordinate System 2000。

```
CREATE TABLE yellowriver.slope_proj AS
SELECT ST_Slope(ST_Transform(ST_Union(t1.rast),4479),1,'32BF','DEGREES',1, FALSE) as rast
FROM yellowriver.dem t1;
```

经统计，第 2 种采用投影转换方式得到的坡度取值范围为[0,26.2646°]，第 1 种粗略估计 Scale 方式获得的坡度取值范围为[0,26.2578°]。第 2 种方法的结果应该更精确；第 1 种方法得到的坡度误差会随着纬度的升高而逐渐增大。

例 5-19：基于 dem 数据表计算黄河流域地区坡向。

```
CREATE TABLE yellowriver.aspect AS
    SELECT ST_Aspect(ST_Union(t2.rast), 1, t1.rast)
FROM yellowriver.dem t1
```

例 5-20：基于 dem 数据表计算黄河流域地区地表粗糙度。

```
CREATE TABLE yellowriver.roughness AS
    SELECT ST_Roughness(ST_Union(t2.rast), 1, t1.rast)
    FROM yellowriver.dem t1
```

例 5-21：计算黄河流域地区 dem 数据分布直方图。

```
SELECT (stats).*
FROM (SELECT rid, ST_Histogram(rast) AS stats
        FROM yellowriver.dem) AS foo;
```

例 5-22：计算黄河流域地区 dem 数据统计信息。

```
SELECT (stats).count,
          round((stats).sum::numeric, 3) AS "sum",
          round((stats).mean::numeric, 3) AS "mean",
          round((stats).stddev::numeric, 3) AS "stddev",
```

```
            round((stats).min::numeric, 3) AS "min",
            round((stats).max::numeric, 3) AS "max"
FROM (SELECT ST_SummaryStatsAgg(rast, 1, TRUE, 1) AS stats
        FROM yellowriver.dem) bar;
```

例 5-23：统计 rid=2 的 dem 瓦片海拔的四分位数。

```
SELECT (pvq).*
FROM (SELECT ST_Quantile(rast) AS pvq
        FROM yellowriver.dem WHERE rid=2) AS foo
ORDER BY (pvq).quantile;
```

5.1.5　GSQL 查询分析案例：栅格与矢量混合

例 5-24：剪裁出陕西省的 dem。

```
CREATE TABLE yellowriver.demsx AS
      SELECT ST_Union(ST_Clip(rast,geom)) AS rast
      FROM yellowriver.dem
CROSS JOIN (SELECT geom FROM yellowriver.province WHERE name='陕西省') AS geom
WHERE ST_Intersects(rast,geom);
```

注意：CROSS JOIN 表示对其前后的两张表做简卡尔积。

例 5-25：生成各省份的 dem 统计信息表。

```
DROP TABLE IF EXISTS yellowriver.zonal_stats;
CREATE TABLE yellowriver.zonal_stats AS
       SELECT name, geom,(ST_SummaryStats(ST_Union(ST_Clip(rast,geom)),1,TRUE)).*
       FROM yellowriver.dem JOIN yellowriver.province on ST_Intersects(rast,geom)
       GROUP BY province.name,geom;
```

注意：ST_Clip 用于裁出位于省级行政区内的栅格，ST_Union 用于合并位于省级行政区内所有栅格记录。

*更多操作可参考：https://postgis.net/docs/PostGIS_Special_Functions_Index.html。

5.2　黄河流域数据库局域网环境的远程访问

PGSQL 数据库默认只接受本地访问（127.0.0.1 或 localhost）的连接。下面介绍如何在局域网的 C/S 架构（图 5-2）下访问远程服务器中的数据库。C/S 架构可以充分利用两端硬件环

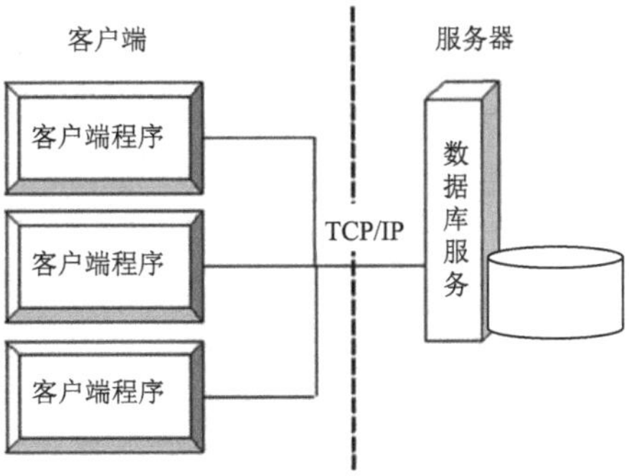

图 5-2　C/S 架构

境的优势，将任务合理分配到客户端和服务器端来实现，降低了系统的通信开销。这里我们将服务器端的机器称为 S（server）机，试图访问它的机器称为 C（client）机。具体参数设置与访问过程见 5.2.1 节。

5.2.1　搭建 S 机和 C 机的局域网络环境

局域网的搭建需要相关的设备。下面介绍一种简单、快捷、低成本的基于 Windows 系统的移动热点功能搭建局域网的方法，仅用于帮助读者体会远程访问数据库的实验。S 机和 C 机的局域网络环境构建步骤如下。

首先，右键点击“Wi”，选择“设置”，点击进入“网络和 Internet”模块，如图 5-3 所示；在打开的窗口中，点击“移动热点”选项卡，然后打开移动热点功能。

图 5-3　开启“移动热点”功能

然后，在 S 机“属性”选项卡下，设置网络名称和密码，这些是其他设备连接到移动热点时需要输入的信息，如图 5-4 所示。

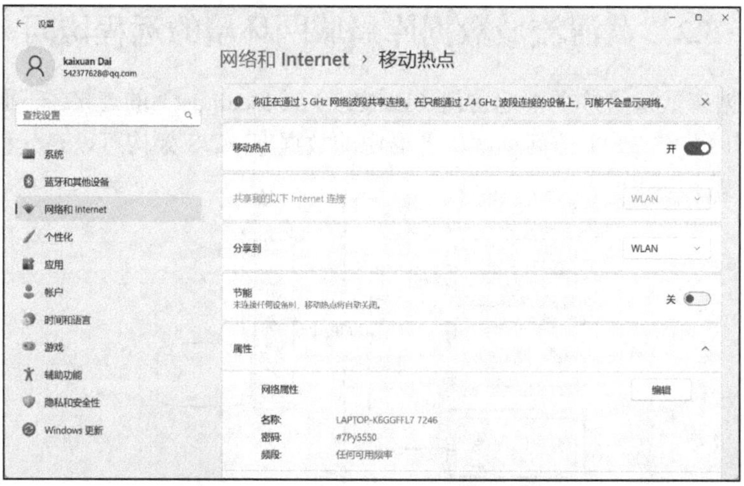

图 5-4　移动热点网络名称及密码设置

最后，在 C 机的无线网络设置中搜索并选择移动热点，然后输入密码连接该网络。使用其他设备连接到该无线网络后，就可以在当前页面下看到接入设备的相关信息，如 C 机的名称、IP 地址、物理地址（MAC）等，如图 5-5 所示。需要注意的是，“移动热点”支持的设备连接数通常为 8～10 个。

图 5-5　移动热点网络设备连接信息

5.2.2　S 机服务器的设置与相关参数的获取

1. 查询 S 机的 IP 地址

前面常见的 127.0.0.1 是一个环回地址，是主机用于向自身发送通信的一个特殊地址；localhost 是一个域名，也是本机地址，通常情况下都指向 127.0.0.1。而本机 IP 用于本机和外部访问，是一个唯一地址，用于标识互联网或本地网络上的设备。

S 机的 IP 地址可以通过命令行的方式查询。首先，使用 WIN+R 快捷键打开“运行”窗口，输入 cmd 后回车，打开计算机的“命令行”窗口；然后，输入命令 ipconfig -all 并回车，找到 S 机在当前网络中的 IPv4 地址，如图 5-6 所示。

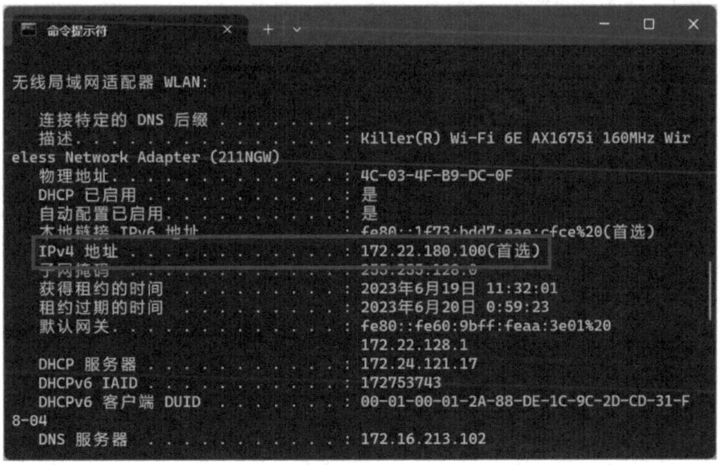

图 5-6　查看机器 IP 地址

2. 设置 S 机上数据库的访问权限

在 Windows 系统中配置 S 机访问权限的步骤如下：首先，找到 PGSQL 安装路径，如 C:\Program Files\PostgreSQL\15，进入 data 文件夹，找到其中的 pg_hba.conf 文件，该文件是 PGSQL 的客户端认证方式的配置文件，用于配置数据库访问黑白名单。然后，用记事本打开 pg_hba.conf 文件，找到“# IPv4 local connections:”行（图 5-7a）；该行下的参数表示允许访问数据库的 IPv4 地址，可以看到默认情况下只允许本地链接（127.0.0.1）访问数据库。在之后，回车另起一行，添加“host all all 0/0 scram-sha-256”，代表接受所有 IPv4 地址发起的链接请求，即对 C 机的 IP 地址没有限制。修改后如图 5-7b 所示。参数添加完成后，保存并关闭该文件。当然也可以通过修改“host all all 0/0 md5”限制一些 C 机访问数据库。

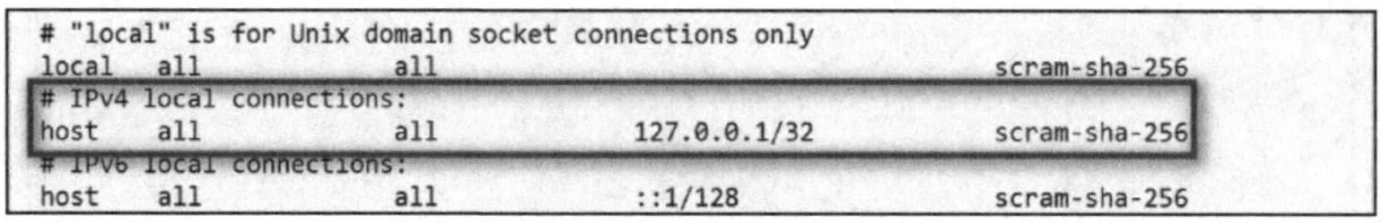

```
# "local" is for Unix domain socket connections only
local   all             all                                     scram-sha-256
# IPv4 local connections:
host    all             all             127.0.0.1/32            scram-sha-256
# IPv6 local connections:
host    all             all             ::1/128                 scram-sha-256
```

a 改前

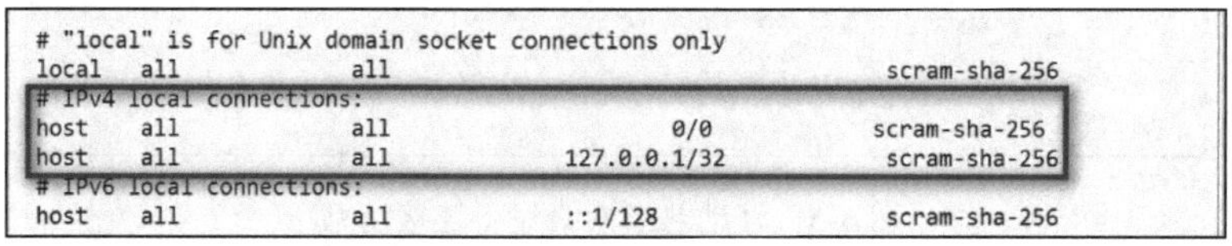

```
# "local" is for Unix domain socket connections only
local   all             all                                     scram-sha-256
# IPv4 local connections:
host    all             all                     0/0            scram-sha-256
host    all             all             127.0.0.1/32            scram-sha-256
# IPv6 local connections:
host    all             all             ::1/128                 scram-sha-256
```

b 改后

图 5-7　pg_hba.conf 文件修改前后对比

3. 设置 S 机数据库服务器参数

在同样的路径下，找到 postgresql.conf 文件，并用记事本打开。在文件中找到 listen_addresses 和 port 两个参数（图 5-8a）；其中，listen_addresses 记录了可以连接服务器的 IP，初始值为 localhost，意味着只有本机可以连接数据库；port 为监听端口，默认为 5432。可以将 listen_addresses 改为'*'，即允许通过任何 IP 连接数据库，修改后如图 5-8b 所示。参数添加完成后，保存并关闭该文件。当然也可以通过修改 listen_addresses 限制一些 C 机连接。

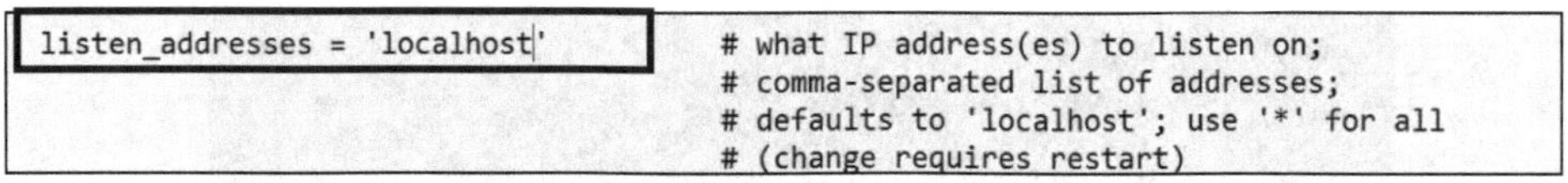

```
listen_addresses = 'localhost'          # what IP address(es) to listen on;
                                        # comma-separated list of addresses;
                                        # defaults to 'localhost'; use '*' for all
                                        # (change requires restart)
```

a 改前

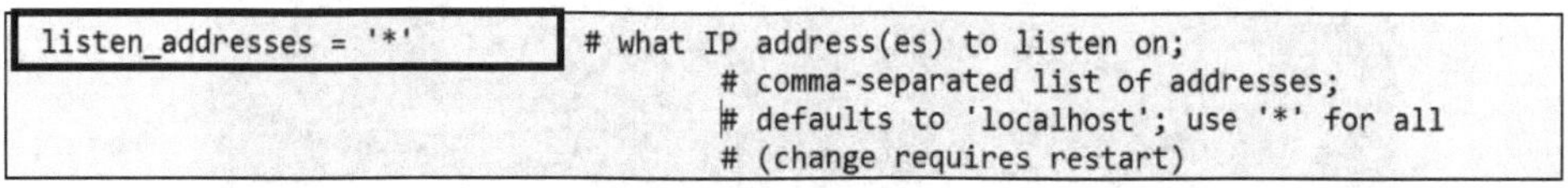

```
listen_addresses = '*'          # what IP address(es) to listen on;
                                        # comma-separated list of addresses;
                                        # defaults to 'localhost'; use '*' for all
                                        # (change requires restart)
```

b 改后

图 5-8　postgresql.conf 文件修改前后对比

4. 重启 S 机上的 PGSQL 服务器

使用 WIN+R 快捷键打开“运行”窗口，输入 services.msc 后回车，以打开计算机的“服务”窗口。找到 PGSQL 的服务，再点击左侧的“重启动”，等待服务器重启。

5. 设置 S 机的防火墙配置

为了避免 C 机远程访问时被 S 机防火墙拦截，需要配置入站规则。打开计算机的“控制面板”，点击“系统与安全”。然后再点击“Windows Defender 防火墙”，进入防火墙窗口后，点击左侧的“高级设置”。在“高级设置”窗口，点击“入站规则”→“新建规则…”，如图 5-9 所示。

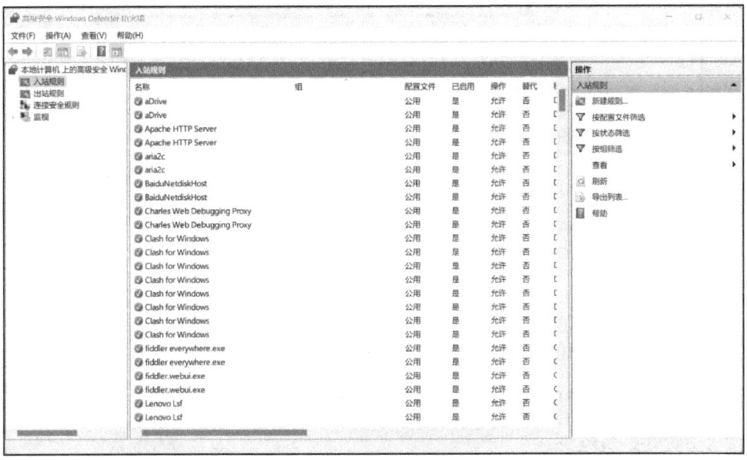

图 5-9　防火墙配置界面

在“新建入站规则向导”中，选择“端口”（图 5-10），点击“下一页”。

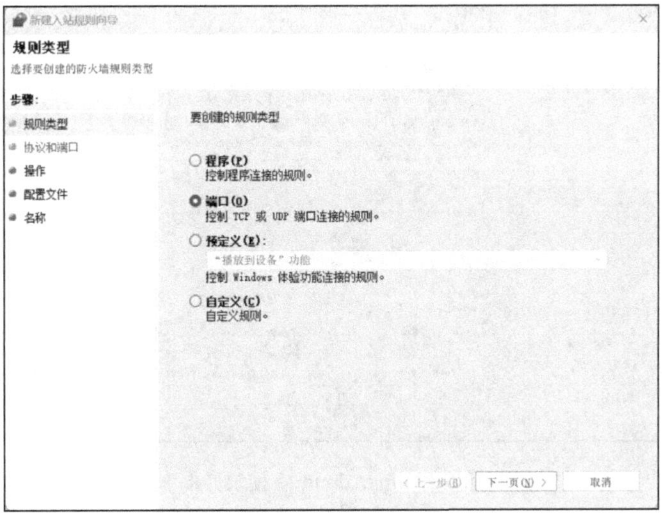

图 5-10　选择端口

选择规则应用于“TCP”，选择此规则适用于“特定本地端口”，并指定开放用于数据库连接的端口号 5432，以及第 6 章实验中需要用到的端口号 8081 和 8082（图 5-11）。这里我们提前一并设置好，然后一直点击“下一页”。

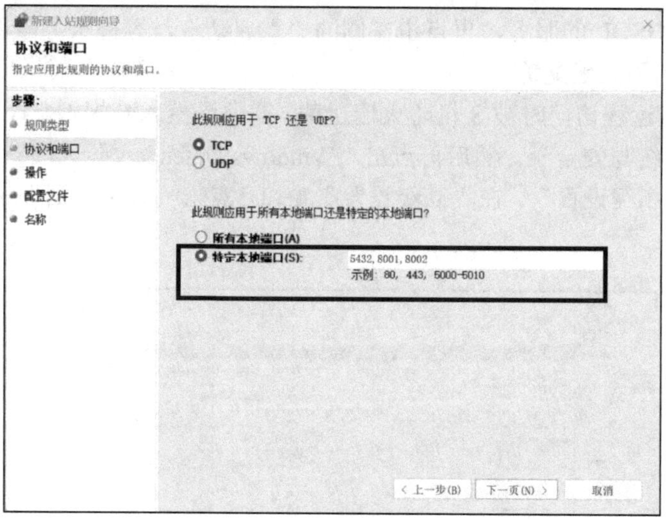

图 5-11　确定端口号

最后，将连接命名为 postgresql_rule，点击“完成”。

5.2.3　在 C 机上远程访问 S 机的黄河数据库

1. 利用 pgAdmin 远程访问

在 C 机上启动 pgAdmin，打开 pgAdmin，如图 5-12 所示，点击“Add New Server”。

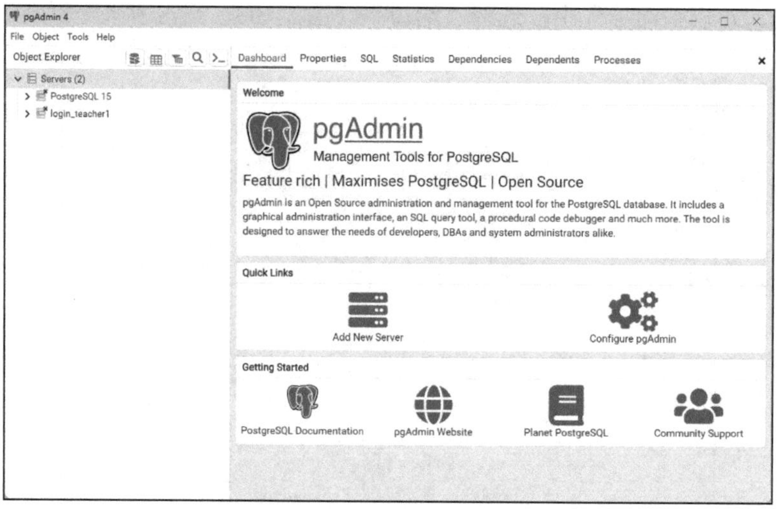

图 5-12　pgAdmin 待登录界面

在弹出窗口的“General”选项卡下，填写连接名称，这里设为“postgres_remote”，如图 5-13a 所示；然后，切换到“Connection”选项卡，参数设置如图 5-13b 所示，其中，“Host name/address”为前面查到的 S 机的 IP 地址。

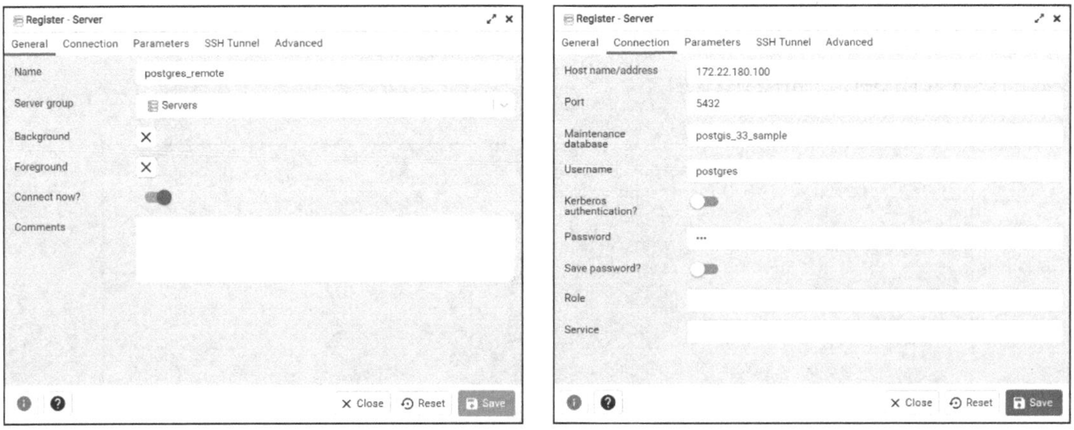

a　　　　　　　　b

图 5-13　设置远程数据库服务器参数

填写完参数后，点击“Save”，连接成功后，可以看到左侧新增加了一个名为 postgres_remote 的服务器连接，如图 5-14 所示。此时，就可以访问其他机器的数据库服务器了。

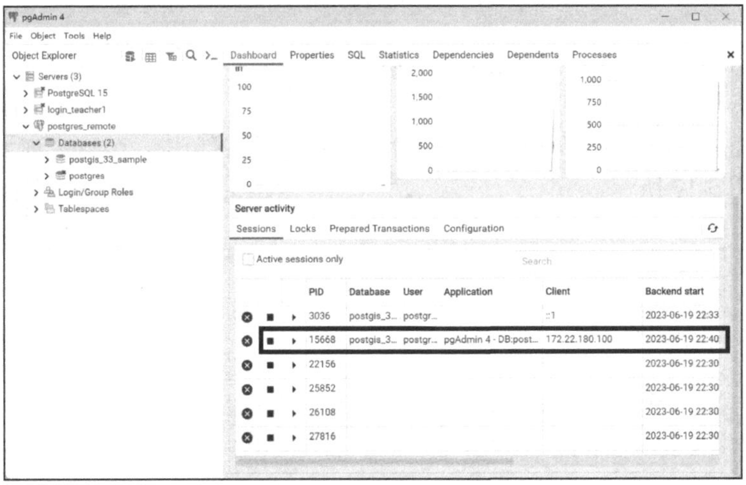

图 5-14　成功连接远程服务

2. 利用 PSQL 远程访问

打开 PSQL 窗口，Server 参数填写为前面查到的 S 机的 IP 地址，其他参数输入完成后，如图 5-15 所示，就可访问远程数据库服务器了。

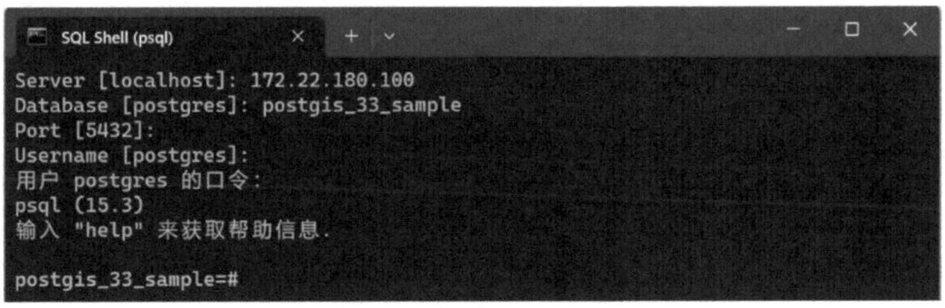

图 5-15　PSQL 的远程访问

3. 利用 QGIS 远程访问

打开 QGIS，在左侧的 PGSQL 图标上点击右键，选择“New Connect”。在弹出窗口中，参数的设置同图 5-13，如图 5-16 所示。

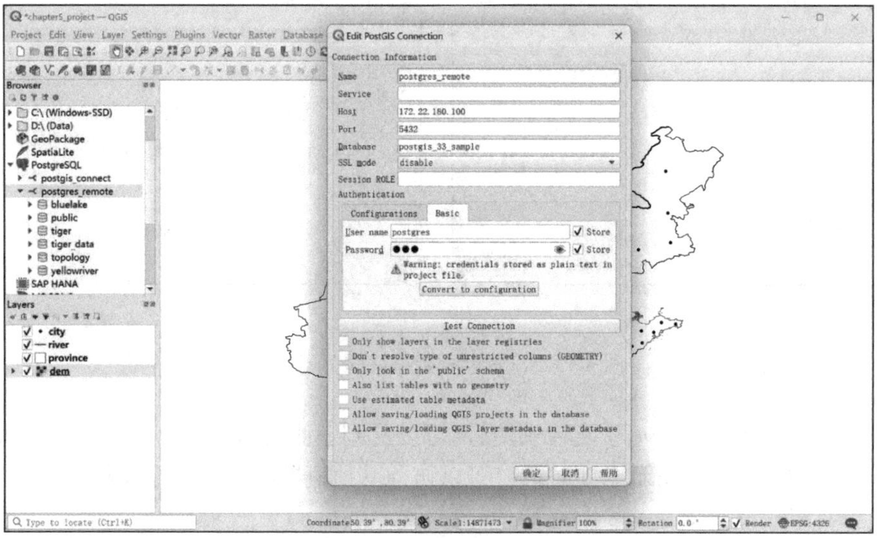

图 5-16　QGIS 的远程访问

参数填写完成后，点击“确定”，在弹出的身份验证窗口中，输入之前设置的登录用户名及密码，如图 5-17 所示。

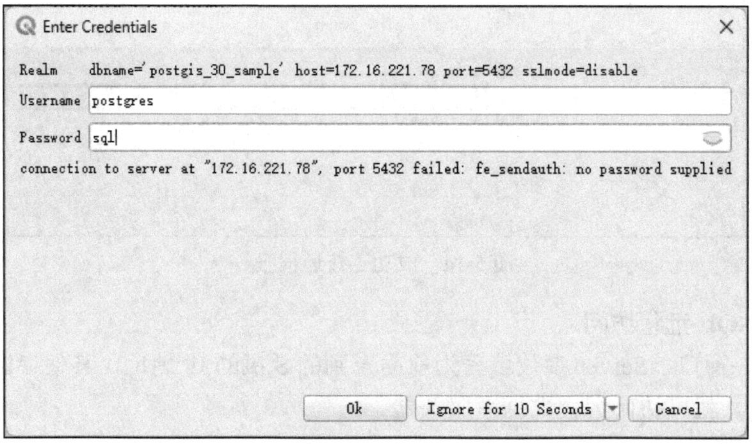

图 5-17　设置参数前登录用户权限的检查

登录完成后，即可在 C 机访问远程 S 机的数据库，如图 5-18 所示。

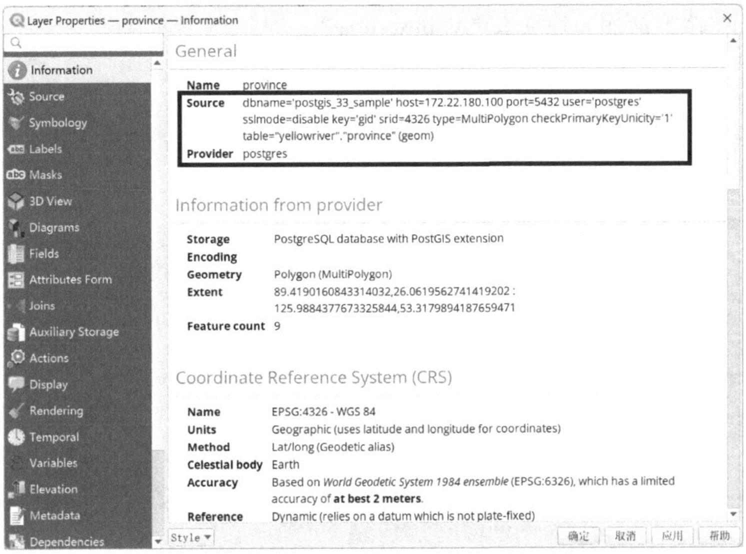

图 5-18　QGIS 中远程浏览其他服务器中的黄河数据

与此同时，在数据库服务器所在的 pgAdmin 中，可以看到远程连接的相关信息，如图 5-19 所示。

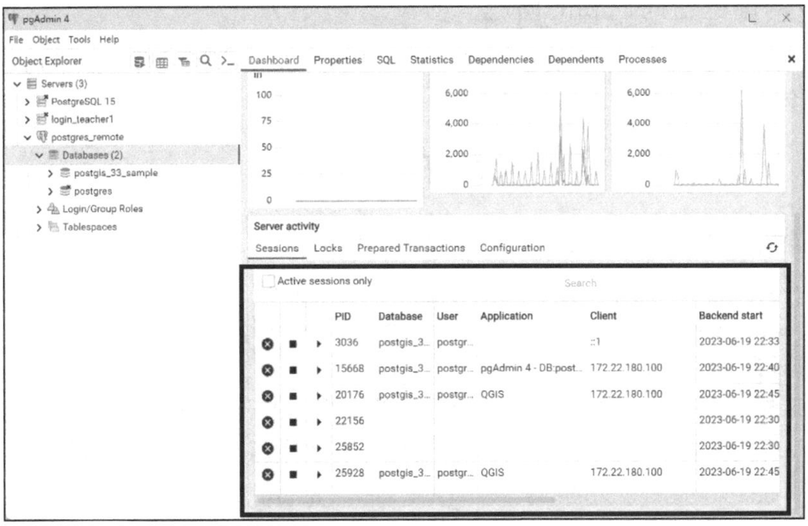

图 5-19　pgAdmin 中显示的连接服务器的所有远程连接

完成实验后，记得及时关闭 S 机防火墙的入站设置，以免知晓该情况的黑客入侵。

5.3　可能会遇到的问题

5.3.1　SQL 执行过程遇到的问题

【问题 16】执行 SQL 语句时出现如图 5-20 所示的错误。解决方法：若表所在模式不是

public 模式，需要在表前加入模式名“yellowriver”。

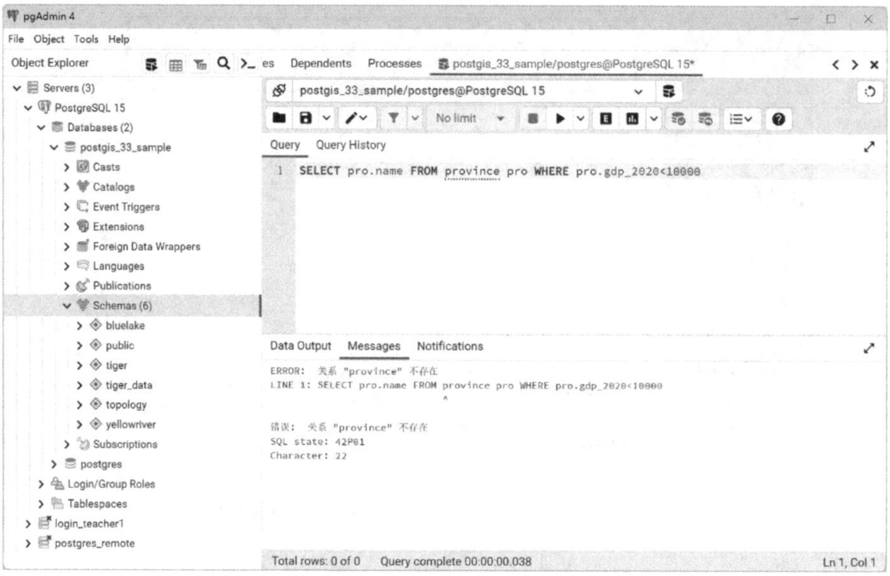

图 5-20　未指定模式导致查询失败

5.3.2　局域网远程访问遇到的问题

【问题 17】在局域网环境下远程连接不上。大概率是防火墙没有开放端口，解决方案是根据 5.2.2 节第 5 小节检查防火墙设置。

5.4　作　　业

（1）以黄河流域的数据库为例，撰写如下 GSQL 语句：①列出只有一个邻省的省份；②生成 DEM 数据表中 rid 为 1 的瓦片的等值线，并以 WKT 的形式输出。

（2）以黄河流域的数据库为例，构造 3 个在本实验中没有出现过的空间查询问题，并撰写其 GSQL 语句。

（3）在例 5-18 第 1 种解决方案中，为什么随着纬度的升高坡度的计算误差会逐渐增大。

（4）请改写例 5-24 和例 5-25 的 GSQL 语句，要求改写后无 JOIN 关键词。

第 6 章　黄河流域数据库 Web 共享与发布

第 5 章介绍了局域网环境下的数据库远程访问，本章介绍如何实现黄河数据在 Web 环境下的共享与发布。依然以第 3 章已导入的 province（黄河流域省级行政单位矢量边界）、city（黄河流域市级行政单位矢量边界）、river（黄河干流及支流矢量）、DEM（黄河流域 1km 分辨率 DEM 栅格）四张表为例，展示如何在不写一行代码的情况下创建地图门户网站，实现上述数据的在线发布。

随着 Internet 技术的兴起，Web 环境对之前 C/S 两层架构进行改进，形成了 B/S 的三层架构（图 6-1）。在这种结构下，用户工作界面是通过 WWW 浏览器来实现，极少部分事务逻辑在前端（Browser）实现，但是主要事务逻辑在服务器（Server）实现，简化了客户端电脑载荷，减轻了系统维护与升级的成本和工作量，降低了用户的总体成本。其中，数据服务器为数据层，WebServer 为服务层，Browser 为表现层。

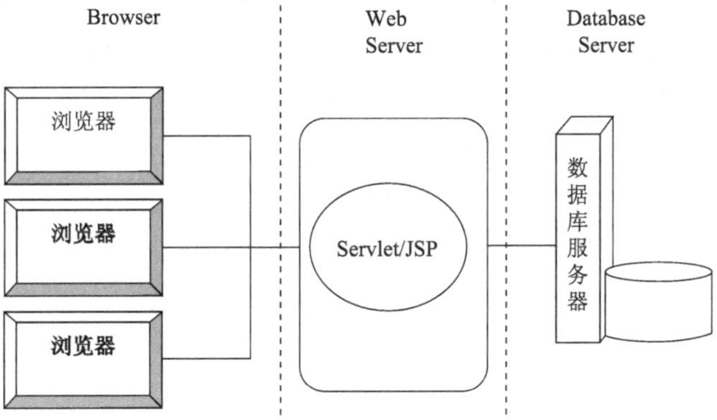

图 6-1　B/S 的三层架构

6.1　实验框架介绍

本章在系列开源产品与工具的支持下，搭建了如图 6-2 所示的实验环境框架，在该框架下，实现数据库中空间数据在互联网上的发布与共享。与局域网环境下的两层（C/S）架构不同，该架构是 Web 环境下典型的三层架构，主要包括数据层、服务层和表现层。数据层主要由 PGSQL 和 PostGIS 负责管理空间数据。服务层主要由 JDK、Tomcat 提供基础的 Web 应用服务，属于基础运行环境。在此基础上，GeoServer 提供了地图发布服务，用于空间数据的网络发布，实现用户间空间数据的迅速共享。Mapbender 在 PHP 的支持下提供空间扩展的 Web 服务。表现层主要是 Mapbender 在 OpenLayer、jQuery 的基础上提供空间数据的可视化功能。

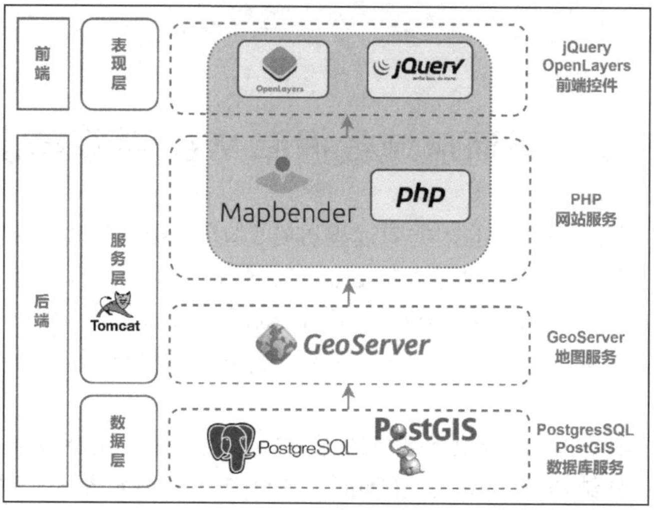

图 6-2　Web 环境下空间数据发布与共享的软件体系框架

开源软件不同版本之间可能存在一些适配上的问题，经实验，本章选择的各产品版本如下：postgresql-15.3-2（与第 1 章的软件版本相同）、postgis-3.3.3-1（与第 1 章的软件版本相同）、openjdk-17.0.10、apache-tomcat-9.0.68、geoserver- 2.23.3、geoserver-2.14.5-imagemosaic-jdbc-plugin、Mapbender-3.3.1。建议读者也选用相应的版本，避免出现版本不适配的问题；相关安装包见教程配套资源第 6 章目录下。

通过第 1 至 5 章的学习，读者已经安装调试好了相应版本的 PGSQL 和 PostGIS，接下来逐级介绍其他软件的安装和配置。

6.2　服务层的安装与配置

6.2.1　Open JDK 下载与安装

JDK（Java Development Kit）早期是 SUN 公司针对 Java 开发人员发布的免费软件开发工具包。JDK2009 年被 Oracle 公司收购，现在属于 Oracle 公司。JDK 是整个 Java 的核心，包括 Java 运行环境、Java 工具和 Java 基础类库。OpenJDK 是 JDK 的开放源码版本。

OpenJDK 的下载地址为：https://adoptium.net/zh-CN/temurin/releases/，实验中使用到的版本为 windows_x64_17，读者可以根据自己的平台选择相应的版本，如图 6-3 所示。

下载完成后，双击安装包，打开安装程序，如图 6-4a 所示，点击“下一步”。按照图 6-4b 的设置选择需要安装的功能，记住此处的安装路径，点击“下一步”。点击“安装”，如图 6-4c 所示。安装完成后，如图 6-4d 所示，点击“完成”退出安装界面。

使用 Win+R 快捷键打开“运行”窗口，输入 cmd，点击“确定”。在弹出的对话框中，输入 java -version，并回车。若看到如图 6-5 所示的输出，则表明 OpenJDK-17.0.10 版本已经安装成功。

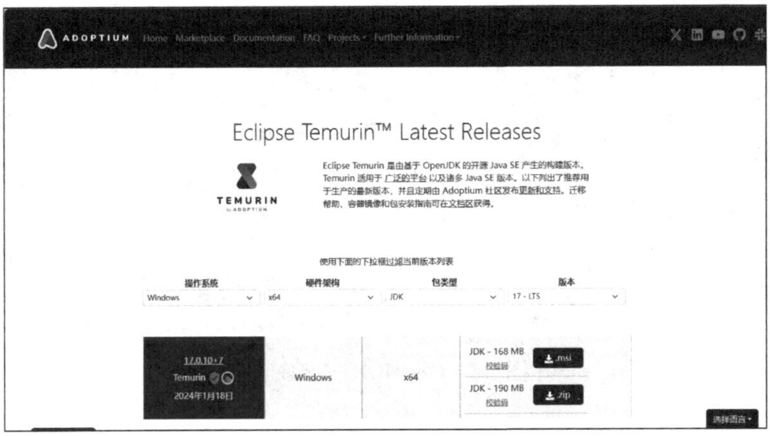

图 6-3　OpenJDK 的下载

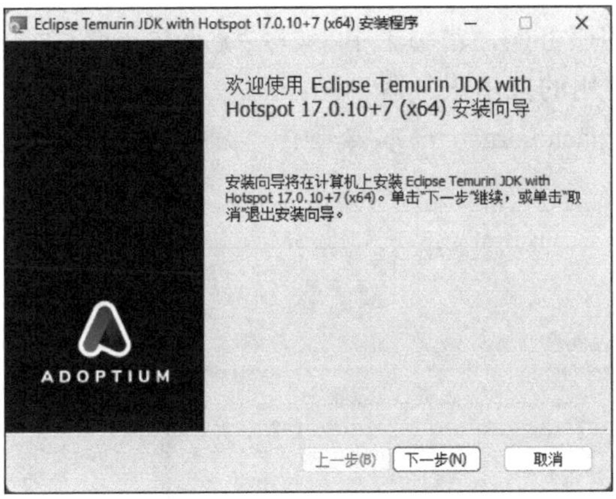

a

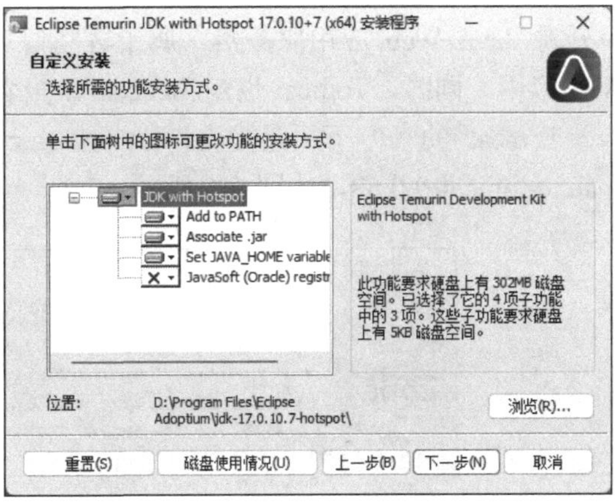

b

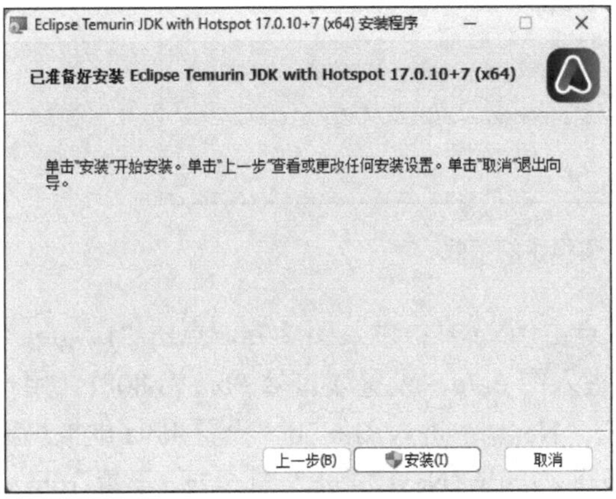

c

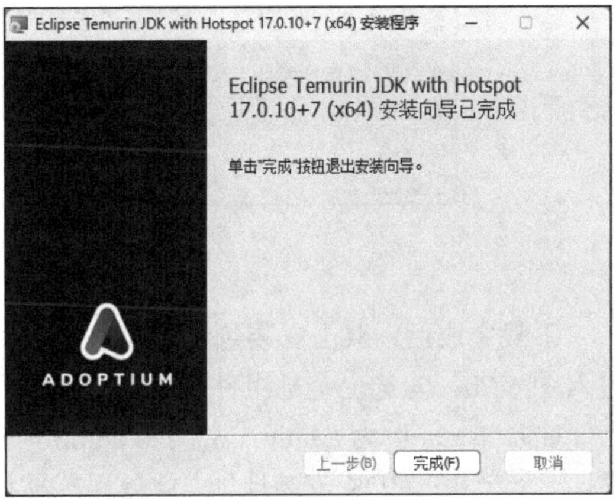

d

图 6-4　OpenJDK 的安装过程

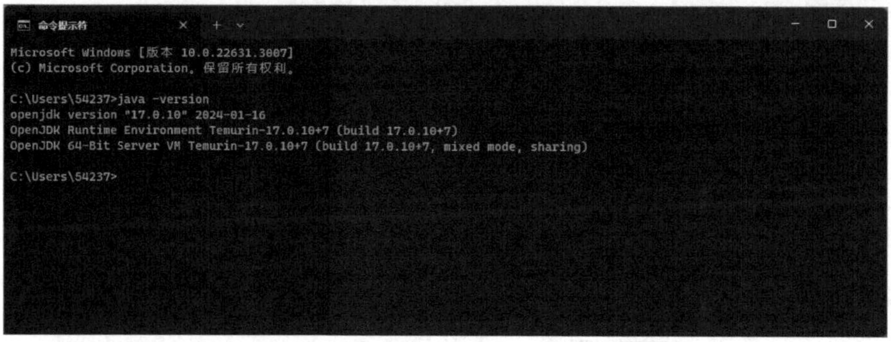

图 6-5　OpenJDK 安装成功

6.2.2　Tomcat 下载、安装与登录

1. Tomcat 下载与安装

Apache Tomcat 是由 Apache 软件基金会（Apache Software Foundation，ASF）开发的一个开源 Java Web 应用服务器，属于轻量级应用服务器，常用于中小型系统或并发量不大的 Web 应用。同时，Tomcat 也是 Geoserver 推荐使用的应用服务器。

Tomcat 的官方下载链接为：https://tomcat.apache.org/，在本实验中，我们使用的版本为 apache-tomcat-9.0.68，如图 6-6 所示。

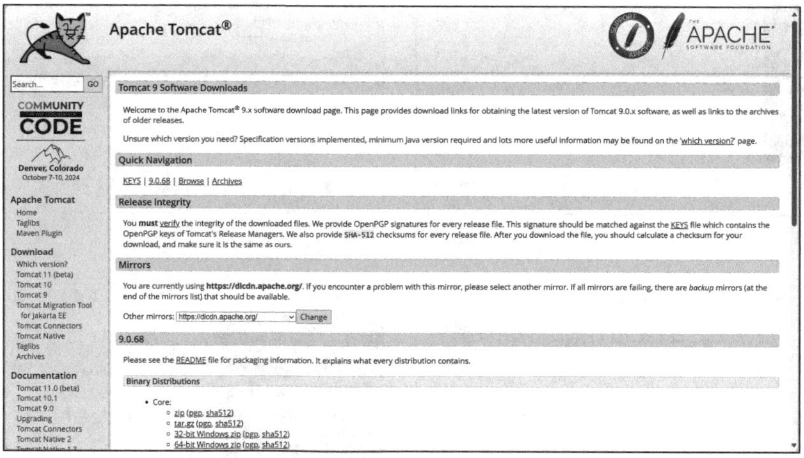

图 6-6　Tomcat 安装程序的下载

下载完成后，双击安装包，进入安装界面，点击“Next”；进入图 6-7a，点击“I Agree”；进入图 6-7b，勾选上全部组件，点击“Next”；进入图 6-7c，设置端口号 Port 为 8081，用户名“User Name”为 admin，密码为 admin，点击“Next”；进入图 6-7d，设置 Java 虚拟机路径，即上节中的 JDK 安装地址，此处保持默认即可，点击“Next”；进入图 6-7e，设置 Tomcat 的安装路径，可以保持默认，注意不要安装在带有中文的路径下，点击“Install”；安装完成后，进入图 6-7f，勾选“Run Apache Tomcat”，然后点击“Finish”。

在浏览器中输入：http://localhost:8081/，若能看到如图 6-8 所示的 Tomcat 管理页面，则安装成功。

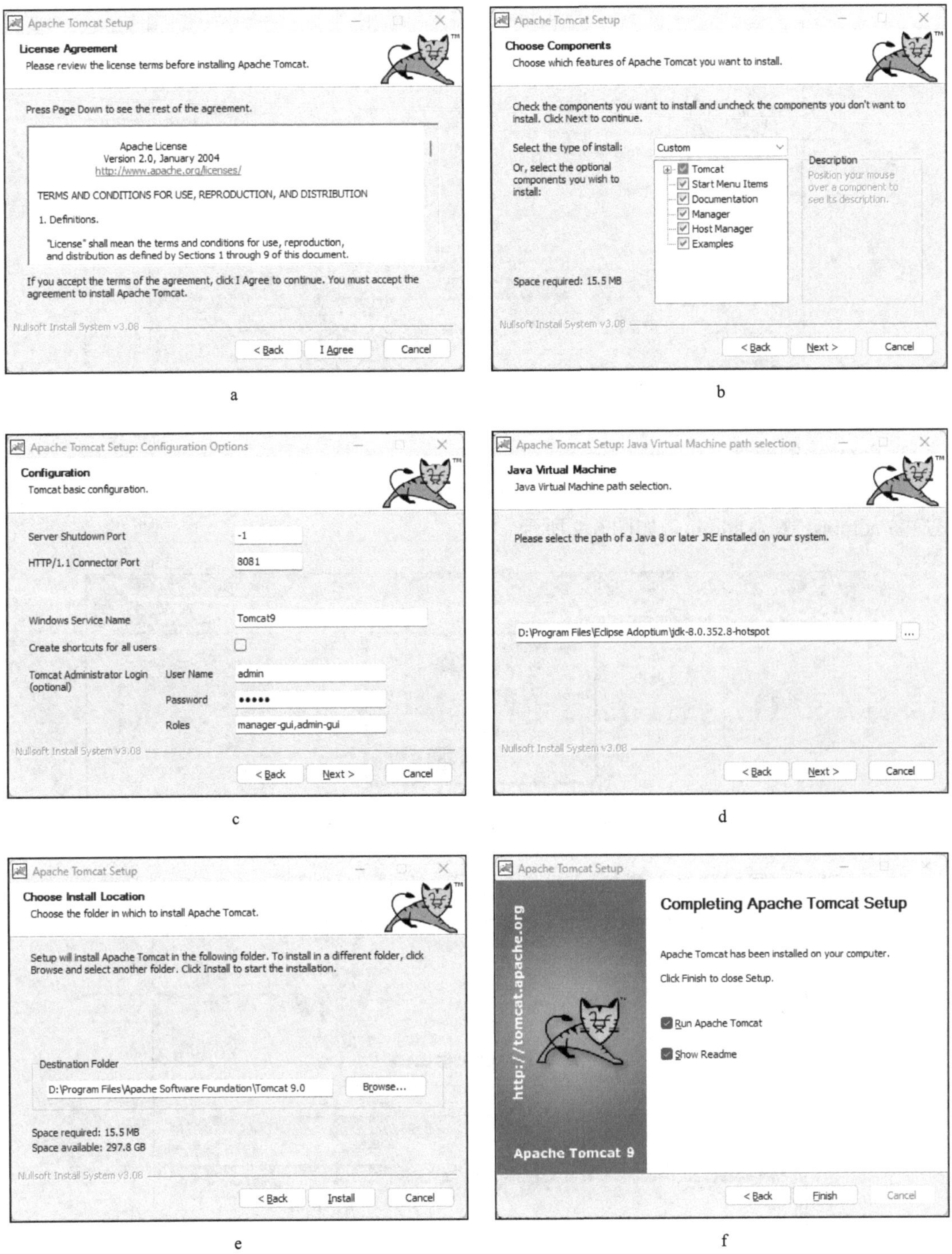

图 6-7　Tomcat 的安装过程

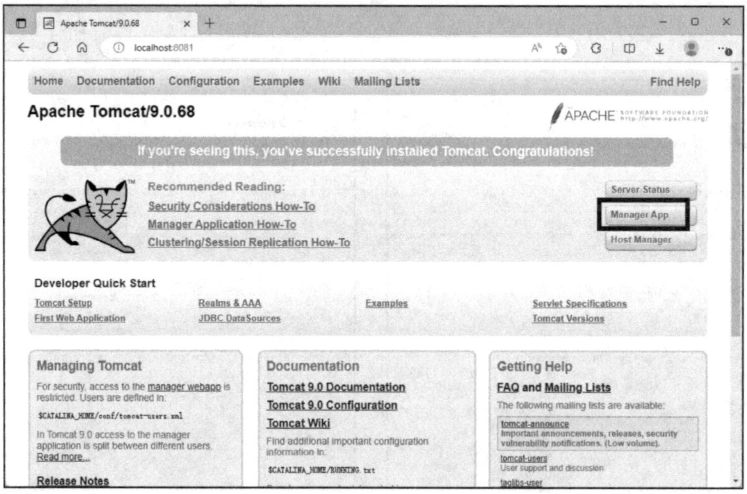

图 6-8　成功安装后的 Tomcat 管理页面

2. Tomcat 的登录

点击页面上的 Manager App 按钮，如图 6-8 所示。在弹出的窗口中，输入安装时设定的用户名 admin，密码 admin，如图 6-9 所示。

图 6-9　输入 Tomcat 的管理员名和密码

登录成功后，我们就进入到 Tomcat 管理界面，如图 6-10 所示。

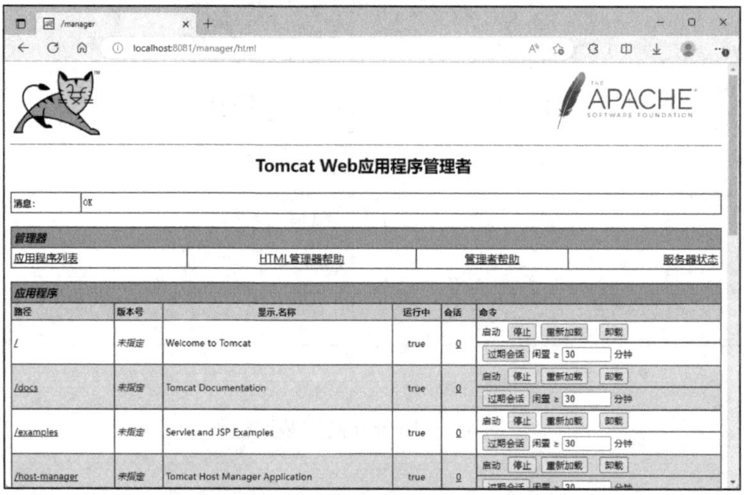

图 6-10　成功登录后的 Tomcat 管理界面

至此，Tomcat 已经安装好了。下面我们将通过 Tomcat 运行 GeoServer。

6.3　GeoServer 地图服务器与数据共享

GeoServer 是根据 OpenGIS Web 服务器规范，使用 J2EE（Java 2 Platform, Enterprise Edition）实现的。利用 GeoServer 可以方便地发布地图数据，允许用户对数据进行更新、删除、插入操作；通过 GeoServer 可以在用户之间迅速共享空间地理信息。

GeoServer 是一个开源的地图服务器，功能强大，支持 PostGIS、Shapefile 等多种数据源，支持 WMS、WFS 等多种地图服务发布，如图 6-11 所示。GeoServer 兼容 WMS 和 WFS 两种 OGC 规范特性，支持 PGSQL、Shapefile、ArcSDE、MySQL、MapInfo，并支持上百种投影。同时能够将网络地图输出为 jpeg、gif、png、SVG、KML 等格式。

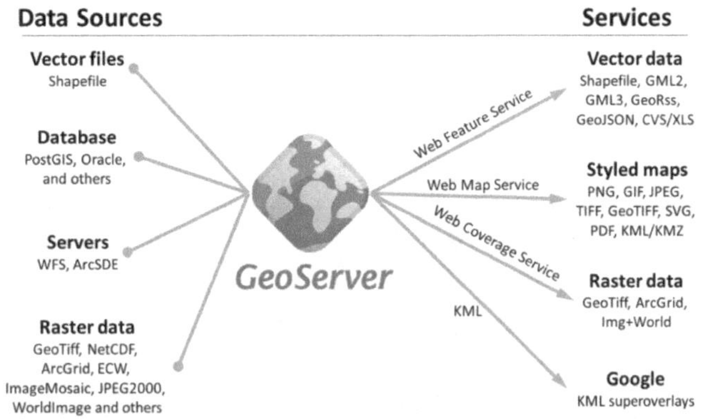

图 6-11　GeoServer 的数据源与服务

6.3.1　GeoServer 下载与安装

GeoServer 的官方下载地址为：https://geoserver.org/，实验中选择下载 2.23.3 的 war 版本（图 6-12）。

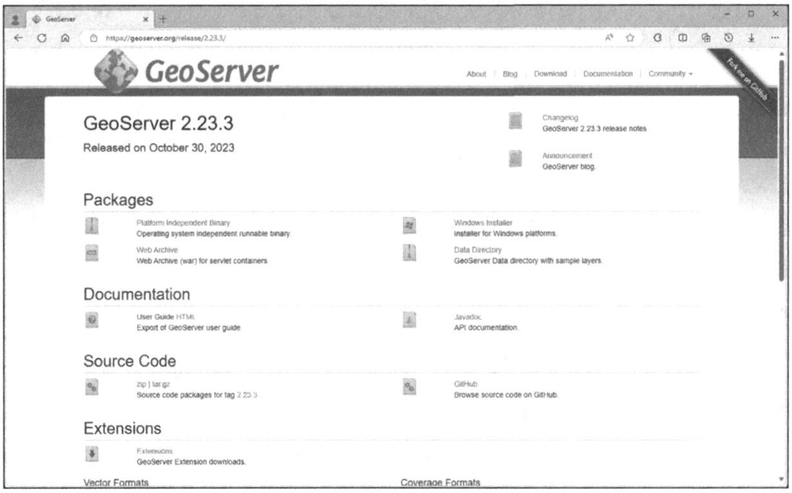

图 6-12　GeoServer 的下载

下载完成后，将压缩包中的 geoserver.war 文件直接解压至 Tomcat 安装目录（一般为 C:\Program Files\Apache Software Foundation\Tomcat 9.0）下的\webapps 文件夹下（图 6-13）。

图 6-13　geoserver.war 文件

再次打开 http://localhost:8081/manager/html 页面，可以看到 geoserver 应用已经被添加到服务器上（图 6-14），点击“启动”。

图 6-14　Tomcat 管理器中增加了 Geoserver

应用启动完成后，打开 http://localhost:8081/geoserver/web/页面，此时 GeoServer 2.23.3 已经成功运行在 Tomcat 服务器上，见图 6-15。

6.3.2　GeoServer 登录

在 GeoServer 界面右上角的文本框内分别输入默认用户名 admin 和密码 geoserver，然后点击右侧的“登录”按钮，如图 6-16 所示。

登录成功后，可以看到 GeoServer 的服务器管理主界面，如图 6-17 所示。至此，GeoServer 安装完成。

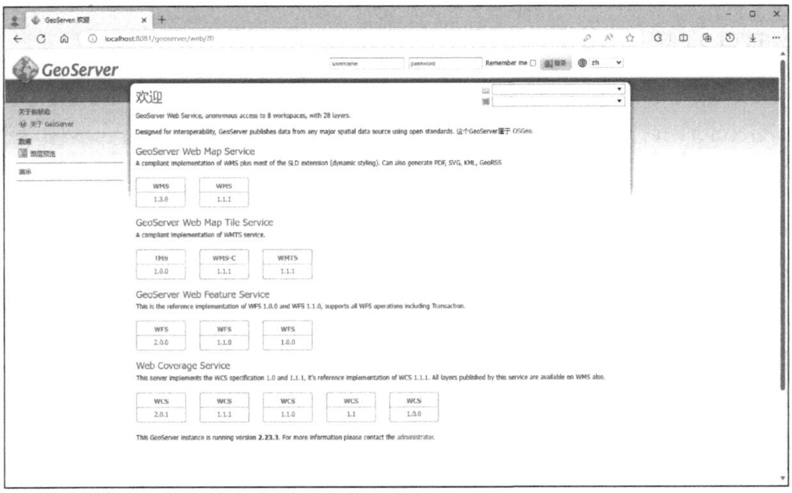

图 6-15　成功运行的 GeoServer

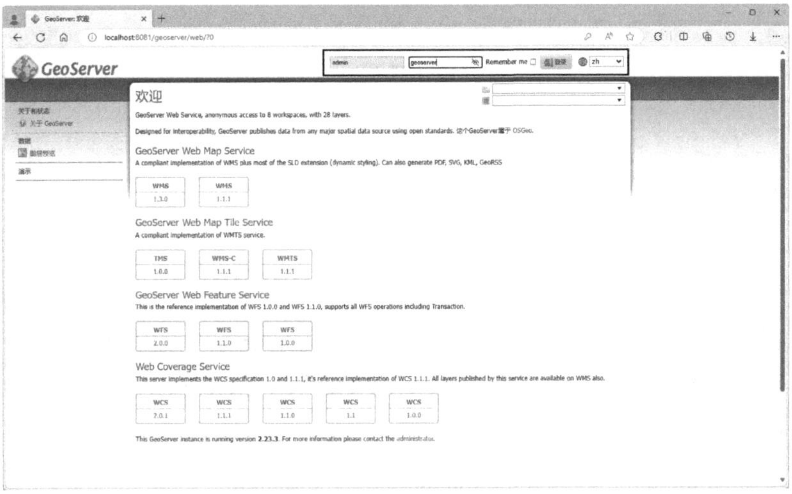

图 6-16　登录 GeoServer

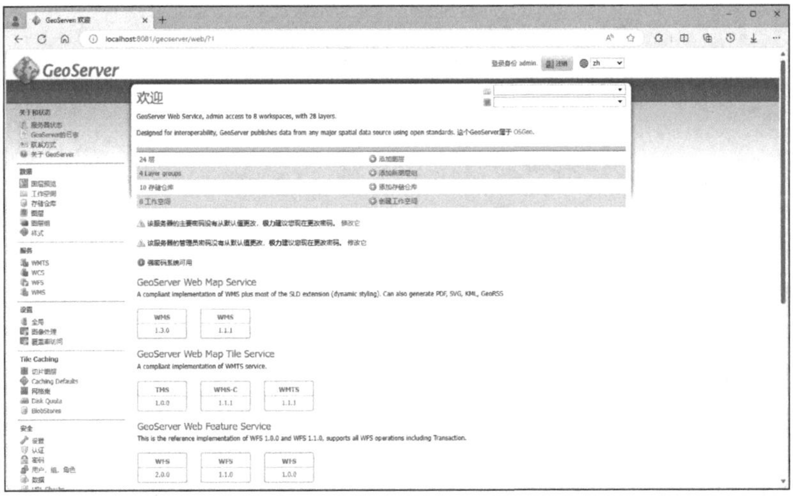

图 6-17　GeoServer 主界面

6.3.3　GeoServer 连接 PGSQL

1. 创建工作空间

首先点击 GeoServer 主界面左侧的“工作区”，然后在右侧的选项卡中选择“添加新的工作区”，如图 6-18 所示。

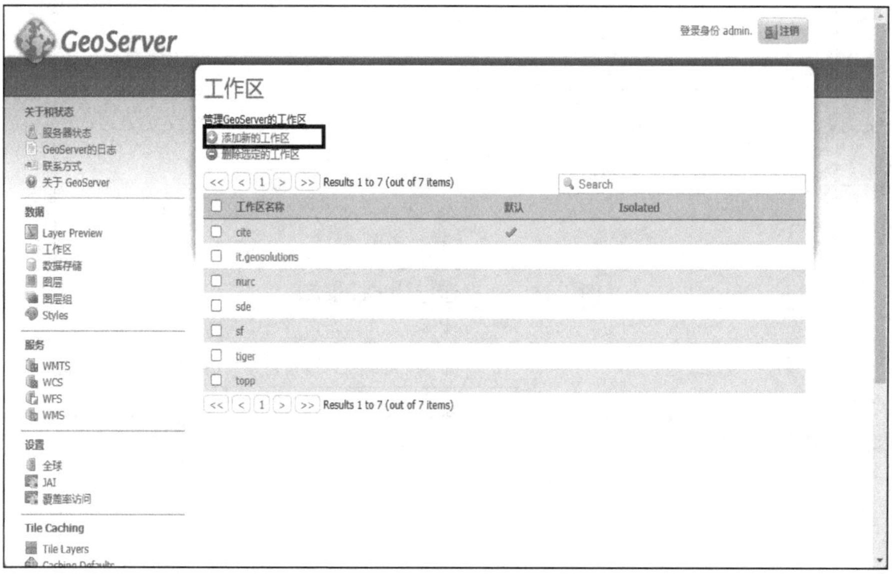

图 6-18　创建工作空间

将“Name”和“命名空间 URI”均设定为“yellowriver”，并设置为默认工作空间，勾选 WMS、WMTS 等四类服务，然后点击“提交”，如图 6-19 所示。

图 6-19　设定工作空间参数

此时已经成功创建好一个名为 yellowriver 的工作空间，如图 6-20 所示。

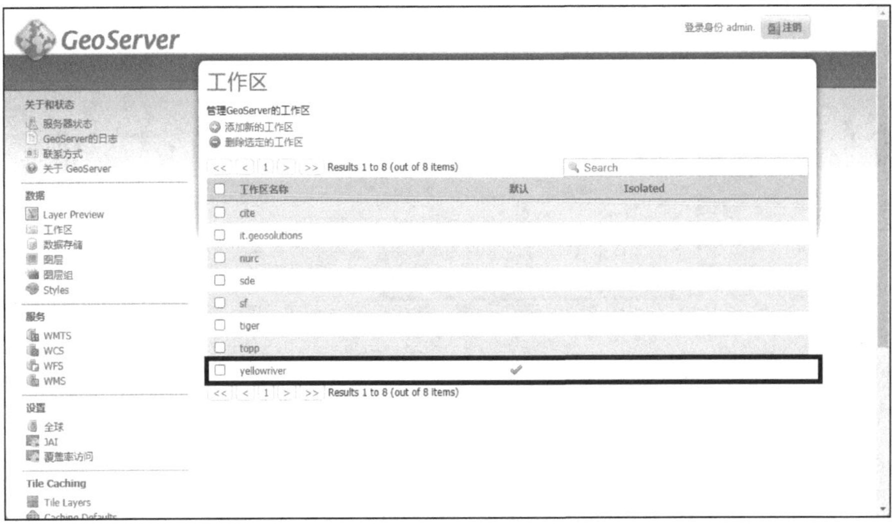

图 6-20　成功创建好的 yellowriver 工作空间

2. 添加数据库连接

1）矢量：数据表连接

点击主界面左侧的“数据存储”，然后在右侧的选项卡中点击“添加新的数据存储”，如图 6-21 所示。

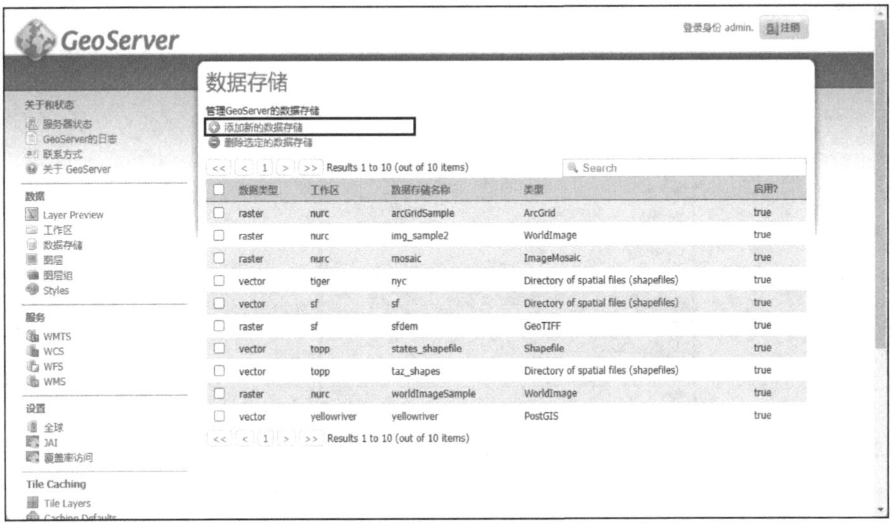

图 6-21　矢量：添加存储仓库

在“新建数据源”选项卡中，点击“矢量数据源”下的 PostGIS，如图 6-22 所示。

在“新建矢量数据源”选项卡中，选择工作空间为“yellowriver”，设置本数据源名称为“yellowriver”，设置数据库连接参数，本实验案例参数如图 6-23 所示，然后点击“保存”。

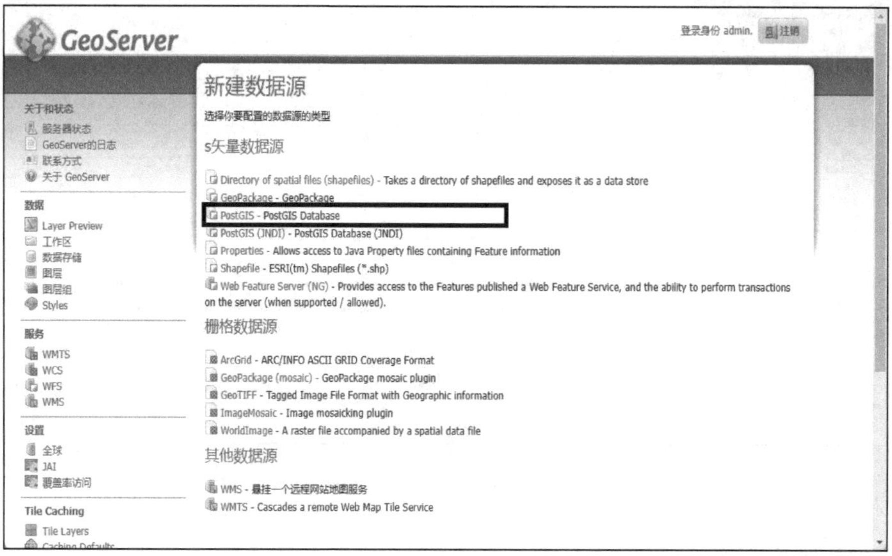

图 6-22　矢量：设置存储仓库的数据源

图 6-23　矢量：设置数据源连接参数

保存成功后，会自动跳转到“新建图层”页面，可以看到 yellowriver 数据库中的数据表，如图 6-24 所示。

2）栅格：文件连接

打开 GeoServer 服务器，在“存储仓库”页面下，点击“添加新的存储仓库”，如图 6-25 所示。

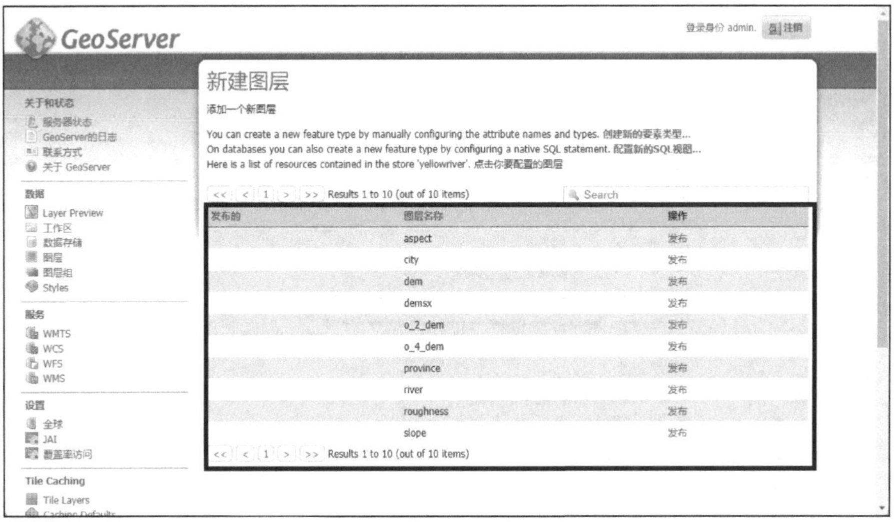

图 6-24　矢量：成功访问存储空间中的表

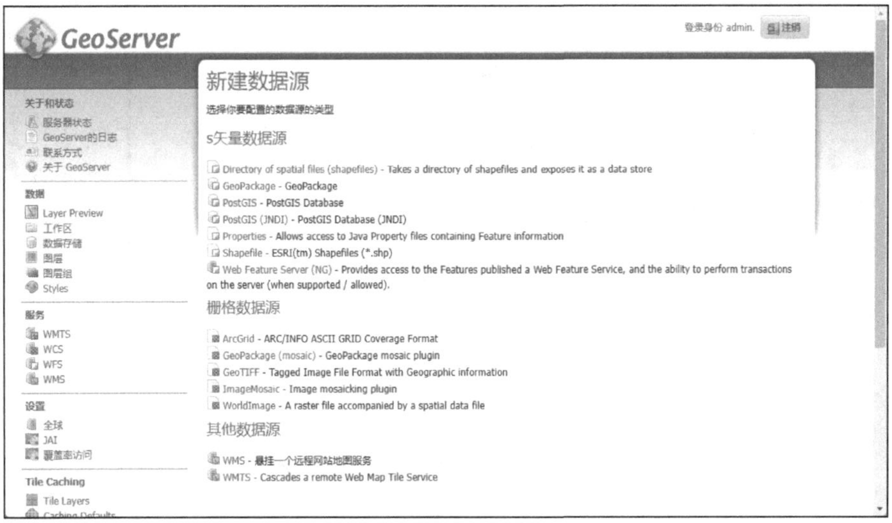

图 6-25　栅格：添加存储仓库

选择“栅格数据源”下的 GeoTIFF 格式数据，如图 6-26 所示。

在“添加栅格数据源”页面中，选择工作空间为“yellowriver”，数据源名称设置为“yellowriver_dem_geotiff”，在连接参数下，点击“浏览...”按钮，定位到 huanghe_dem.tif 文件路径，如图 6-27 所示。设置完成后，点击“保存”。

返回“存储仓库”页面，可以看到已经成功连接上了该栅格数据，如图 6-28 所示。

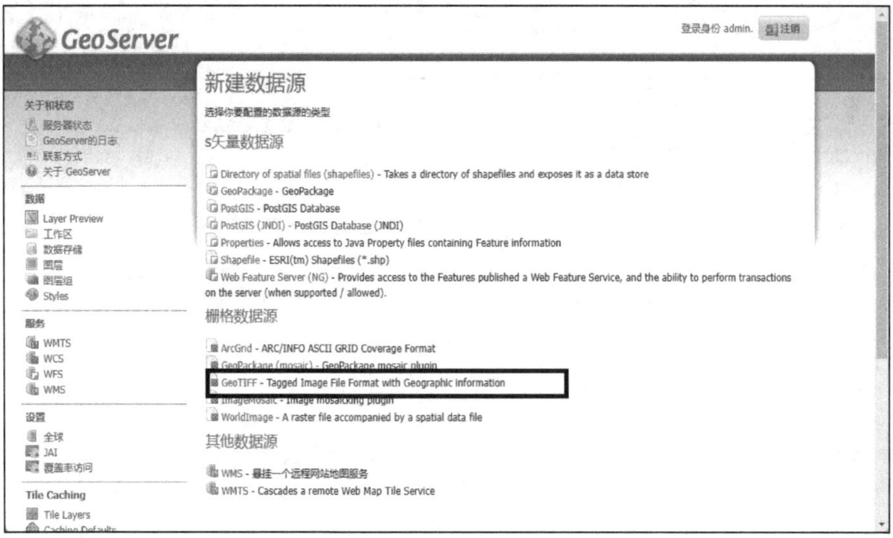

图 6-26　栅格：设置存储仓库的数据源

图 6-27　栅格：设置数据连接参数

3）栅格：数据表连接

GeoServer 可以通过安装 Image Mosaic JDBC 扩展，实现对 PostGIS 空间数据库中的栅格数据表的连接。然而该扩展工具不能连接 3.4 节中使用 raster2pgsql 工具导入的栅格数据表。因此需要按照其要求准备额外的配置文件，并重新导入栅格数据。由于 GeoServer 在 2020 年后停止了对 Image Mosaic JDBC 插件的支持，本节再不详细介绍该插件的使用，有需要的读者可以阅读附录 A 自行学习。

3. 矢量与栅格图层发布

打开“图层”页面，点击“添加一个新图层”，选择图层“yellowriver：yellowriver”，即可看到该存储仓库中的图层名称列表。找到我们之前导入黄河流域相关的图层“city”，然后点击“发布”，如图 6-29 所示。

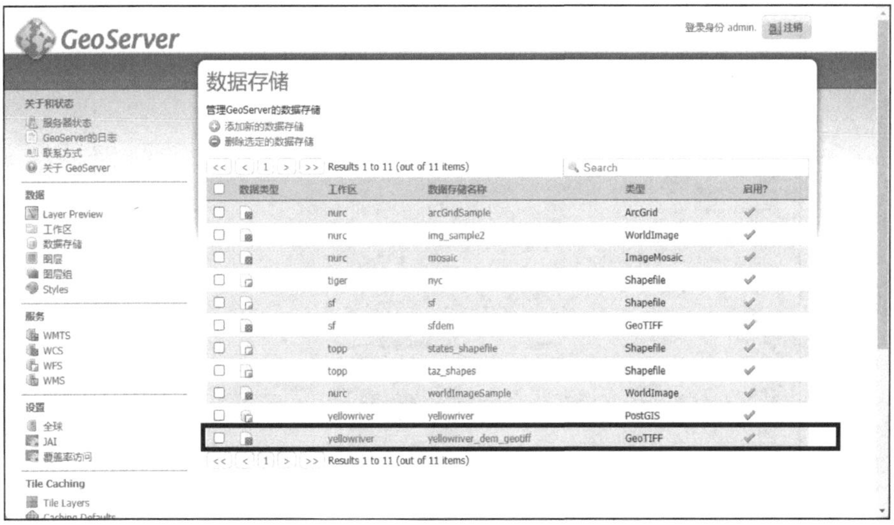

图 6-28 栅格：成功连接上了该栅格数据

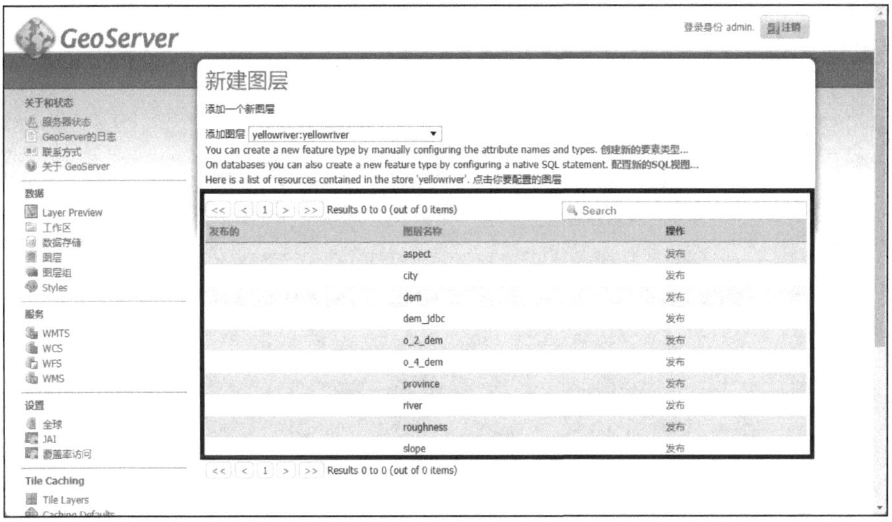

图 6-29 图层发布功能的入口

在“编辑图层”选项卡中的“边框”设置中，选择“从数据中计算”以及“Compute from native bounds”，边框计算完成后，点击“保存”，如图 6-30 所示。

此时，在“图层”页面中，可以看到我们已经成功发布 city 图层，如图 6-31 所示。按照同样的方法，将 province、river 矢量图层，以及通过 JDBC 连接的 yellowriver_dem_postgis 数据仓库中的 dem_jdbc 栅格图层进行发布。

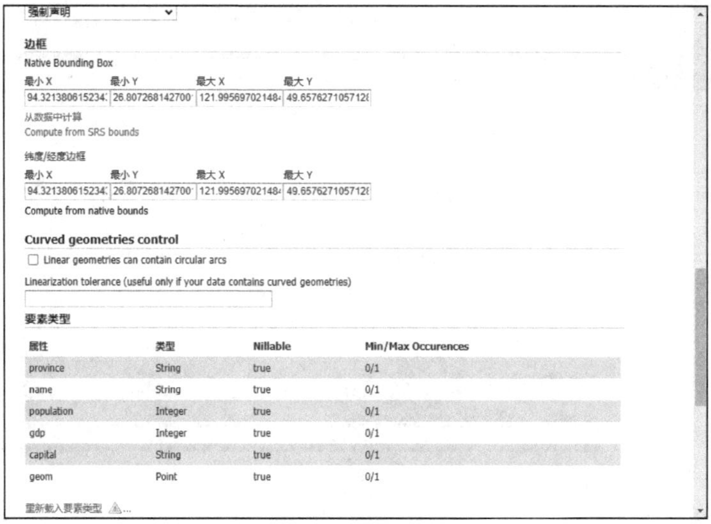

图 6-30　图层边界计算

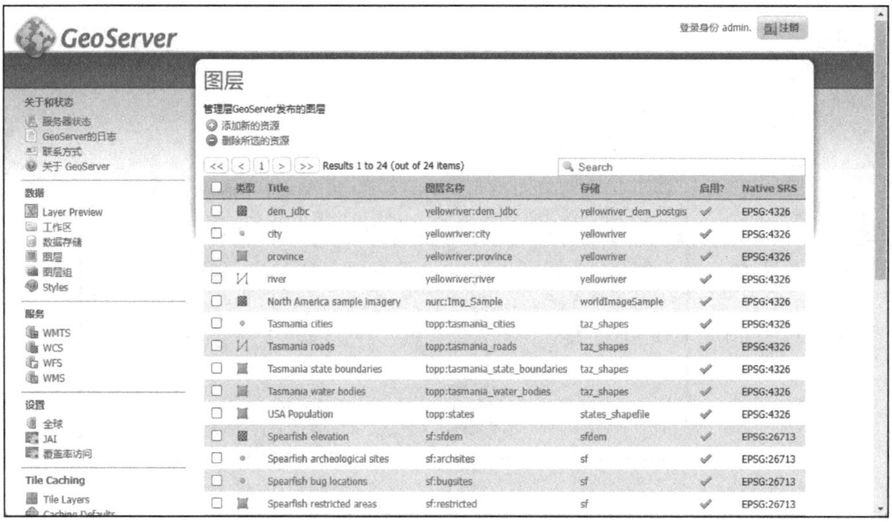

图 6-31　成功发布的 city 图层

然后，点击“图层浏览”，在右侧的选项卡中，选择一个图层，点击 OpenLayers，如图 6-32 所示。

在弹出的网页中，就可以看到我们已经发布成功的图层，此处使用的是 OpenLayers 显示控件对地图数据进行渲染，如图 6-33 所示。

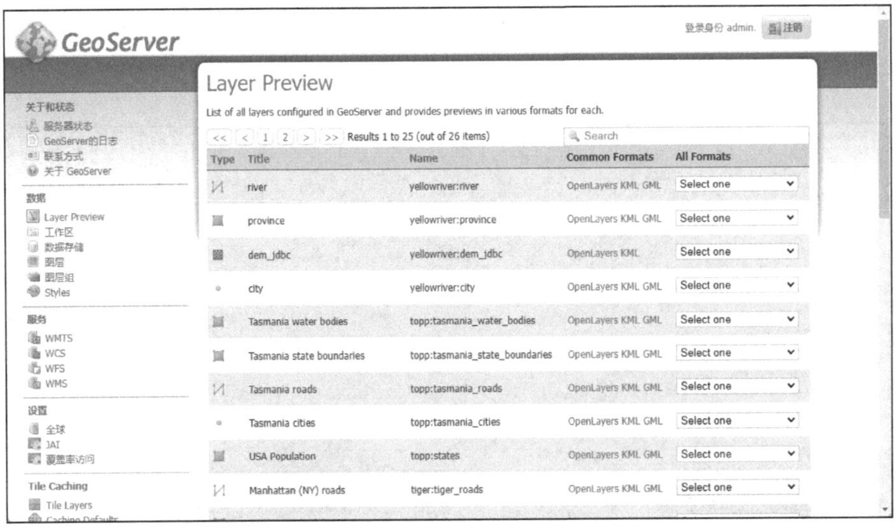

图 6-32　打开已发布的图层

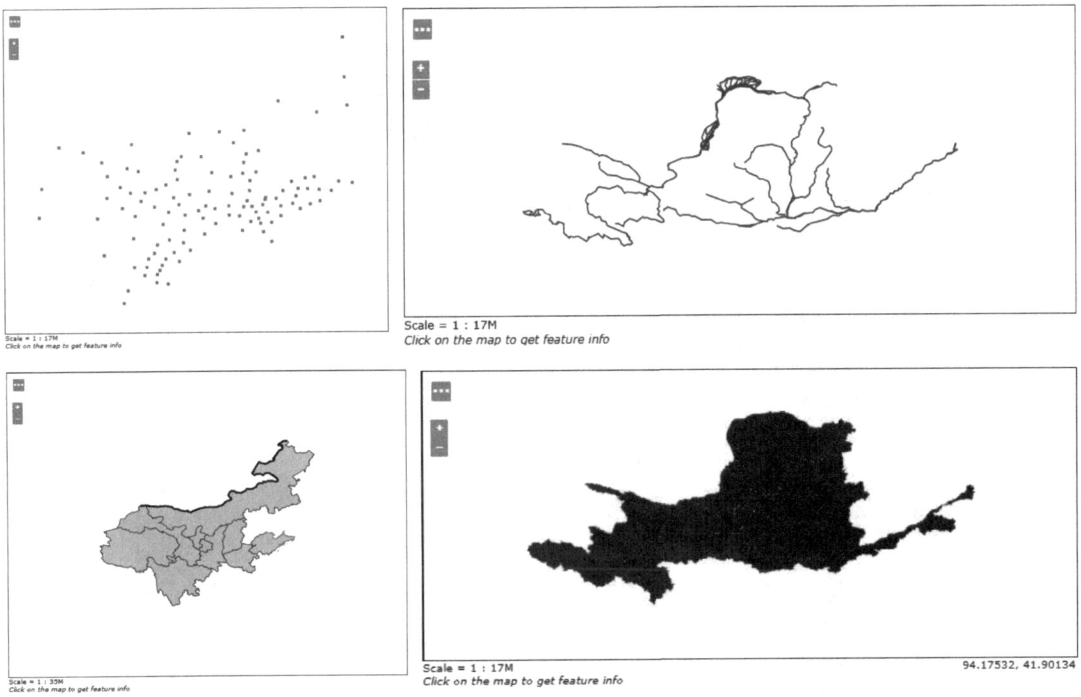

图 6-33　在浏览器中用 OpenLayers 显示控件渲染图层

4. 图层样式设置

图层发布完成后，我们需要进一步对图层的外观进行调整，使地图数据表示更加美观。GeoServer 是通过样式文件设置图层的渲染方式。此时，QGIS 可以帮助我们生成想要的样式文件。首先在 QGIS 中对图层的符号进行绘制，完成后导出后缀为.sld 的图层样式文件，然后将文件上传到 GeoServer 服务器的样式库中即可使用。具体步骤如下。

（1）在 QGIS 中根据自己的设计，对四个图层的符号进行设置，如图 6-34 所示。绘制完成后，选中图层并点击右键，单击“properties…”，转入下一步。需要注意的是，在 QGIS 中设置样式时不宜设置得过于复杂，以免 GeoServer 缺少相应的样式库支持。

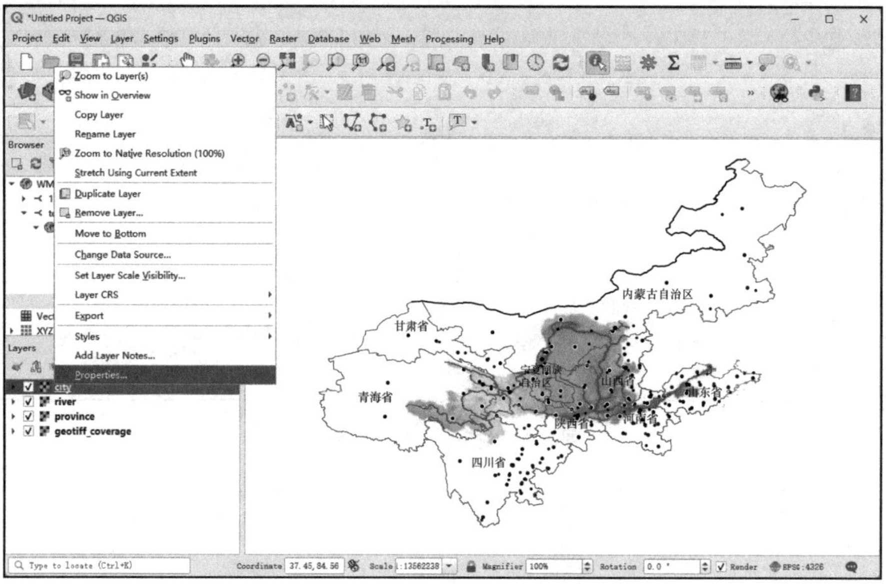

图 6-34　在 QGIS 中设计不同图层的显示效果

（2）在属性对话框中，在“Symbology”选项卡下，单击右下方的“Style”，并选择“Save Style…”，如图 6-35 所示。

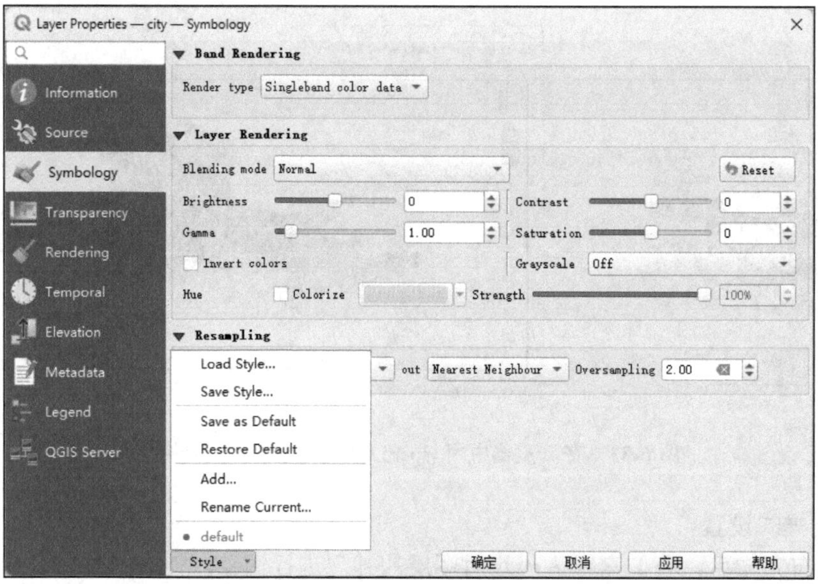

图 6-35　保存显示样式

在样式保存对话框中，选择“save layer properties as style file”，并指定导出路径，然后点击“确定”，如图 6-36 所示。

图 6-36　保存为 SLD 样式文件

依次导出黄河流域数据的四个图层的样式文件，如图 6-37 所示。

图 6-37　显示样式文件

打开 GeoServer 服务器后台的“styles”页面，单击“Add a new style”，如图 6-38 所示。

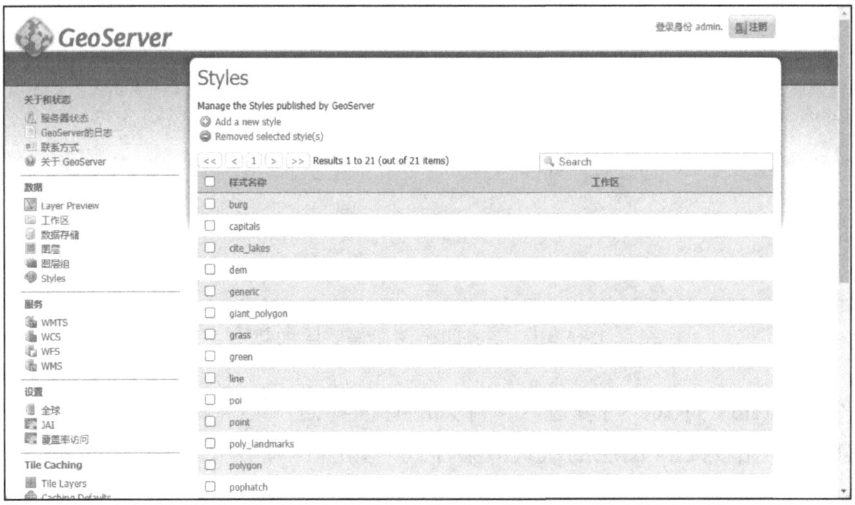

图 6-38　添加样式

以 city_style 样式为例，在“新建样式”页面，首先输入样式名称（Name）为“city_style”，选择工作区为“yellowriver”。然后，在“Upload a style file”标签下，点击“选择文件”，并找到先前导出的文件 city_style.sld，点击“Upload…”，可以看到下方的文本框内自动加载出了样式信息。最后，点击“验证”无误后，再点击“保存”，完成样式的创建，如图 6-39 所示。

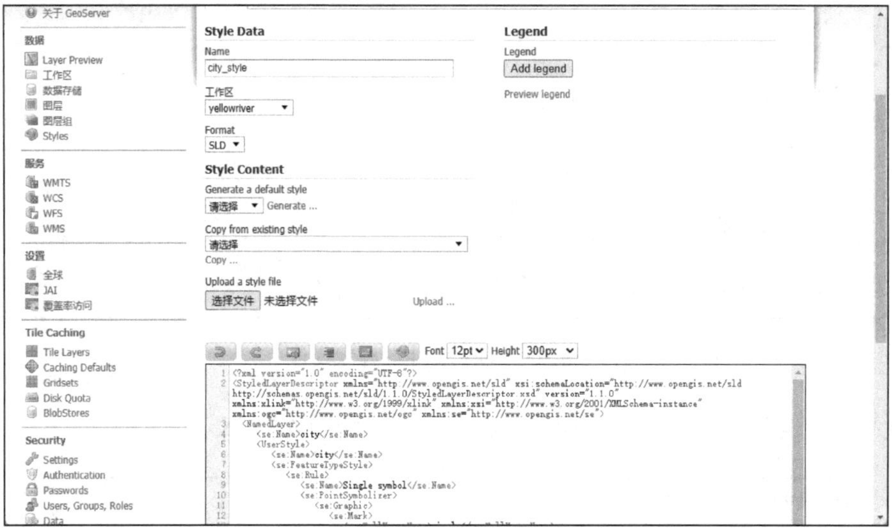

图 6-39　加载保存的样式文件

按照上面的方法，依次创建四个图层的样式文件，创建完成的样式如图 6-40 所示。

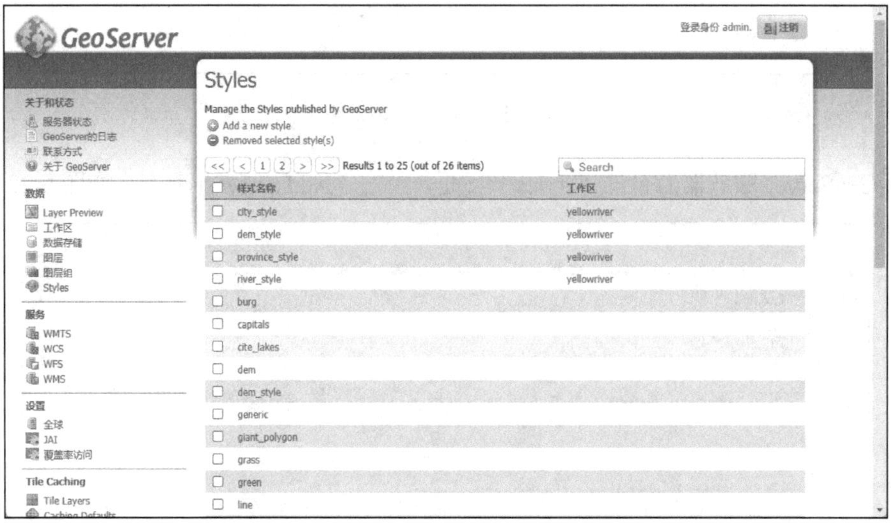

图 6-40　完成四个图层样式的加载

点击“city_style”样式，可以进入该样式的管理界面，切换到“Publishing”选项卡，并将该样式勾选上，作为 city 图层的默认渲染样式，如图 6-41 所示。

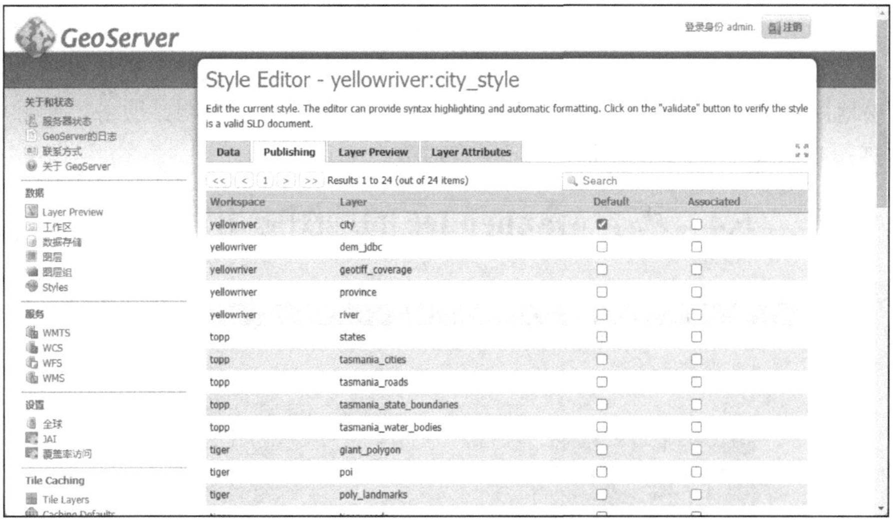

图 6-41　设置默认渲染样式

样式设置完成后，逐个对图层进行浏览，如图 6-42 所示；检查效果是否与 QGIS 中的符号系统一致。

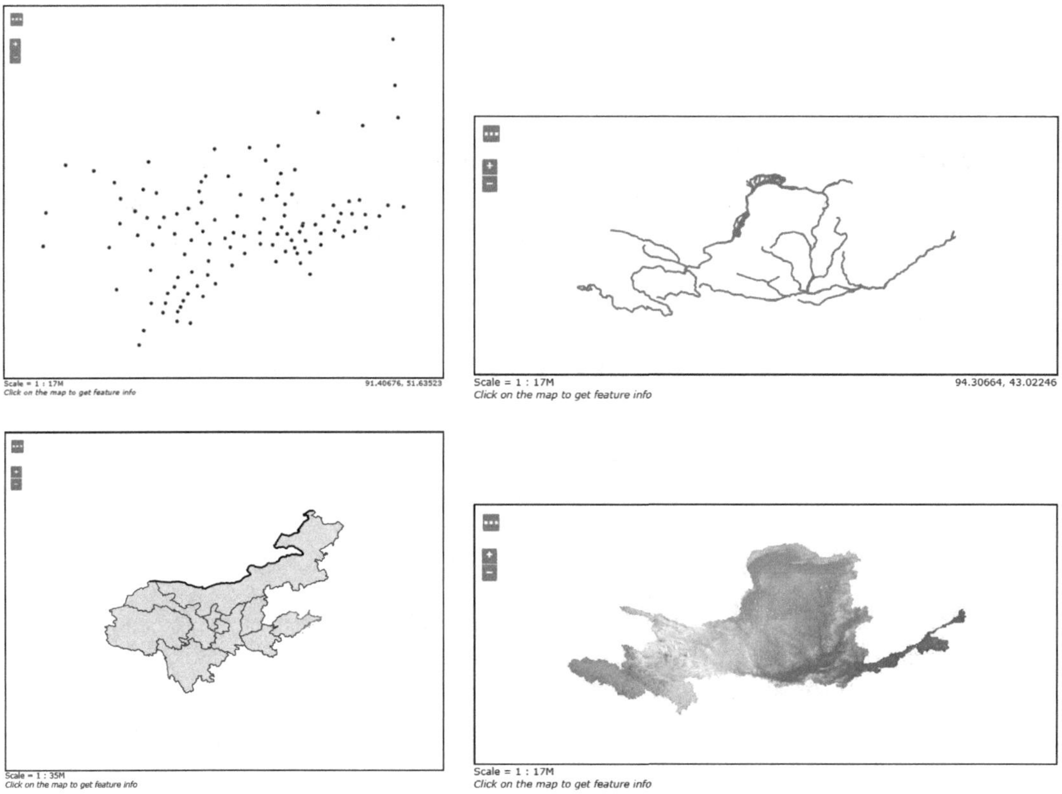

图 6-42　检查导入样式的可视化效果

至此，我们已经完成了 GeoServer 服务器与 PGSQL 数据库的连接，并且成功将我们创建的黄河流域数据库中的图层和样式在服务器上进行了发布，此时我们已经可以通过浏览器或 QGIS 对该地图服务器进行远程访问。下一步，我们将要建立一个网站服务器，并将我们发布的数据展示在网页中，在浏览器中实现用户对数据的访问。

6.4　基于 Mapbender 的地图应用发布

Mapbender 是一个用于访问地理空间数据服务和地图应用的内容管理系统，其核心组件如图 6-43 所示。Mapbender 可以在不写一行代码的情况下创建地图门户网站。

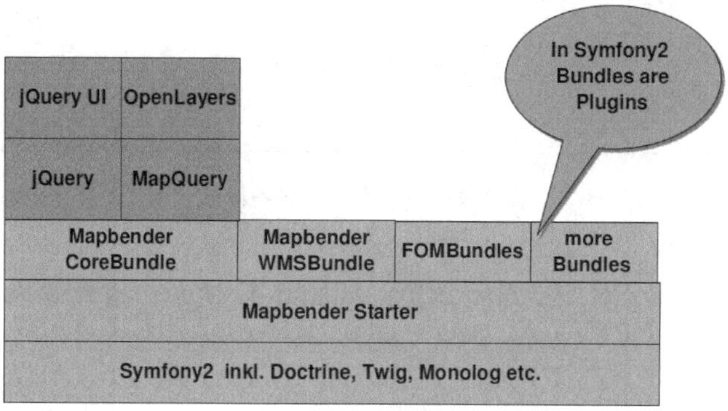

图 6-43　Mapbender 的核心组件

6.4.1　Mapbender 下载

Mapbender 的官方文档地址为：https://docs.mapbender.org/3.3/en/installation/installation_windows.html，如图 6-44 所示。点击图 6-44 中的 https://ms4w.com/download.html，进入安装包下载界面（图 6-45）；其中，“ms4w-4.0.5-setup.exe”为在线安装程序，“ms4w_4.0.5.zip”和“mapbender_3.3.1_ms4w.zip”为离线安装包。

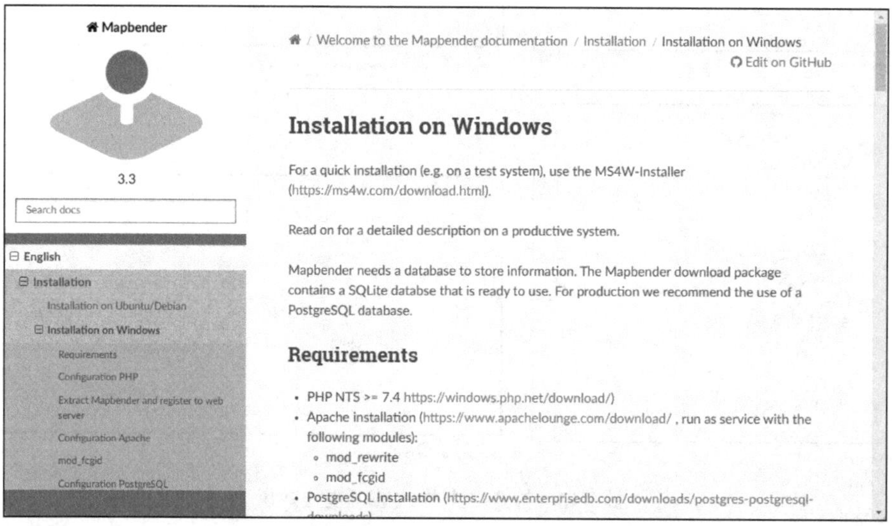

图 6-44　Mapbender 的下载

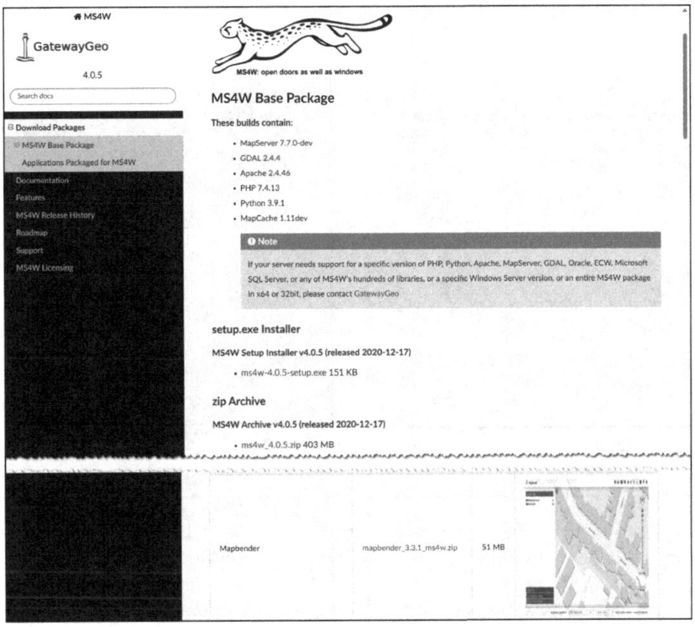

图 6-45　Mapbender 安装包下载页面

6.4.2　Mapbender 安装

1. 在线安装

点击图 6-45 中的“ms4w-4.0.5-setup.exe”，下载完成后，双击打开安装程序，点击“I Agree”（图 6-46a）；再在组件安装页面中，勾选“Mapbender 3.3.1”选项（图 6-46b）；之后，自定义安装位置，建议尽量选择根目录下直接安装，避免中文路径（图 6-46c）；然后，指定 Apache 服务器端口，先前我们已经指定 GeoServer 服务的端口为 8081，为了避免冲突，此处设置端口为 8082（图 6-46d）；设置好端口，并点击“Install”后，可以看到程序开始自动下载相关组件（图 6-46e）；稍等一段时间，待相关插件下载完成后，程序会自动进行解压和安装（图 6-46f）；安装过程中可能会弹出.NET 环境依赖的安装，直接点击“安装”即可（图 6-46g），等待一段时间，可以看到安装完成，点击“Close”（图 6-46h）。

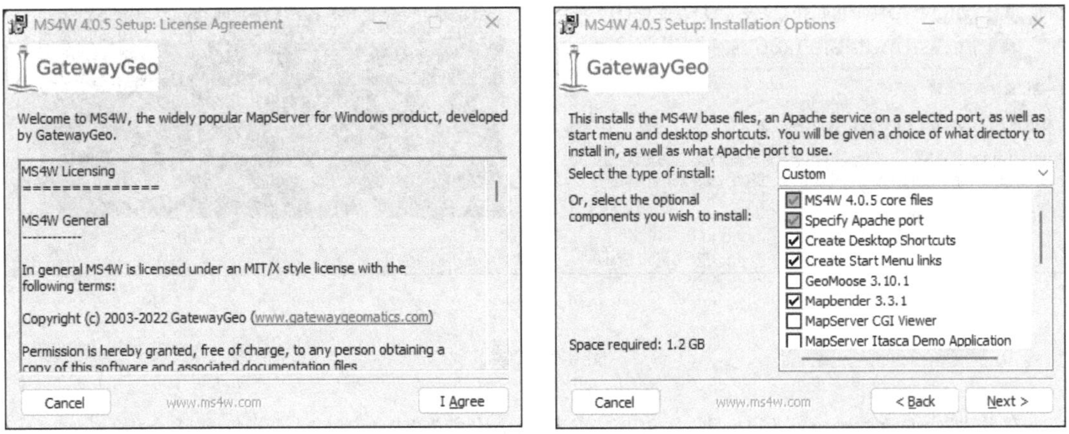

a　　　　　　　　　　　　　　　　b

图 6-46　Mapbender 在线安装过程

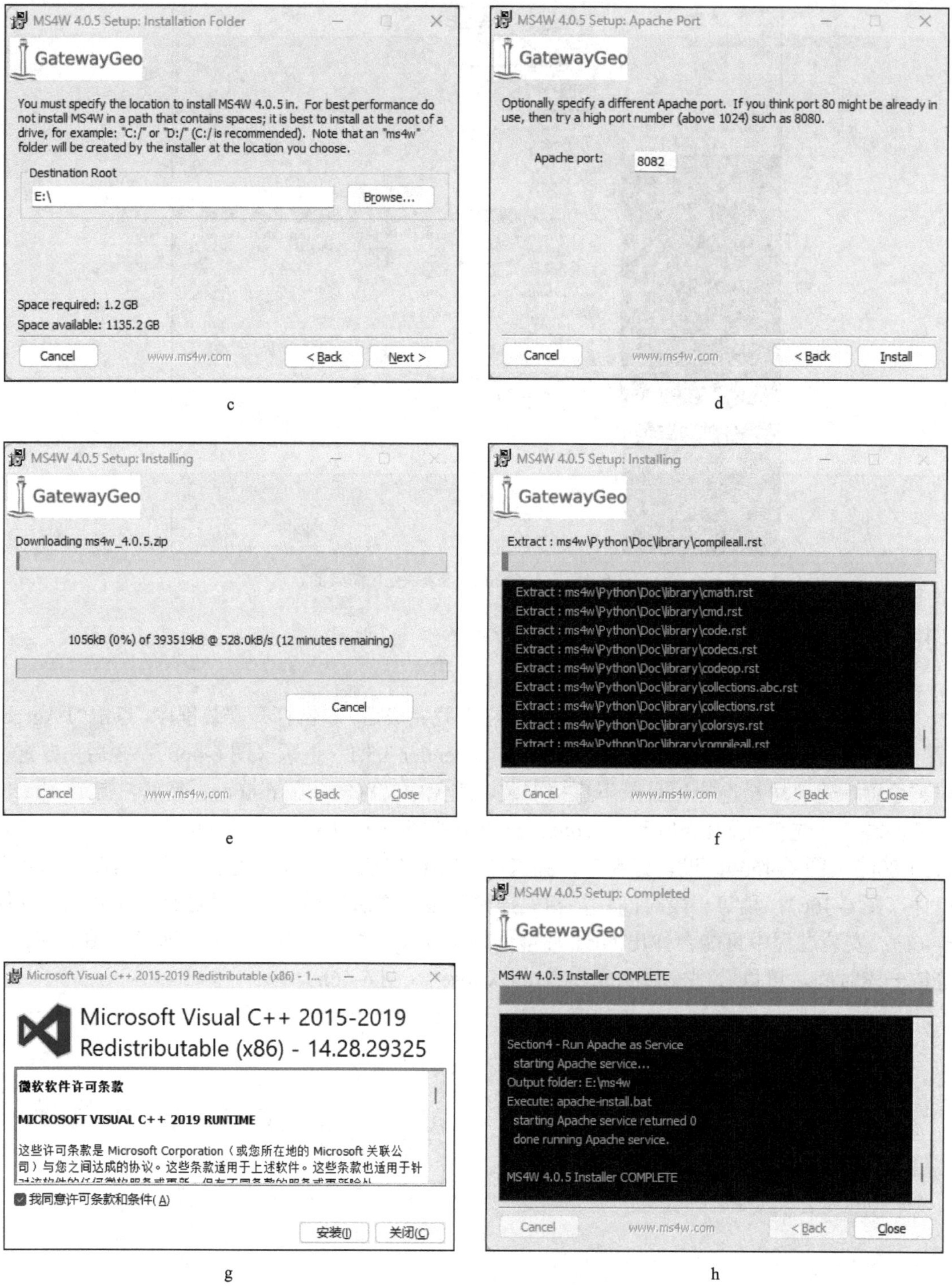

图 6-46（续）

在浏览器中输入 http://localhost:8082/或者 http://127.0.0.1:8082/，若能看到如图 6-47 所示的界面，则表明安装完成。

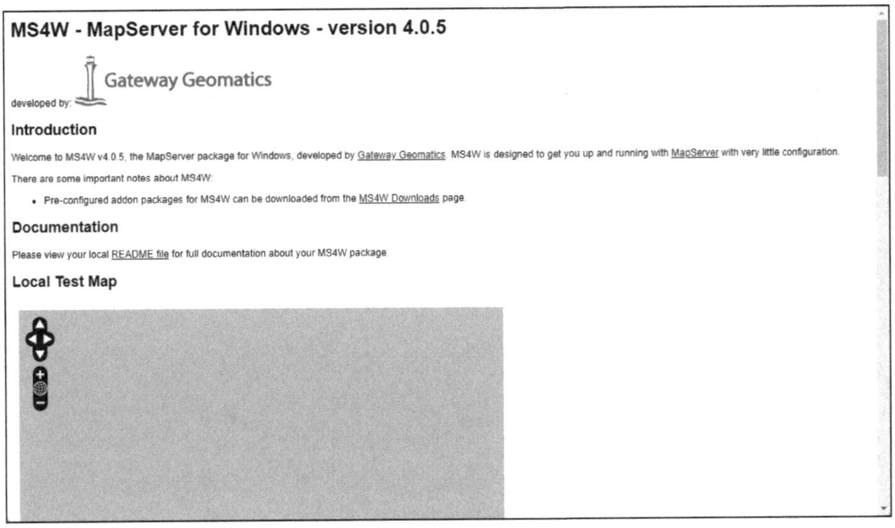

图 6-47　Mapbender 初始化界面

若安装成功，在浏览器中输入 http://127.0.0.1:8082/mapbender/app.php/，此时便可以看到 Mapbender 的系统页面，如图 6-48 所示。

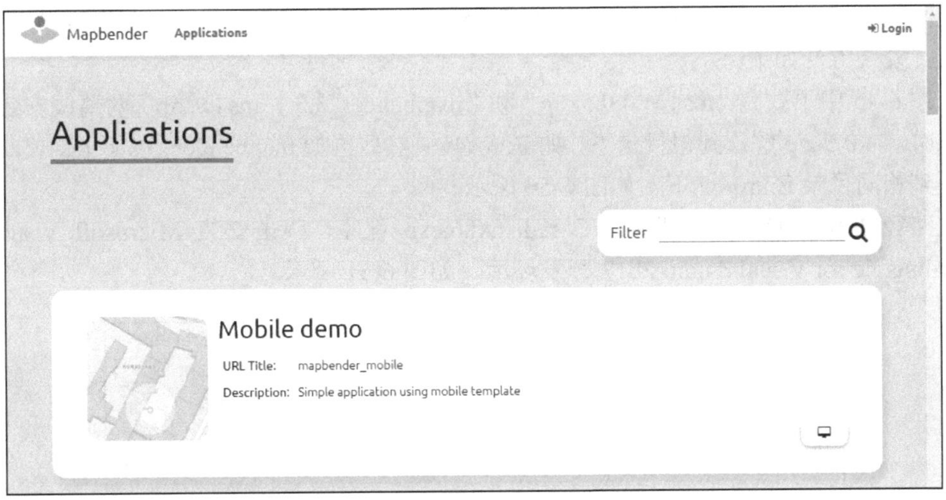

图 6-48　Mapbender 示例项目

同样，在浏览器中输入 http://127.0.0.1:8082/mapbender/app_dev.php，可以进入 Mapbender 的后台管理页面，如图 6-49 所示。

至此，Mapbender 就安装完成了。下一步，我们将建立 Mapbender 与 GeoServer 地图服务之间的连接，并构建我们自己的地图应用。

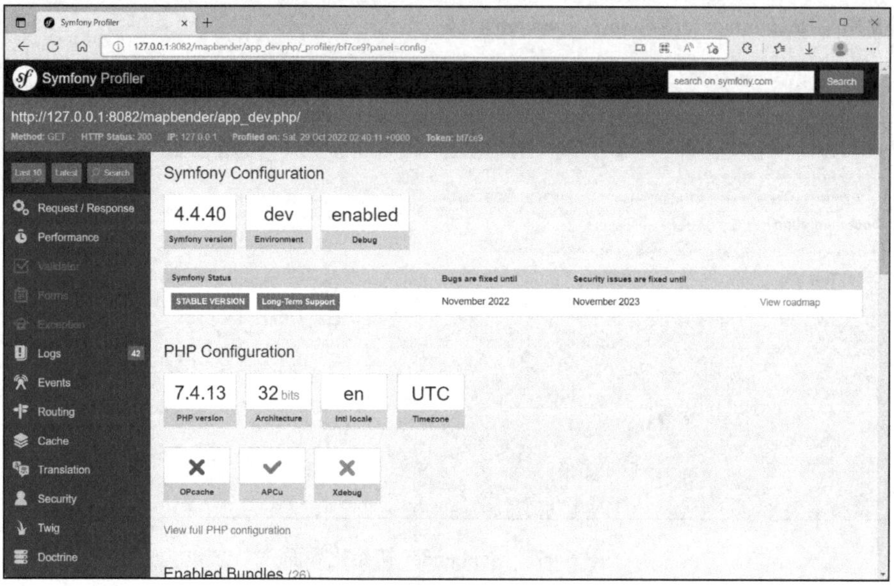

图 6-49　Mapbender 后台管理界面

2. 离线安装

受网络环境影响，在线安装时若下载速度较慢，易导致安装失败，因此也可采用手动离线安装。安装方法如下。

在图 6-45 中下载完“ms4w_4.0.5.zip”和“mapbender_3.3.1_ms4w.zip”两离线安装包后，先将 ms4w_4.0.5.zip 解压到根目录下，如 E:\ms4w；然后再把 mapbender_3.3.1_ms4w.zip 压缩包解压到相同目录 E:\ms4w 下，如图 6-50 所示。

在路径 E:\ms4w\tmp 下找到 VC_redist.x86.exe 程序，双击安装 Microsoft Visual C++ Redistributable for Visual Studio 2017 开发环境，如图 6-51 所示。

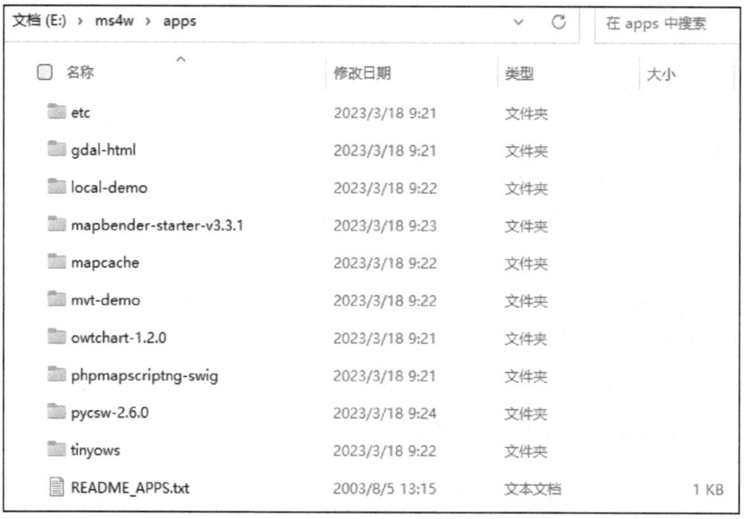

图 6-50　Mapbender 离线安装包解压安装

图 6-51　Mapbender 离线安装中的依赖项安装

在配置文件 E:\ms4w\Apache\conf\httpd.conf 中修改监听端口为：8082，如图 6-52 所示。

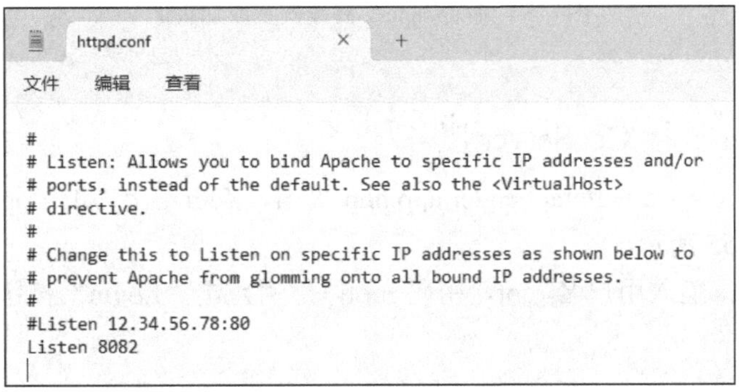

图 6-52　Mapbender 访问端口修改

在使用管理员权限打开命令行，并进入 E:\ms4w 目录，执行 apache-install 命令启动服务，如图 6-53 所示。

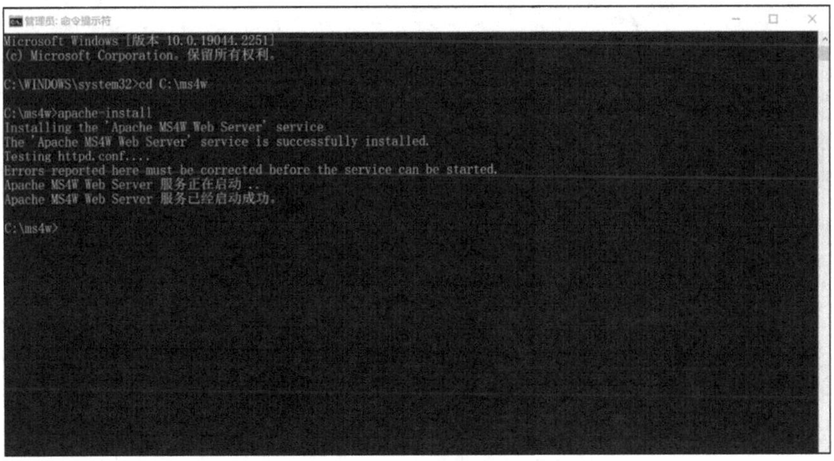

图 6-53　Mapbender 服务启动

最后，在浏览器中输入 http://127.0.0.1:8082/mapbender/app.php/，此时便可以看到 Mapbender 的系统页面，如图 6-54 所示。

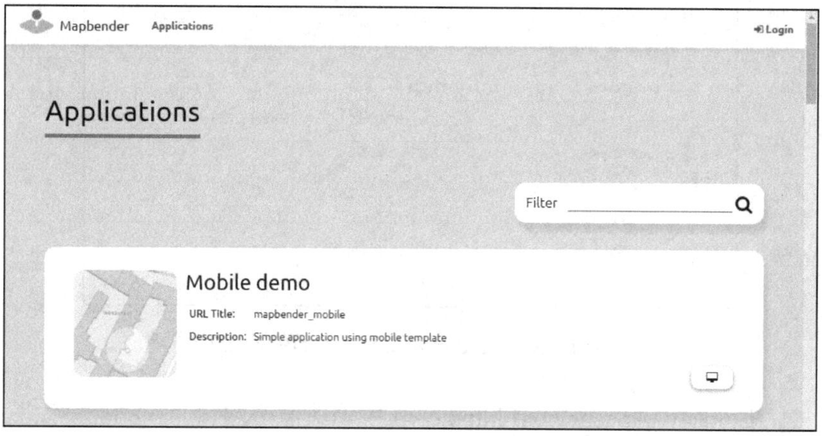

图 6-54　Mapbender 离线安装成功页面

6.4.3　Mapbender 连接 GeoServer 服务

打开 http://127.0.0.1:8082/mapbender/app.php/页面，点击右上方的 Login 图标登录到服务管理页面，如图 6-55 所示。

进入登录页面，输入用户名 root，密码 root，然后点击“Login”按钮，如图 6-56 所示。

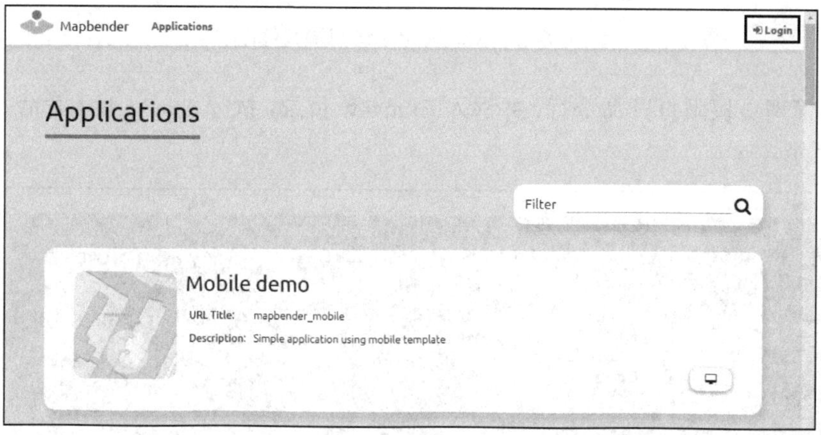

图 6-55　Mapbender 的系统页面的登录图标

图 6-56　Mapbender 的登录页

登录完成后，点击页面上方的“Sources”，在页面中点击“Add source”，如图 6-57 所示。

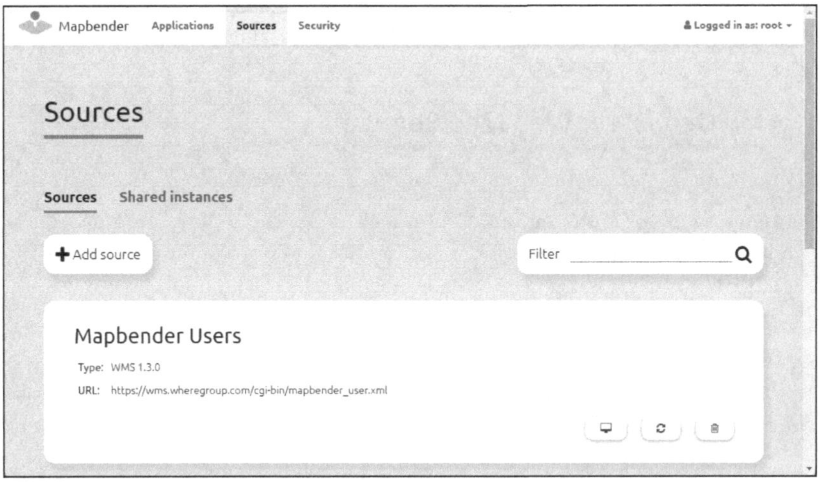

图 6-57　添加源

在 Add source 页面中，设置与 GeoServer 服务器的连接参数，如图 6-58 所示。其中，“Type”为“OGC WMS”；“Service URL”为“http://localhost:8081/geoserver/yellowriver/wms”；“Username”为空，不填；“Password”为空，不填。填写完成后，点击“Load”。

连接成功后，可以看到 A new WMS source has been created 的提示，表明已经成功连接上之前发布的 GeoServer 服务，如图 6-59 所示。

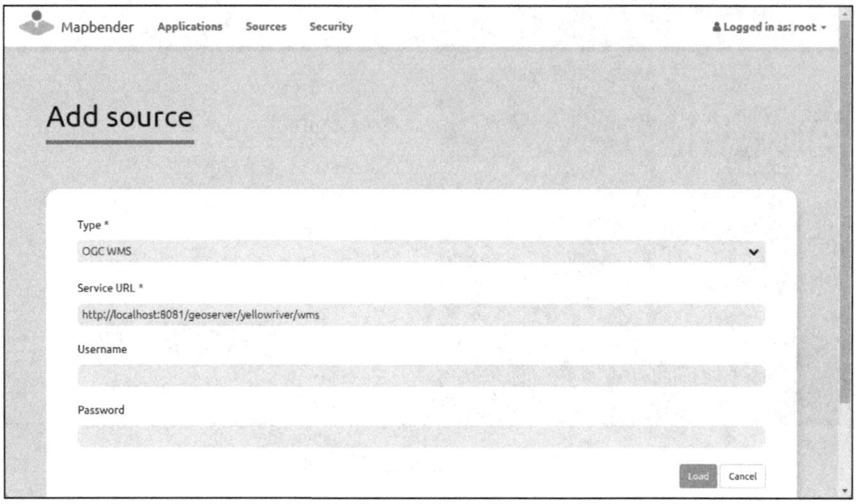

图 6-58　设置与 GeoServer 服务器的连接参数

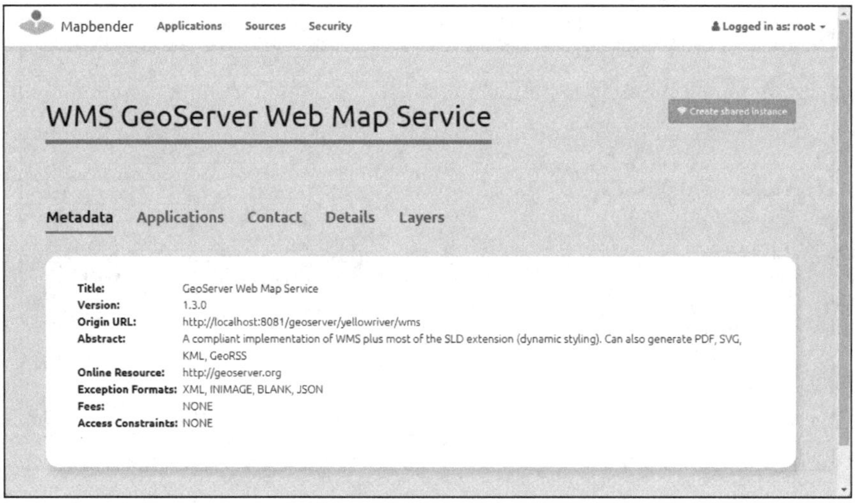

图 6-59　与 GeoServer 连接成功

6.4.4　Mapbender 创建新应用

打开 http://127.0.0.1:8082/mapbender/app.php 页面，在“Applications”页面中，点击“New Application”按钮，如图 6-60 所示。

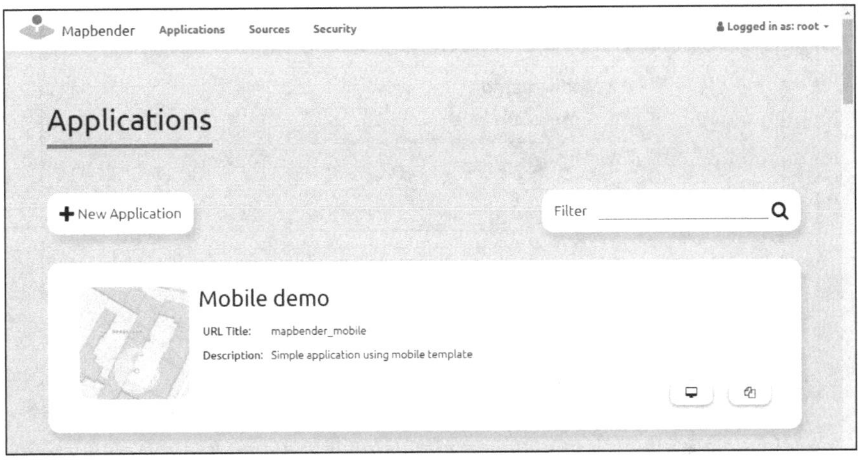

图 6-60　在 Applications 界面增加应用

在 New Application 页面中(图 6-61),填入项目的相关参数,其中,“Title”为“yellowriver”;“URL Title” 为 “yellowriver”; “Thumbnail” 为自定义项目缩略图，注意缩略图文件大小不能超过 128kb。输入上述三个参数后，点击 “Save”。

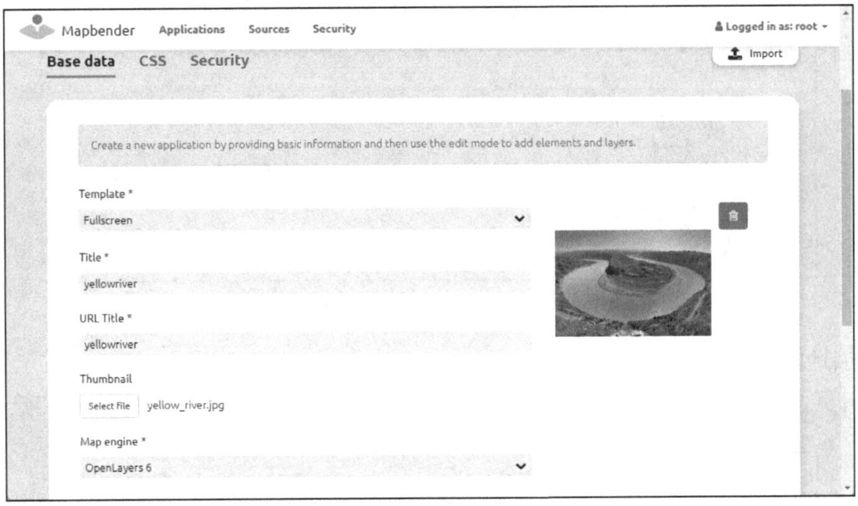

图 6-61　New Application 页面

回到 Applications 界面，此时可以看到我们已经成功创建了一个新的名为 yellowriver 的项目（图 6-62），点击下方的预览图标，可以对该项目进行浏览。

在 http://127.0.0.1:8082/mapbender/app.php/application/yellowriver 页面中，可以看到此时还是一个空白项目，下一步我们将向项目中添加更多应用控件，以丰富我们的页面。

6.4.5　Mapbender 添加应用控件

回到 Applications 界面找到我们的 yellowriver 项目，点击下方的 “齿轮” 图标按钮，如图 6-63 所示。

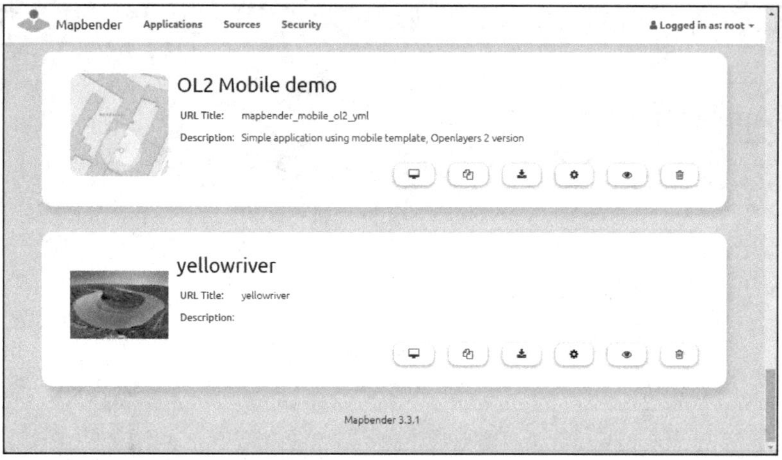

图 6-62　添加成功

图 6-63　Application 界面中的编辑按钮

1. 添加地图图层

在编辑页面中，点击“Layersets”，然后点击页面中的“+”号，如图 6-64 所示。

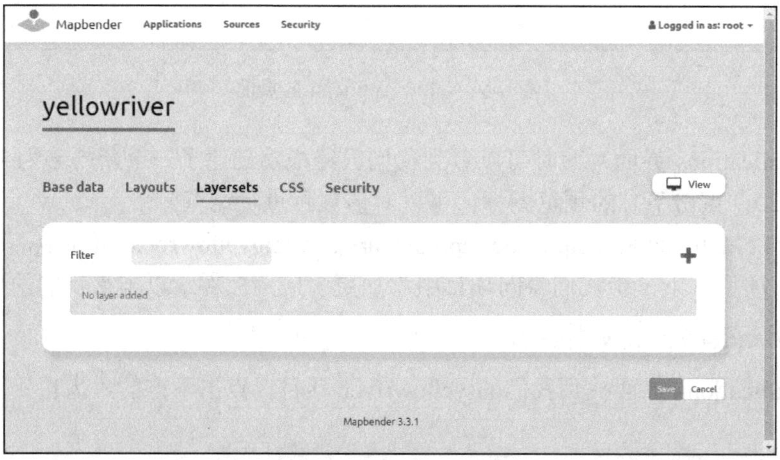

图 6-64　Layersets 编辑

在 Add layerset 文本框中，填写“Title”为“yellowriver”，点击“Add”，如图 6-65 所示。

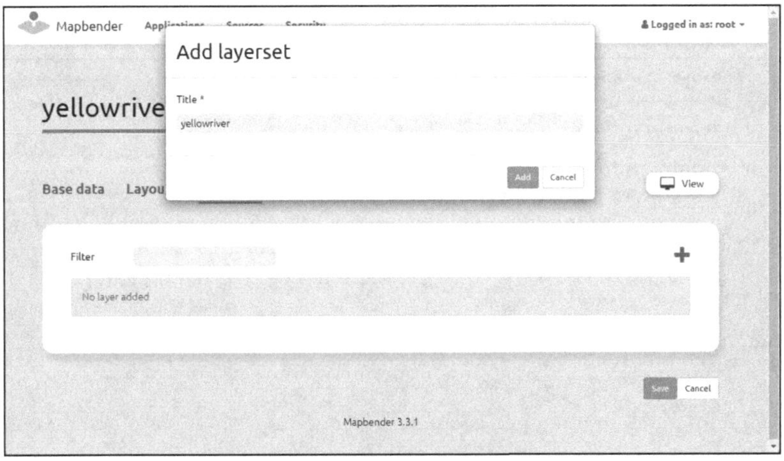

图 6-65　添加增加的图层名

在 yellowriver 图层组中，点击“+”号，如图 6-66 所示。

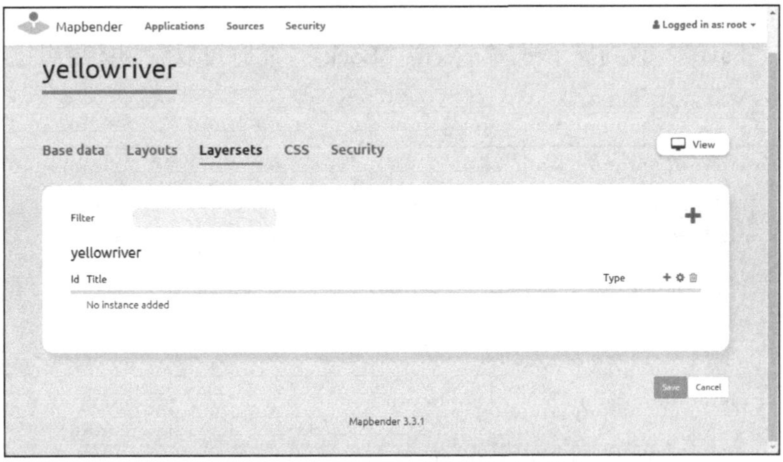

图 6-66　Layersets 编辑界面添加图层

找到刚刚建立的连接：GeoServer Web Map Service，如图 6-67 所示。

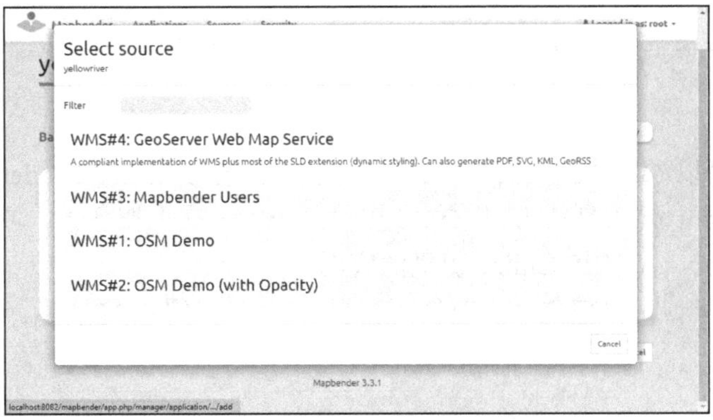

图 6-67　选择数据源

然后，在页面中就能看到我们在 GeoServer 发布的服务中的图层。可以对图层的操作进行设置，此处保持默认设置，如图 6-68 所示。

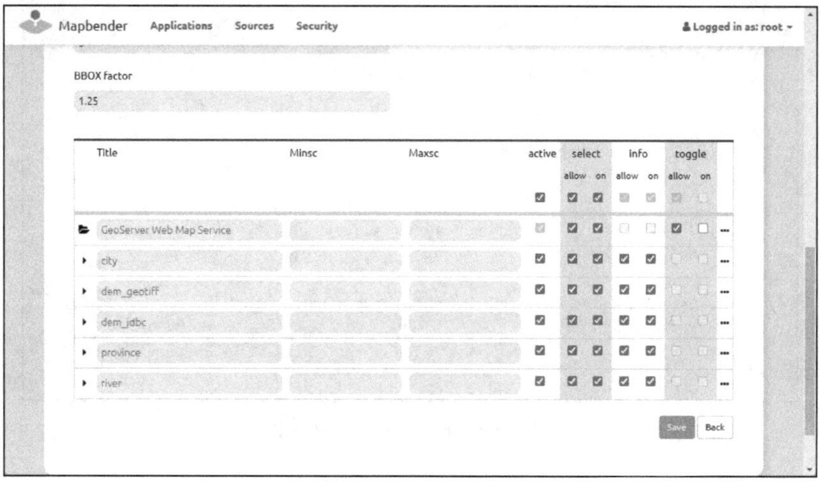

图 6-68　设置图层

直接点击“Save”，看到提示框后，点击“Back”，此时可以看到图层组已经添加成功，如图 6-69 所示。

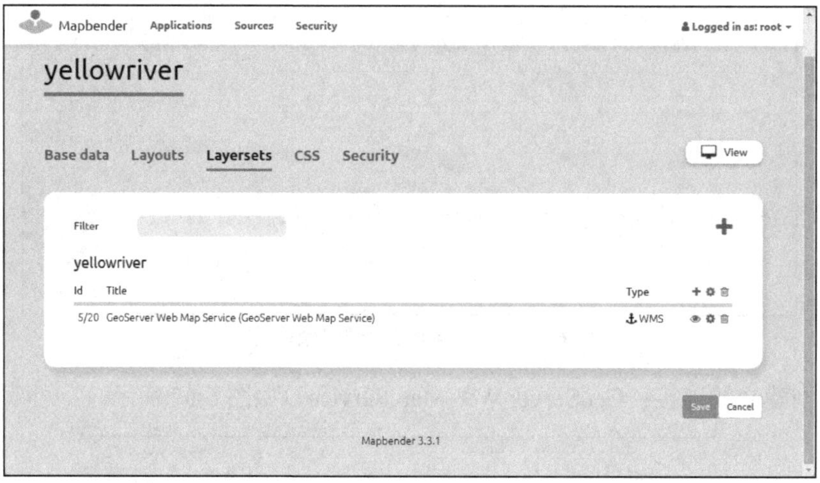

图 6-69　添加成功

另外，我们还可以添加地图底图数据，实验中我们直接使用 Mapbender 自带的 WSM OSM Demo 图层（非标准中国地图）。除了 OSM 提供的 WMS 底图服务外，我们还可以使用天地图、星图地球数据云、ArcGIS Online 提供的底图。

与上面的步骤类似，先建立一个新的图层组 OSM，如图 6-70 所示。

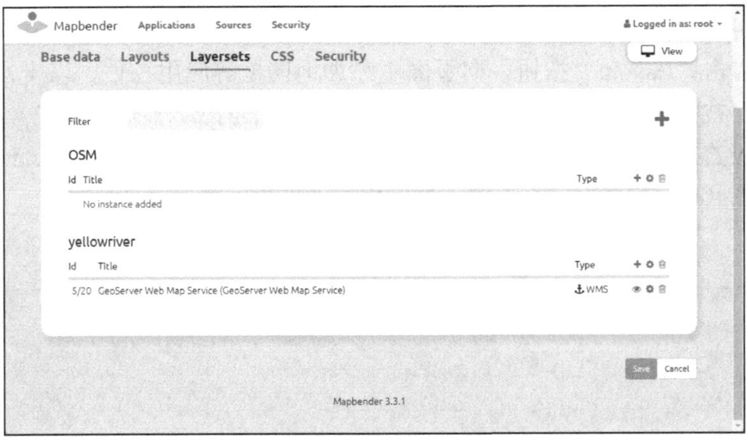

图 6-70　增加新图层组 OSM

点击 OSM 图层组下的“+”号，选择数据源为 OSM Demo，再点击“Save”，成功后点击“Back”。此时可以看到，该项目中已经包含两个图层组的连接，如图 6-71 所示。

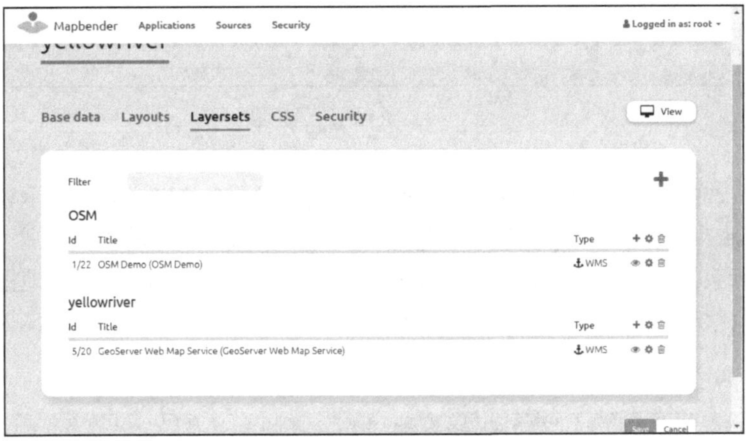

图 6-71　成功添加 OSM

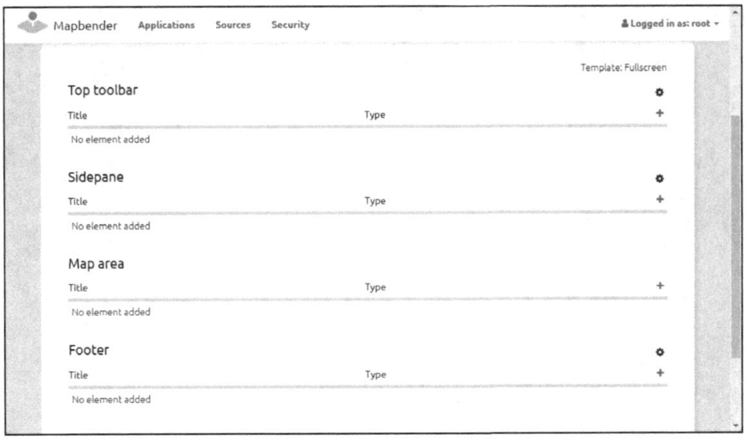

图 6-72　Application 的布局设计

2. 添加应用控件

下一步，点击“Layout”按钮，向页面中添加地图框等应用控件，以丰富页面。在默认的布局中，页面被分为页眉、侧边栏、地图区域、页脚四个部分（图 6-72），我们可以分别向其中添加相应的控件。有关各个控件的功能细节，见参考文档 https://doc.mapbender.org/。

此处以地图区域（Map area）为例，添加相关的控件，点击其下方的“+”号，如图 6-73 所示。

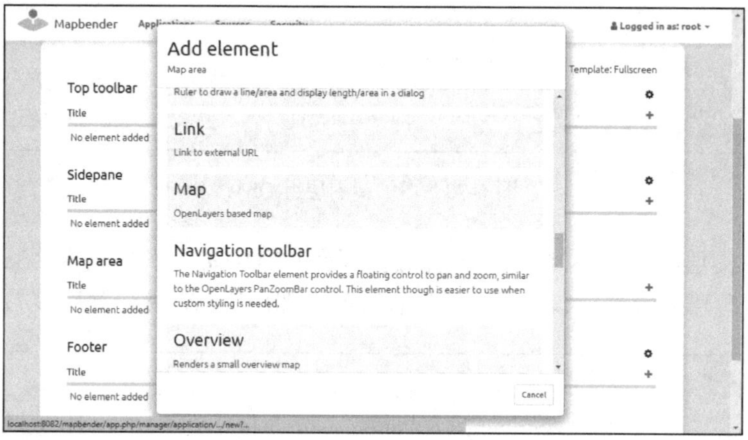

图 6-73　添加 Map 控件

在对话框中选择 Map 控件，然后设置地图相关的参数，如图 6-74 所示。各参数的含义如下：①Layersets：需要显示的图层组；②Tile size：WMS 服务的地图瓦片大小；③SRS：地图显示的坐标系；④Max.extent：地图显示的最大范围；⑤Start extent：地图初始显示的范围；⑥Scales：比例尺。在本项目中各个参数的默认值设置如图 6-75 所示，输入完成后，点击“Add”。

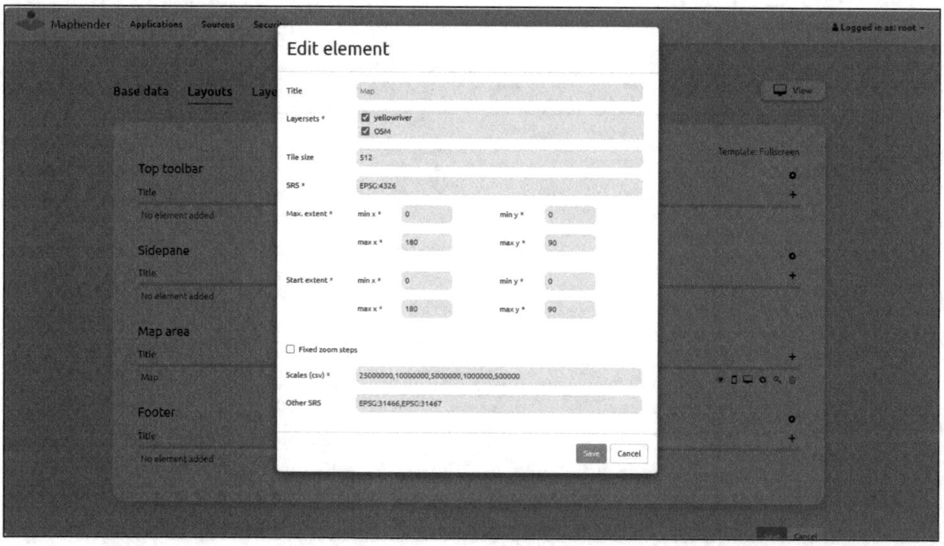

图 6-74　Map 控件参数

然后，回到 Layouts 页面中，点击“View”按钮，结果如图 6-75 所示。此时，可以在页面中看到我们之前发布的地图数据已经按照设定的样式被展示在地图中，如图 6-76 所示。

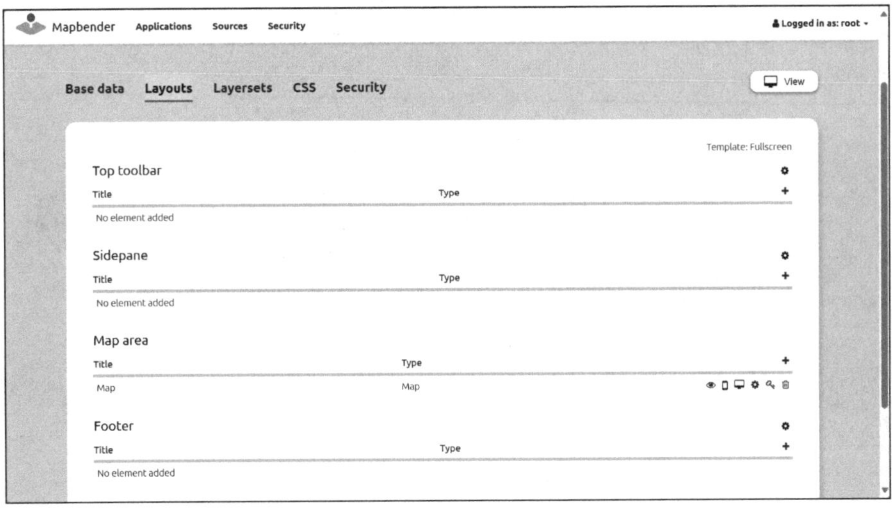

图 6-75　查看 Map area

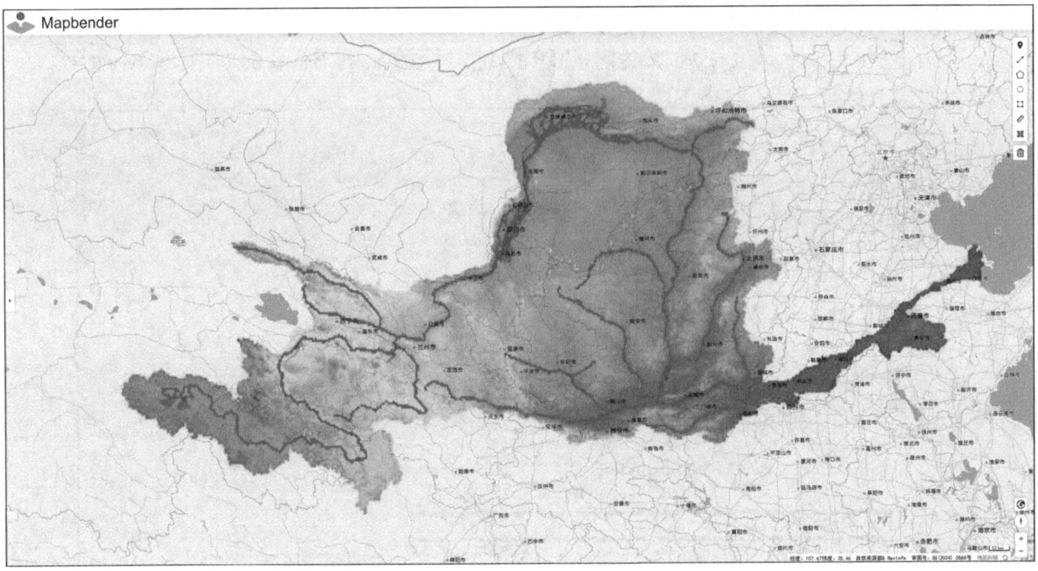

图 6-76　Mapbender 看到的数据应用情况

后续可以根据自己的设计，添加其他控件，如缩略图、比例尺、图例、地图测量等。可以直接复制 Mapbender 中已有示例，在复制后的项目中，通过修改图层数据，得到更加完善的地图展示页面。图 6-77 是可供读者参考的页面设计示例。

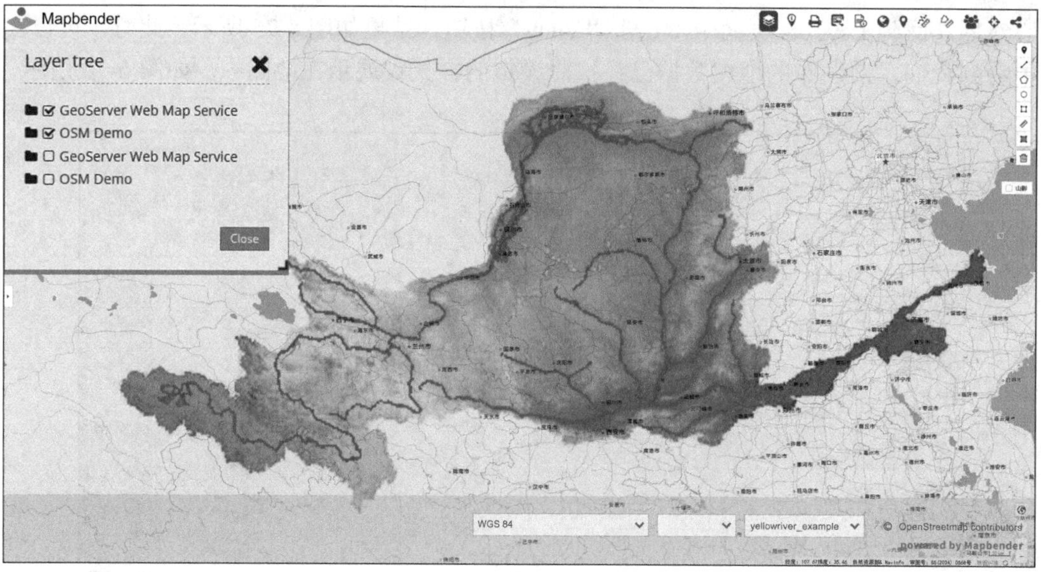

图 6-77 供参考的页面设计

6.4.6 Mapbender 远程访问

为了支持用户的远程访问，需要将 6.4.3 节中 GeoServer WMS 服务的 IP 地址由 http://127.0.0.1 更改为计算机在局域网内的 IP 地址，修改后的 Sources 如图 6-78 所示。

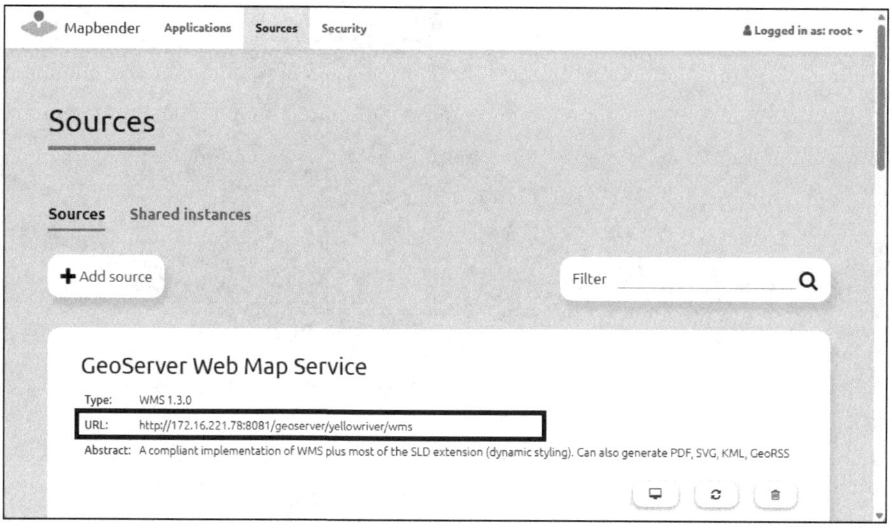

图 6-78 GeoServer WMS 服务的 IP 地址修改

修改完成后，即可在另一计算机上访问该地图页面，在浏览器地址栏中将 http://127.0.0.1:8082/mapbender/app.php 更改为 http://IP 地址/mapbender/app.php，结果如图 6-79 所示。因为上述过程中已经开放了 S 机 8082 端口的访问，所以此时在同一局域网内的设备就可以通过 IP 地址访问我们的地图页面，需要注意的是我们的设备 IP 会随着网络环境的改变而发生变化。

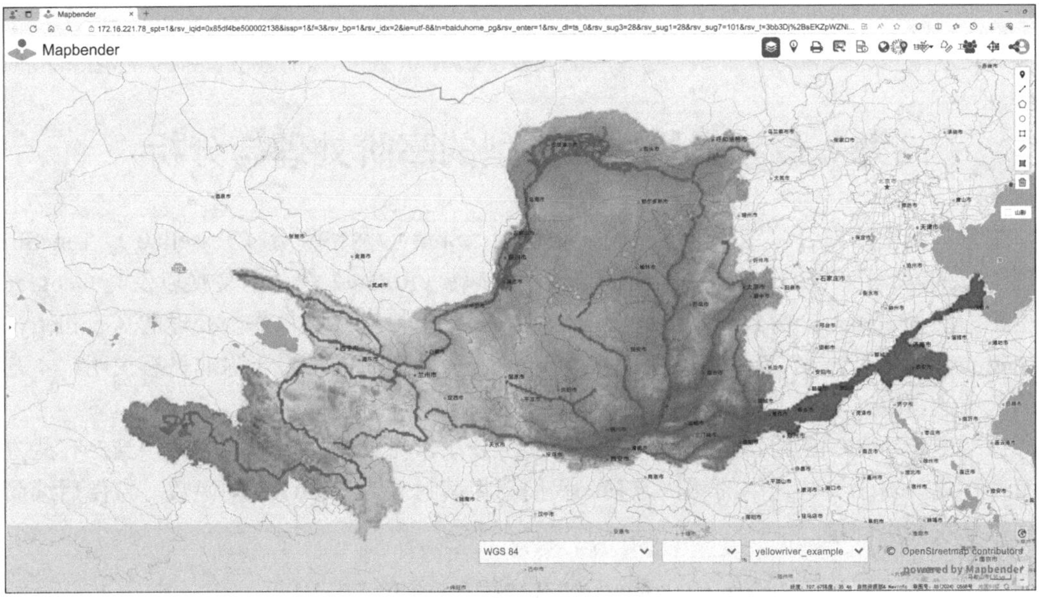

图 6-79　Web 的发布与共享

完成实验后，记得及时关闭服务器防火墙的入站设置，以免知晓该情况的黑客入侵。同时需要注意，根据规定，互联网地图服务单位应当依法取得相应的互联网地图服务测绘资质，并在资质许可的范围内提供互联网地图服务。在没有资质的情况下，个人不能在公共网络 IP 上发布互联网地图服务。

6.5　可能会遇到的问题

【问题 18】在执行表 6-3 中“将栅格切片导入数据库”时出现如图 6-80 所示的报错。可能原因：JDBC 安装包版本问题，需要寻找合适的 gt-imagemosaic-jdbc 安装包版本。

```
Exception in thread "main" java.lang.NoClassDefFoundError: org/locationtech/jts/geom/Geometry
        at org.geotools.gce.imagemosaic.jdbc.Toolbox.main(Toolbox.java:41)
Caused by: java.lang.ClassNotFoundException: org.locationtech.jts.geom.Geometry
        at java.net.URLClassLoader.findClass(URLClassLoader.java:387)
        at java.lang.ClassLoader.loadClass(ClassLoader.java:418)
        at sun.misc.Launcher$AppClassLoader.loadClass(Launcher.java:352)
        at java.lang.ClassLoader.loadClass(ClassLoader.java:351)
        ... 1 more
```

图 6-80　栅格切片入库时出错

【问题 19】若快速在线安装 Mapbender 失败，卸载后服务中的 apache MS4W Web Server 服务残留，影响后续安装，可通过在命令行中执行 sc delete apacheMS4WWebServer 命令操作删除。

6.6　作　　业

以自有的空间数据为例，完成这些数据在 Web 环境的共享与发布。

第 7 章　矢量数据类型的高阶处理与分析

本章涉及空间聚合、空间裁剪（Clip）/切割（Split）/网格剖分（Tessellate）、LineString 分割（Break）、平移（Translate）/缩放（Scale）/旋转（Rotate）等仿射变换以及与 Geography 类型相关的 Geometry 函数。本章介绍的函数具有如下特点：输入需要处理的 Geometry 或 Geography，输出另一个 Geometry 或 Geography 作为处理后的结果。除非另有说明，本章介绍的函数通常仅适用于上述两种数据类型。

针对多年 PostGIS 用户遇到的问题，后续将分享常见的问题及解决方案，当然有些方案仍有待优化。对于一些通用的解决方案，我们会将其封装为 PostGIS 的函数，方便后续简单调用以解决同类问题。

7.1　实验数据的介绍与导入

本章实验用到了如下 3 个空间数据集表：①boroughs 表：为某市的行政区数据；②track_points 表：为某地区 7 月某天的 GPS 的读数，从早上到晚上大约 10 小时，包含 2000 多个 GPS 点；③tracks 表；④stclines_streets 表：为某市街道的公交线路数据。上述数据存储在教材配套资源的第 7 章目录下的 geoprocess_data.sql 文件中。

打开“命令提示符”窗口，执行如下语句可实现上述数据的入库。

```
psql -d postgis_33_sample -U postgres -f geoprocess_data.sql
```

导入后，执行下面的 GSQL 语句可以看到上述 4 个表的字段与数据片段，如图 7-1 所示。

```
SELECT gid,borocode,boroname,shape_leng,shape_area,ST_AsText(geom) FROM geoprocess.boroughs;
SELECT ogc_fid,time,ST_AsText(geom) From geoprocess.track_points;
SELECT ogc_fid,ST_AsText(geom) FROM geoprocess.tracks;
SELECT gid,f_st,streetname,ST_AsText(geom) FROM geoprocess.stclines_streets;
```

	gid [PK] integer	borocode smallint	boroname character varying (32)	shape_leng numeric	shape_area numeric	st_astext text
1	1	5	Staten Island	210579.574809	2532695224.95	MULTIPOLYGON(((968762.0665893555 175987.74938964844,
2	2	4	Queens	429421.115957	3858274495.82	MULTIPOLYGON(((1045438.0745849609 235083.29559326172,
3	4	1	Manhattan	203564.721169	944185138.071	MULTIPOLYGON(((972081.7882080078 190733.4672241211,97
4	3	3	Brooklyn	235100.067848	2684549241.77	MULTIPOLYGON(((1001565.4276123047 205174.11083984375,
5	5	2	Bronx	188016.147025	1598276535.82	MULTIPOLYGON(((1021632.3358154297 267934.43939208984,

a boroughs 表

	ogc_fid [PK] integer	time timestamp with time zone	st_astext text
1	1	2009-07-18 16:30:00+08	POINT(152.957093 -27.162085)
2	2	2009-07-18 16:30:14+08	POINT(152.957036 -27.162088)
3	3	2009-07-18 16:30:20+08	POINT(152.956915 -27.162158)
4	4	2009-07-18 16:30:26+08	POINT(152.95686 -27.16218)
5	5	2009-07-18 16:30:43+08	POINT(152.956843 -27.162268)
6	6	2009-07-18 16:30:49+08	POINT(152.956833 -27.162425)
7	7	2009-07-18 16:30:55+08	POINT(152.956818 -27.162606)
8	8	2009-07-18 16:31:01+08	POINT(152.956766 -27.162853)
9	9	2009-07-18 16:31:07+08	POINT(152.956723 -27.163096)
10	10	2009-07-18 16:31:13+08	POINT(152.956695 -27.16336)

b track_points 表

图 7-1　实验数据表的字段与数据片段

	ogc_fid [PK] integer	st_astext text
1	1	MULTILINESTRING((152.957093 -27.162085,152.957036 -27.162088,152.956915 -27.162158,152.95686 -27.16218,
2	2	MULTILINESTRING((152.942593 -27.175091,152.942653 -27.175098,152.942796 -27.175055,152.94298 -27.175048
3	5	MULTILINESTRING((152.944146 -27.186526,152.944136 -27.18658,152.943991 -27.186696,152.943771 -27.186496
4	3	MULTILINESTRING((152.943395 -27.17505,152.943331 -27.175115,152.943155 -27.175216,152.94293 -27.175275,
5	4	MULTILINESTRING((152.944961 -27.190828,152.944786 -27.190968,152.944585 -27.191111,152.944381 -27.19124
6	6	MULTILINESTRING((152.938973 -27.184806,152.938993 -27.184765,152.939016 -27.184608,152.93899 -27.18442,
7	7	MULTILINESTRING((152.967606 -27.167246,152.967571 -27.167206,152.967563 -27.167088,152.967526 -27.16704
8	8	MULTILINESTRING((152.966921 -27.155548,152.966926 -27.155603,152.96701 -27.155645,152.967096 -27.155718
9	9	MULTILINESTRING((152.967196 -27.164441,152.967268 -27.164065,152.967263 -27.163666,152.967095 -27.16327
10	10	MULTILINESTRING((152.951041 -27.17169,152.950921 -27.171448,152.95088 -27.171125,152.951 -27.170983,152.

c tracks 表

	gid [PK] integer	f_st character varying (254)	streetname character varying (254)	st_astext text
1	1	RACCOON DR	CROWN CT	MULTILINESTRING((5998864.577833054 2104040.593432695,5998951.4
2	2	TWIN PEAKS BLVD	SAINT GERMAIN AVE	MULTILINESTRING((5998586.1381012155 2104177.7099563666,599830
3	3	MID BLOCK	SAINT GERMAIN AVE	MULTILINESTRING((5998307.764314141 2104164.14174202,5997898.98
4	4	CORONA ST	CORONA ST	MULTILINESTRING((5992944.151681812 2092763.361722104,5992962.0
5	5	END:WEST	WEST POINT RD	MULTILINESTRING((6017771.059048876 2095906.422037011,6017869.8
6	6	CATALINA ST	FAIRFAX AVE	MULTILINESTRING((6017813.753845382 2096023.2833518484,6017773.
7	7	ACACIA AVE	FAIRFAX AVE	MULTILINESTRING((6017773.290343632 2096210.260668181,6017759.4
8	8	FAIRFAX AVE	CATALINA ST	MULTILINESTRING((6017813.753845382 2096023.2833518484,6017650.
9	9	IRONWOOD WAY	CATALINA ST	MULTILINESTRING((6018025.942069295 2096017.835856181,6017813.7
10	10	MIDDLE POINT RD	CATALINA ST	MULTILINESTRING((6018228.954130455 2096012.4172318517,6018025.

d stclines_streets 表

图 7-1（续）

7.2 空间聚合函数

聚合是将几条记录的数据汇总成一条数据的过程。聚合首先需要确定分组的属性列，具有相同属性值的记录将被分为一组；若不指定属性列，则所有记录被归为同一组。对于不同的组，则可使用聚合函数（如求和、平均）对组中的记录进行统计。在关系数据库中，常见的聚合函数有 COUNT、SUM、MIN、MAX 和 AVG 等，PostGIS 中常见的 Geometry 聚合函数有 ST_MakeLine、ST_Union、ST_Collect 和 ST_Polygonize。ST_Union 是最常用的空间聚合函数。

7.2.1　将多个 Polygon 聚合为一个 MultiPolygon

通常情况下，一个区域由若干子区域组成；有时出于汇报的目的可能需要将这些子区域聚合成一个大区域，此时可用 ST_Union 函数实现上述功能。例如，某城市的空间数据储存在 boroughs 表中，表中有 5 条记录分别对应五个行政区，其几何字段（geom）的可视化结果如图 7-2a 所示。我们可以采用“SELECT ST_Union(geom)AS city FROM geoprocess.boroughs;”语句，将所有行政区聚合为一个城市，结果如图 7-2b 所示。请注意图 7-2b 内部会出现一些点，这主要是因为原始数据中行政区间存在一些小缝隙，所以合并后在内部会出现一些细小的、不同形状的内多边形（洞）。

a 5 条行政区记录　　b 聚合的结果 1　　c 聚合的结果 2　　d 聚合的结果 3

图 7-2　某城市行政区及其在不同参数下的聚合结果

PostGIS 3.1 或更高版本增强了 ST_Union 功能，即允许在固定精度的网格上进行聚合。在固定精度网格上的聚合通常效率更高，因为它可以接受由浮动精度带来的失真。例如，“SELECT ST_Union（geom,500）AS city FROM geoprocess.boroughs;”表示在 500 英尺（1 英尺=0.3048m）网格上的聚合，其结果如图 7-2c 所示。由于空间分辨率降低到 500 英尺，高精度的图 7-2b 中图形内部的洞就被“溶解”了。若统计图 7-2b 和图 7-2c 中 Geometry 的点数目，不难发现它们分别有 1410 个和 443 个。图 7-2d 则是在 10000 英尺网格上聚合的结果。

7.2.2　将多个 Point 聚合为 LineString

过去二十年，GPS 已广泛应用于各类手持设备。人们常利用闲暇时间造访兴趣点（point of interest，POI），并用 GPS 获取地理坐标，通过互联网分享他们的经历。常见的 POI 包括：小酒馆、餐馆、垂钓点以及价格最低的加油站等。在收集了 POI 的地理位置后，常见的后续任务就是将这些 POI 的地理坐标点连接起来生成一条轨迹。

下面以某地区 7 月某天的 GPS 的读数为例，将其聚合成能表征其轨迹的 LineString。GPS 数据历时下午到清晨大约 10 小时，读数大约每 10 秒一次，大约包含 2000 多个点（见 track_points 表）。这里不建议将 2000 多个点聚合成一个 LineString，而是将读数分成 15min 间隔的时段，并为每个时段创建单独的 LineString。ST_MakeLine 可以根据一组点聚合成一个 LineString，为了按时序生成，可以用 ORDER BY 子句按时序排序，因为正确的点顺序对聚合的轨迹非常重要。下面给出了根据观测点创建轨迹的 GSQL 语句。

```
SELECT
    DATE_TRUNC('minute',time)-                                                          ❶
        CAST(mod(CAST(DATE_PART('minute',time) AS integer),15) ||'minutes' AS interval
        ) AS track_period,
    MIN(time) AS t_start,
    MAX(time) AS t_end,
    ST_MakeLine(geom ORDER BY time) AS geom                                             ❷
INTO geoprocess.track_run
FROM geoprocess.track_points
GROUP BY track_period                                                                   ❸
HAVING COUNT(time)>1;                                                                   ❹
SELECT CAST(track_period AS timestamp),                                                 ❺
```

```
        CAST(t_start AS timestamp) AS t_start,
        CAST(t_end AS timestamp) AS t_end,
        ST_NPoints(geom) AS np,
        CAST(ST_Length(geom::geography) AS integer) AS dist_m,          ❻
        (t_end - t_start) AS dur
FROM geoprocess.track_run;
```

❶ 定义 track_period 为 15min 间隔
❷ 按时间顺序聚合点
❸ 将路径分成 15min 的间隔(track_ period)
❹ 只考虑有一个以上点的路径
❺ 计算每段时间的长度
❻ 把 Geometry 转换成 Geography 以用米来测量

对于第一条 SELECT 语句，首先创建一个名为 track_period 的列，生成从某小时起每 15min 间隔的时刻❶，分配时使用 DATE_PART 函数和取模运算符；将每个 GPS 点分配到时段中，通过 GROUP BY 子句从每个时段创建单独的 LineString❸。当然，可能并非所有时段都有点，有些时段可能只有一个点。若某时段没有点或只有一个点，则会被移除❹，不出现在结果记录中。每个时段中，使用 ST_MakeLine 创建一个 LineString❷；希望轨迹点按时间顺序排序，故在 ST_MakeLine 函数中添加了 ORDER BY 子句。注意：该语句直接将数据插入到一个名为 track_run 的新表中，因此若不是第一次运行此代码，需要先删除 track_run 表。

对于第二条 SELECT 语句，则使用 ST_NPoints 查询 track_run 中每个 LineString 的点数目，从最后一点的时间中减去第一点的时间，得到一个持续时间段，并使用 ST_Length 计算 15min 间隔内第一个点和最后一个点之间所覆盖的距离❺。注意这里将经纬度的 Geometry 转换为 Geography❻，以确保得到的距离单位为米。表 7-1 显示了上述 GSQL 语句的部分输出。

表 7-1　查询 track_run 的输出

track_period	t_start	t_end	np	dist_m	dur
2009/7/18 16:30	2009/7/18 16:30	2009/7/18 16:44	133	2705	0:14:59
2009/7/18 16:45	2009/7/18 16:45	2009/7/18 16:55	87	1720	0:10:15
2009/7/18 17:00	2009/7/18 17:02	2009/7/18 17:14	100	1530	0:12:59
2009/7/18 17:15	2009/7/18 17:15	2009/7/18 17:29	149	3453	0:14:54

7.3　空间裁剪、分割、网格剖分函数

下面学习如何使用空间切割（Clip）/切割（Split）/网格剖分（Tessellate）函数，将较大的 Geometry 图形分解为若干较小的 Geometry 图形。

7.3.1　裁剪（Clip）

裁剪是去除 Geometry 图形中不需要的部分，只留下感兴趣的部分的行为。正如从报纸上剪下感兴趣的文章，或者从某人头上剪下头发等。PostGIS 通常采用交（ST_Intersection）、差（ST_Difference）、并（ST_Union）、对称差（ST_SymDifference）等函数实现 Clip。上述四个函数的含义如图 7-3 所示。

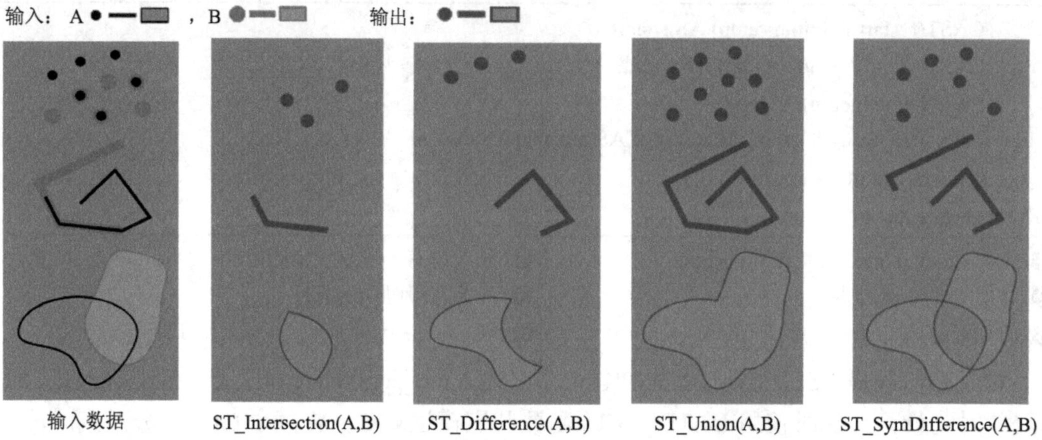

图 7-3　交、差、并、对称差函数的含义示例

根据图可知，上述函数之间存在如下逻辑。

```
ST_Difference(A,B)=A-Intersection(A,B)
ST_SymDifference(A,B)=Union(A,B)-Intersection(A,B)
```

下面的 GSQL 语句展示了 Polygon 和 LineString 间用三种不同的剪裁方式会出现的结果。

```
SELECT ST_Intersects(g1.geom1,g1.geom2) AS they_intersect,
       GeometryType(ST_Difference(g1.geom1,g1.geom2)) AS intersect_geom_type    ❶
FROM (SELECT ST_GeomFromText(
       'POLYGON((2 4.5,3 2.6,3 1.8,2 0,-1.5 2.2,0.056 3.222,-1.5 4.2,2 6.5,2 4.5))') AS geom1,
       ST_GeomFromText('LINESTRING(-0.62 5.84,-0.8 0.59)') AS geom2
  ) AS g1;

SELECT ST_Intersects(g1.geom1,g1.geom2) AS they_intersect,
        GeometryType(ST_Difference(g1.geom2,g1.geom1) ) AS intersect_geom_type   ❷
FROM (SELECT ST_GeomFromText(
       'POLYGON((2 4.5,3 2.6,3 1.8,2 0,-1.5 2.2,0.056 3.222,-1.5 4.2,2 6.5,2 4.5))') AS geom1,
       ST_GeomFromText('LINESTRING(-0.62 5.84,-0.8 0.59)') AS geom2) AS g1;

SELECT ST_Intersects(g1.geom1,g1.geom2) AS they_intersect,
       GeometryType(ST_SymDifference(g1.geom1,g1.geom2)) AS intersect_geom_type   ❸
FROM (SELECT ST_GeomFromText(
       'POLYGON((2 4.5,3 2.6,3 1.8,2 0,-1.5 2.2,0.056 3.222,-1.5 4.2,2 6.5,2 4.5))') AS geom1,
       ST_GeomFromText('LINESTRING(-0.62 5.84,-0.8 0.59)') AS geom2) AS g1;
```

❶ 多边形和 LineString 的差是多边形

❷ LineString 和多边形的差是 MultiLineString

❸ 对称差是一个 Geometry 的集合

上述❶、❷、❸处的执行结果的图形分别如图 7-4a、b、c 所示。这里需要注意：❶的结果仍然是原来的多边形；由于线没有面积，故无法从原多边形上移除 LineString；❷的结果是一个 MultiLineString，该 MultiLineString 是被多边形剪切后剩下的部分；❸的结果是 Geometry 的集合，即由一个 MultiLineString 和一个多边形组成。

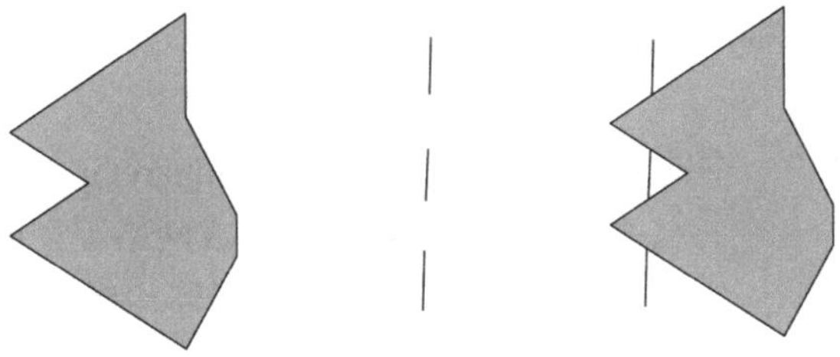

a b c

图 7-4 ❶、❷、❸处的执行结果的图形

PostGIS 早期版本中所有 Geometry 处理操作都使用双精度，这常常导致诸如拓扑异常之类的问题。PostGIS 3.1 后引入了一个用于表征执行操作精度的参数 gridScale；支持该参数的函数有 ST_Difference、ST_ReducePrecision、ST_SymDifference、ST_Subdivide、ST_Union 和 ST_UnaryUnion。

7.3.2 切割（Split）

针对上面 GSQL 中存在的“不能从多边形上移除 LineString”的问题，PostGIS 提供了另一个名为 ST_Split 的切割函数。ST_Split 函数只能用于单个 Geometry，不能用于 Geometry 集合，且作为“刀片”的 Geometry 必须比需要切割的 Geometry 低一个维度。

下面的 GSQL 语句展示了用 LineString 切割 Polygon 的方法。其中，ST_Split（A,B）函数返回的是 A 被 B 切割开后，得到的组成 A 的 Geometry 的集合。

```
SELECT gd.path[1] AS index, gd.geom AS geom
FROM (
    SELECT ST_GeomFromText(
                'POLYGON((2 4.5,3 2.6,3 1.8,2 0,-1.5 2.2,0.056 3.222,-1.5 4.2,2 6.5,2 4.5))')=AS geom1,
                ST_GeomFromText('LINESTRING(-0.62 5.84,-0.8 0.59)')=AS geom2
          ) AS g1,
          ST_Dump(ST_Split(g1.geom1, g1.geom2)) AS gd;   --将切割结果转存到geometry_dump类型中
```

首先 GSQL 语句先定义了与 7.3.1 节相同的两个几何图形：Polygon 和 LineString，然后调用 ST_Split 函数，即用 LineString 切割 Polygon，被 LineString 切割后的 3 个 Polygon，转存到 geometry_dump 的复合类型中，执行结果如图 7-5 所示。

由于 Geometry 集合的访问常常需要调用函数，有时为高效读取 Geometry 集合，常用 ST_Dump 函数将其转为 geometry_dump 类型，它由多条 path[i]、geom[i]组成。

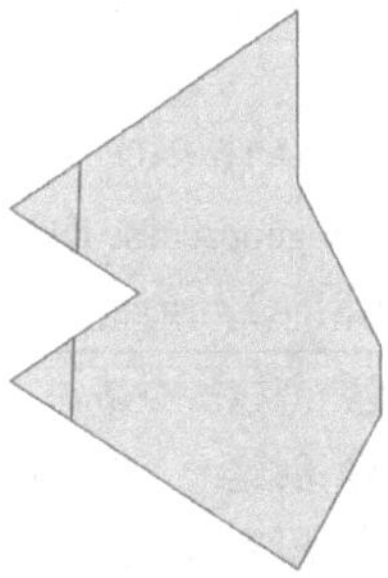

图 7-5 切割的结果

7.3.3 网格剖分（Tessellate）

为了便于统计分析，有时需要使用矩形、六边形和三角形网格剖分（Tessellating）研究区。常见的剖分方式有等面积或等人口两种。本节仅讨论等面积的剖分。

1. 用创建的规则网格剖分 Geometry

1）用正方形剖分

首先，引入 PostGIS 3.1 中的方形网格生成函数 ST_SquareGrid。该函数的输入参数为网格大小（Size）和需要生成网格覆盖的几何区域的 SRID，其返回值为由 i、j、geom 三列构成的数据表；其中，i、j 分别是网格的行号、列号；geom 是网格的几何形状。

图 7-6　矩形网格剖分行政区

下面给出了用 10000 英尺网格剖分某市各行政区的 GSQL 语句；因为某市数据的 SRID=2263，所以其度量单位是英尺。由于 ST_Intersection 是计算密集型的操作，为了尽可能避免 ST_Intersection 的运算，下面使用了 CASE 语句，即当某市的行政区（b.geom）覆盖当前网格的形状（grid.geom）时，则直接返回当前网格的形状。否则，才启用 ST_Intersection 操作求交，返回求交后的几何形状。结果如图 7-6 所示。

```
WITH bounds AS (
    SELECT ST_SetSRID(ST_Extent(geom), ST_SRID(geom)) AS geom        ❶
    FROM geoprocess.boroughs
    GROUP BY ST_SRID(geom)
    ),
grid AS (SELECT g.i, g.j, g.geom
    FROM bounds, ST_SquareGrid(10000,bounds.geom) AS g               ❷
    )

SELECT b.boroname, grid.i, grid.j,
    CASE WHEN ST_Covers(b.geom,grid.geom) THEN grid.geom
    ELSE ST_Intersection(b.geom, grid.geom) END AS geom              ❸
INTO geoprocess.boroughs_square_grid                                 ❹
FROM geoprocess.boroughs AS b
    INNER JOIN grid ON ST_Intersects(b.geom, grid.geom);

CREATE INDEX ix_boroughs_square_grid                                 ❺
ON geoprocess.boroughs_square_grid
USING gist(geom);
```

❶ 创建一个覆盖行政区范围的四至矩形
❷ 创建一个方形网格，每个方格有 10000 个长/宽单位（英尺）
❸ 用方形裁剪行政区
❹ 创建一个新表来存储数据
❺ 对新表进行索引

上面的 GSQL 语句是首先生成整个表覆盖区域的四至矩形（ST_Extent），然后在四至矩形中生成正方形网格，最后使用这些正方形网格裁剪几何图形。事实上，ST_SquareGrid 函数有个隐含的特点，即对于任一给定的 SRID 和 Size，其网格结果是唯一的，即无论是对表中任一 Geometry 还是对表的四至矩形，其生成的网格是一样的。因此下面 GSQL 语句的执行结果与图 7-6 相同。

```
SELECT b.boroname, grid.i, grid.j,
    CASE WHEN ST_Covers(b.geom,grid.geom) THEN grid.geom
    ELSE ST_Intersection(b.geom, grid.geom) END AS geom              --求网格与行政区叠加的结果
INTO geoprocess.boroughs_square_grid2                               --创建一个新表来存储叠加的结果
FROM geoprocess.boroughs AS b
    INNER JOIN ST_SquareGrid(10000,b.geom) AS grid  --创建 10000 平方英尺的网格，覆盖每个行政区
    ON ST_Intersects(b.geom, grid.geom);                              --只考虑与行政区相交的网格

CREATE INDEX ix_boroughs_square_grid2                               --在新表上创建空间索引
ON geoprocess.boroughs_square_grid
USING gist(geom);
```

2）用六边形分割

通常六边形网格更适合均匀地分割空间，因为每个六边形都有六个等距的相邻网格；而正方形网格不具有这种属性。全球流行的 Uber 创建 H3 方案的网格就是使用六边形和 Dymaxion 投影来划分地球，用于划分驾驶区域。这种方法允许大六边形或多或少地包含较小的六边形。

介绍六边形剖分前，先引入 PostGIS 3.1 中的 ST_HexagonGrid 函数。与基于 Dymaxion 的 Uber H3 网格剖分不同，它可以基于任何空间参照系进行剖分。与 ST_SquareGrid 类似，ST_HexagonGrid 是根据给定的六边形边长（size）和空间参考系（srid），生成一个由 i、j、geom 三列构成的六边形网格剖分结果数据表。

上面的 GSQL 语句中，若用 ST_HexagonGrid(10000,b.geom) 替换 ST_SquareGrid (10000,b.geom)，即用边长 10000 英尺的六边形网格替换边长为 10000 英尺的正方形网格，其运行结果如图 7-7 所示。

当然，若不想用网格剖分行政区，而是想统计六边形网格内行政区的数量，则可以采用如下 GSQL 语句，其执行结果按数量设色如图 7-8 所示。

图 7-7　六边形网格剖分行政区

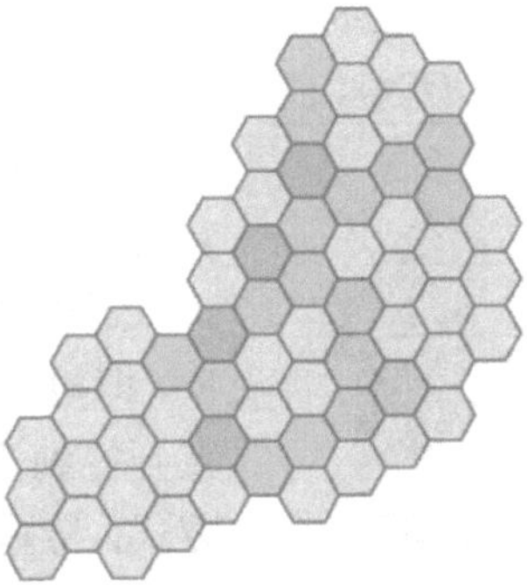

图 7-8　统计六边形网格内行政区的数量

```
SELECT grid.i, grid.j, grid.geom,
    COUNT(DISTINCT b.boroname)::integer AS num_boros                --返回网格内行政区的数量
FROM geoprocess.boroughs AS b
```

```
    INNER JOIN ST_HexagonGrid(10000,b.geom) AS grid        --生成一组覆盖行政区的边界框的六边形
    ON ST_Intersects(b.geom, grid.geom)                    --只考虑与行政区相交的六边形
GROUP BY grid.geom, grid.i, grid.j;
```

2. 用一直线平分多边形

等面积多边形的剖分，可以采用迭代收敛的求解思路。下面的 GSQL 语句采用递归执行 T 函数，通过迭代找到平分多边形直线。首先，对多边形进行试剖分，并测量左边的面积与 1/2 总面积的关系；若超过，则向左平移切线以获得更小的面积；否则，则向右平移切线以获得更大的面积；平移步长为 1000；重复上述过程，直到面积相等。

```
WITH RECURSIVE
x (geom,env) AS (
    SELECT geom, ST_Envelope(geom) AS env, ST_Area(geom)/2 AS targ_area, 1000 AS nit
    FROM geoprocess.boroughs
    WHERE boroname='Queens'
),
T (n,overlap) AS (
    VALUES (CAST(0 AS float), CAST(0 AS float))
    UNION ALL
    SELECT n+nit, ST_Area(ST_Intersection(geom,ST_Translate(env,n+nit,0)))
    FROM T
    CROSS JOIN x
    WHERE
        ST_Area(ST_Intersection(geom,ST_Translate(env,n+nit,0)))>x.targ_area
),
bi(n) AS (SELECT n FROM T ORDER BY n DESC LIMIT 1)

SELECT bi.n,
    ST_Difference(geom,ST_Translate(x.env, n,0)) AS geom_part1,
    ST_Intersection(geom,ST_Translate(x.env, n,0)) AS geom_part2
FROM bi CROSS JOIN x;
```

图 7-9　一分为二的多边形

上述 GSQL 语句的执行结果在 QGIS 中如图 7-9 所示。可见，某市的 Q 区已被垂直地切成两半——东半部和西半部。当然，也可以通过多次循环创建更多的切片。若想切成四份，则需要切两次，即对于 2 的倍数的切片，可以使用另一层递归来进一步平分，直到得到想要的切片数量。当然，同时也可以通过遍历 *Y* 轴的方式，将垂直切割和水平切割结合起来，将一个区域划分为四个象限。

3. 将 Geometry 剖分为面积近似相等的子区域

在允许剖分区域近似相等的情况下，也可以用下面的算法实现。基本步骤如下：①使用 ST_GeneratePoints 生成用于填充几何的点阵。②使用 K-Means 聚类，将这些点划分为 *n* 个簇；③通过“簇”将这些点结合在一起，找到每个“簇”的质心。④用 ST_VoronoiPolygons 来划分这些

质心点的空间，超出的多边形会超出原区域。⑤使用 ST_Intersection、ST_VoronoiPolygons 剖分 Geometry。⑥在此过程中使用 ST_Dump 将输出转储为需要的 geometry_dump 格式。

上述过程的 GSQL 代码可以封装在名为 utility.upgis_shardgeometry 的函数中。在 pg_admin 中成功运行此代码后，就实现了该函数的注册，可供后续 GSQL 语句直接调用。

```
CREATE SCHEMA IF NOT EXISTS utility;
CREATE OR REPLACE FUNCTION utility.upgis_shardgeometry(
        ageom geometry,
        numsections integer)
        RETURNS TABLE(bucket integer, geom geometry)
        LANGUAGE 'sql'
        COST 1000
        IMMUTABLE STRICT PARALLEL SAFE
        ROWS 1000

AS $$
WITH r AS (SELECT gd.geom,
                ST_ClusterKMeans(gd.geom,numsections) OVER() AS rn     ❶
          FROM
                ST_Dump(
                        ST_GeneratePoints(ageom, numsections*1000)     ❷
                ) AS gd                                                ❸
            )
    , c AS (SELECT ST_Centroid(ST_Collect(r.geom)) AS geom, r.rn       ❹
              FROM r
              GROUP BY r.rn)
    , v AS (SELECT (
                  ST_Dump(ST_VoronoiPolygons(ST_Collect(c.geom)))      ❺
          ).geom
              FROM c)

SELECT (ROW_NUMBER() OVER())::integer,
        ST_Intersection(v.geom, ageom)                                 ❻
FROM v;
$$;
```

❶ 根据接近度将这些点聚到 numsections 中

❷ 生成一个 numsections×1000 个点的多点，填满几何图形的面积

❸ 把这个多点转换成一组独立的点

❹ 求每组点的质心

❺ 创建 Voronoi 多边形，每个点都是每个多边形的中心

❻ 通过 Voronoi 多边形剪切原始几何体

下面的 GSQL 语句则是通过调用 utility.upgis_shardgeometry 函数，把某市 Q 区分成了四个面积近似的区域，结果如图 7-10 所示。遗憾的是，由于 Q 区尾部比较狭窄，导致剖分后各区域的面积不完全均等，只能得到三个大致相等的区域和一个面积较小的区域。

```
SELECT bucket, geom, ST_Area(geom) AS the_area
FROM utility.upgis_shardgeometry(
    (SELECT geom FROM geoprocess.boroughs WHERE boroname='Queens'),4
) AS x;
```

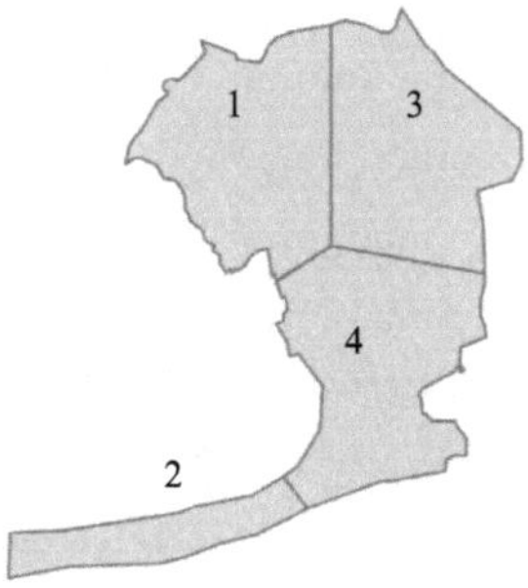

bucket	area
1	1121031152
2	399500087
3	1146845320
4	1190897677

图 7-10　Q 区近似的四分

4. 将 Geometry 剖分为坐标点数不超过某阈值的子区域

为提高计算性能，有时会将 Geometry 剖分为多个子图形，进行并行计算。因为在点更少或面积更小的几何形状上，交集和相交等运算速度会更快。为保证各并行进程的运行时间大体相当，剖分 Geometry 时倾向于让每个子图形的坐标点数目基本接近。此时可采用 ST_Subdivide 函数对 Geometry 进行剖分。ST_Subdivide 的输入参数是几何图形（geom）、最大节点数（max_vertices）以及 PostGIS 3.1+中一个可选的网格大小（gridSize）；输出是一组 Geometry 且每个 Geometry 的节点数不超过 max_vertices。ST_Subdivide 对所有类型的 Geometry 都适用。

下面的 GSQL 语句给出将 Q 区剖分成若干多边形，且各多边形的点数不超过总点数 1/4 的方法。其中，LATERAL 为横向交叉（笛卡儿积）连接，即原来的 Q 区的 Geom 与点数据与剖分后的多条记录进行笛卡儿积。对于 ST_SquareGrid 和 ST_Dump 等返回集合的函数，LATERAL 关键字是可选的；但有些人更喜欢加上它，以清晰地区分是在做横向的笛卡儿积连接，还是常规的返回集合调用。

```
SELECT row_number() OVER() AS bucket,
       x.geom,
       ST_Area(x.geom) AS area,
       ST_NPoints(x.geom) AS npoints,
       (ref.npoints/4)::integer AS max_vertices
FROM (SELECT geom,ST_NPoints(geom) AS npoints
         FROM geoprocess.boroughs
         WHERE boroname='Queens') AS ref
              , LATERAL ST_Subdivide(ref.geom,
                  (ref.npoints/4)::integer                                   --最大点数
         ) AS x(geom) ;
```

上述 GSQL 语句的执行结果如图 7-11a 所示，其对应的表如图 7-11b 所示。因为 Q 区的节点数是 956，其 1/4 为 239，作为 max_vertices 输入；所以结果表中每条记录节点数都不超过 239。

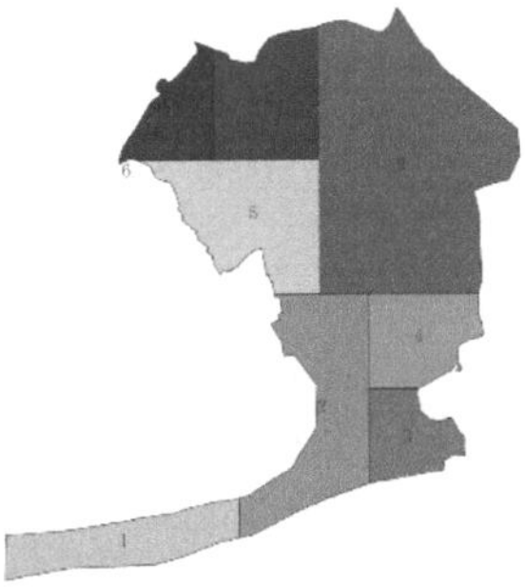

a

bucket	area	npoints	max_vertices
1	326683238	26	239
2	542270728	73	239
3	206152641	166	239
4	289936900	88	239
5	509849533	161	239
6	384803	4	239
7	219535088	172	239
8	390074770	104	239
9	1373386538	197	239

b

图 7-11　细分后的 Q 区

有时 ST_Subdivide 也会与 ST_Segmentize 配合使用。ST_Segmentize 用于均匀分割片段，这样当 ST_Subdivide 完成分割工作时，这些区域的面积就近似相等了。

7.4　将 LineString 分割成更小段

本节将介绍几个分割 LineString 的示例。常见分割 LineString 的应用情景包括：①改善空间索引的性能，因为更小的 LineString 其边界框（minmum bounding rectangle, MBR）更小。②避免 LineString 范围超过某长度。③在拓扑分析和路线规划中常用的确定共享边界。④获得 LineString 的方向并与 ST_Azimuth 结合计算方位。

7.4.1　分割 LineString

在很长的 LineString 中可以用 ST_Segmentize 函数为其插入中间点，以确保没有其中任何一段线段超过给定的长度。ST_Segmentize 对 Geometry 和 Geography 都适用；Geometry 类型的度量单位与其空间参考系相同；而 Geography 类型的度量单位是米。

下面的 GSQL 语句展示了如何在 4 个节点的 LineString（图 7-12a）中插入一些中间点，使得其中任何一段线段的长度不超过 8000km，结果如图 7-12b 所示。通过对比，发现 ST_Segmentize 在图 7-12a 中 LineString 的第 2、第 3 段中各插入了 1 个点，大家可能发现插入的点不在线段上，这主要是由于程序构造的是 Geography 类型的 LineString❸，面向 Geography 的 ST_Segmentize 是在球面空间上进行的，即其距离是按球面弧长进行计算；而后续输出到 Geo_before 和 Geo_after 中时将其转化为了 Geometry 类型❶，所以在平面上展示时插入的点可能就不会在同一直线上了。此外，上述 GSQL 语句之所以将 Geography 强制转换为 Geometry 的原因之一是：需要调用 ST_NPoints 统计插入后的点数，而该函数不支持 Geography 类型❷。

```
SELECT
    ST_NPoints(geog::geometry) AS np_before,
    geog::geometry AS Geo_before,                                        ❶
    ST_NPoints(ST_Segmentize(geog,8000000)::geometry) AS np_after,       ❷
    ST_Segmentize(geog,8000000)::geometry AS Geo_after                   ❶
FROM ST_GeogFromText(                                                    ❸
   'LINESTRING(-117.16 32.72,-71.06 42.35,3.3974 6.449,120.96 23.70)') AS geog;
```

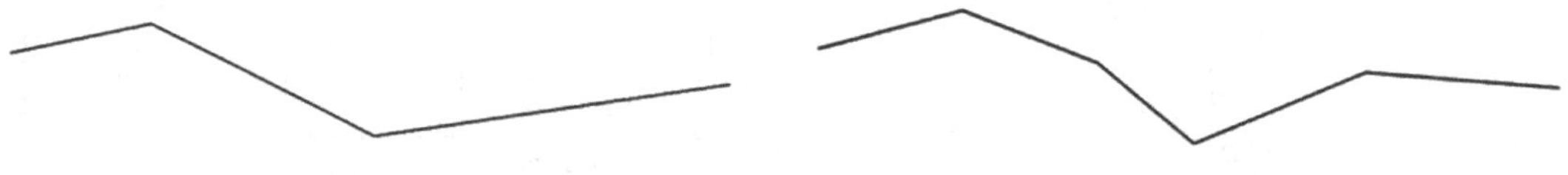

a 之前的形状（4 个点）　　　　b 之后的形状（6 个点）

图 7-12　插入中间点使每个单独的线段长度不超过 8000km

如前所述，ST_Subdivide 之所以常与 ST_Segmentize 配合使用的原因是：ST_Subdivide 是分割节点，若想继续将 LineString 分解成多条 LineString 时，则可以使用 ST_Subdivide 函数。下面的 GSQL 语句展示了图 7-12a 插入点后，按每段不超过 5 个点分割后的过程，其分割结果如图 7-13 所示。因为 ST_Subdivide 仅支持 Geometry，所以下述 GSQL 调用时需要将 Geography 转为 Geometry❸；最后输出时又转为 Geography❶；因为 ST_Subdivide 返回的是 Geometry 类型，所以 ST_Npoints 内就不用进行数据类型转换了❷。

```
SELECT
    sd.geom::geography,                                                  ❶
    ST_NPoints(sd.geom) AS np_after                                      ❷
FROM ST_GeogFromText(
        'LINESTRING(-117.16 32.72,-71.06 42.35,3.3974 6.449,120.96 23.70)'
    ) AS geog,
    LATERAL ST_Subdivide(ST_Segmentize(geog, 8000000)::geometry,5)       ❸
    AS sd(geom);
```

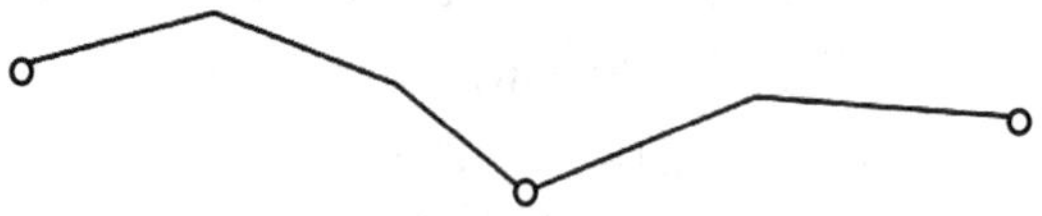

图 7-13　分割后点的结果

7.4.2　将多点的 LineString 分割为若干仅有两点的 LineString

有些人认为需要将多个点的 LineString 或 MultiLineString 分解为更小的（甚至仅有 2 点）的 LineString。此时，您可能会想到调用 ST_Subdivide（geom,2），遗憾的是 ST_Subdivide 的 Maxvetics 参数要求不少于 5。为实现上述任务，可以采用 generate_series 函数或 lag 函数。

无论采用哪个函数都要用到 ST_MakeLine 和 ST_Dump 函数。ST_MakeLine 用于根据坐标点构造 LineString；ST_Dump 用于将输入的 Geometry 集合输出为 geometry_dump 的复合行对象；该对象由 geom、path[]两部分组成。其中，path[]是一个数组，表示当前 geom 在输入的 Geometry 中的嵌套级别和顺序，例如，{3,2}表示前面的 geom 是第三个集合中的第二个 Geometry。ST_Dump 最终都是拆解到单个 Geometry，即其结果中不会出现 Geometry 集合。在输入为 MultiLineString 的情况下，path[]是 1 维数组，用于表示当前 LineString（geom）在 MultiLineString 中的位置顺序。

1）基于 generate_series 函数的解决方案

下面是采用 LATERAL 加 generate_series 的方法，将 GPS-track 中的 MultiLineString 转换为若干两点的 LineString 的 GSQL 语句。其中，generate_series 用于生成一个从 1 到 ST_NPoints ((sl.g).geom)-1 且步长为 1 的数据序列。LATERAL 可以为 ST_Dump 输出的每个单体 Geometry 与 1 到 ST_NPoints((sl.g).geom)-1 的序列生成笛卡儿积，后续再用对应行的序列 *n* 和 *n*+1 查出对应的两点，生成两点的 LineString。

```
SELECT ogc_fid, n AS pt_id, (sl.g).path[1] AS nline,
    ST_MakeLine(                                                    ❶
        ST_PointN((sl.g).geom, n),
        ST_PointN((sl.g).geom, n+1)
    ) AS geom
FROM
    (SELECT ogc_fid, ST_Dump(geom) AS g                             ❷
    FROM geoprocess.tracks) AS sl
    CROSS JOIN LATERAL
    generate_series(1,ST_NPoints((sl.g).geom) - 1) AS n             ❸
ORDER by ogc_fid, nline, pt_id;
```

❶ 创建两个点的线　　❸ 迭代点

❷ 将 MultiLineString 分解成 LineString

2）基于 lag 函数的解决方案

下面介绍用 ST_DumpPoints 和窗口函数（lag 或 lead）实现上述任务的 GSQL 语句。与 ST_Dump 类似，ST_DumpPoints 也是返回一组由两个字段组成的 geometry_dump 对象：geom 和 path[]。path[]是一个数组，表示当前点（geom）在输入的 Geometry 中的嵌套级别和顺序。在 MultiLineString 的情况下，数组将有两个组成部分：LineString 在 MultiLineString 中的位置、点在 LineString 中的位置。在生成 LineString 时，要确保两个点都属于同一条线，且是相邻的。因此，需要先按 LineString 进行分区，然后按点的顺序进行排序，GSQL 中的 PARTITION BY sl.ogc_fid,(sl.g).path[1] ORDER BY(sl.g).path[2]就是在完成上述分区、排序工作。

```
WITH nl AS (
    SELECT
        ogc_fid, (sl.g).path[1] AS nline, (sl.g).path[2] AS pt_id,
        ST_MakeLine(                                                ❶
            lag((sl.g).geom)                                        ❷
```

```
                    OVER (PARTITION BY sl.ogc_fid, (sl.g).path[1]
                        ORDER BY (sl.g).path[2]),
               (sl.g).geom                                                   ❸
    ) AS geom
FROM
  (SELECT ogc_fid, ST_DumpPoints(geom) AS g                                  ❹
   FROM geoprocess.tracks) AS sl
ORDER BY ogc_fid, nline, pt_id)


SELECT *
FROM nl
WHERE pt_id > 1;                                                             ❺
```

❶ 划一条两点线
❷ 将行起始点设置为路径中的前一个点
❸ 将线结束点设置为当前点
❹ 转储构成这条轨迹的点
❺ 返回所有两点线

当然读者也可以思考采用其他解决方案。在我们的测试中，这两种方法的速度大致相同。随着点数的增加，两种方法的速度可能会有差异。

7.4.3 根据指定的点截断 LineString

在构建考虑公交换乘的交通网络中，作为重要的换乘点的公交站通常需要加入到交通网络中。若目前每个公交车站都作为点存储在表中，而且公交线路是个相对较长的 LineString 时，就需要依托公交站点的地理位置，将网络中较长的 LineString 截断为若干较短的 LineString。

最简单的情况是：公交线路的 LineString 只有起点和终点，且其间有若干换乘站，我们的目标是找到换乘站，并将其变为两段 LineString。基本步骤如下：①找出与公交路线的距离在规定容差范围内的车站。②若车站离路线足够近，使用 ST_LineLocatePoint 找到道路上离车站最近的点的线性参考值；该函数返回一个 0～1 的数字，表示上述最近点在 LineString 上的比例。例如，若 LineString 的长度为 1km，0.25 表示线上离公交车最近的点在距起点沿 LineString 方向前进的 250m 处，我们称它为标记。③一旦确定了标记，则可使用 ST_LineSubString 将 LineString 分成两段。例如，若在 0.25 标记处有个车站，则会生成 0～0.25、0.25～1 的两个 LineString。④最后，用 ST_SetPoint 确保前一道路 LineString 的终点是后一道路 LineString 的起点。这样做的原因是：避免因为浮点精度导致的前一 LineString 的终点与后一 LineString 的起点不匹配的问题。

关于上述过程的 GSQL 实现如下。在最近的点连接处切割 LineString 或 MultiLineString 的函数 upgis_cutlineatpoints，其输入参数顺次为：需要被截断的两个点的 LineString、截断点、容差。这里是将一个多 Geometry 分解成单个 Geometry 块，然后将它们折叠成一个几何数组，以便于处理❶。这将把 MultiLineString 或 LineString 变成 LineString 的数组，把多点变成点的数组。接下来，遍历每个点❷和每条线❸。对于与选定点相交但不在边界（端点）上的每条线，执行前面概述的步骤，使用 ST_LineSubstring、ST_LineLocatePoint 和 ST_SetPoint❹。注意，如果一条线被切割多次（MultiLineString 可以扩展成两段以上），可以使用递归的强大功能来重复整个过程❺，因此在任何时间点，我们总是在处理单个 LineString 和单个点。

```
CREATE OR REPLACE FUNCTION geoprocess.upgis_cutlineatpoints(
    param_mlgeom geometry,
    param_mpgeom geometry,
    param_tol double precision
)
RETURNS geometry AS
$$
DECLARE
    var_resultgeom geometry;
    var_sline geometry;
    var_eline geometry;
    var_perc_line double precision;
    var_refgeom geometry;
    var_pset geometry[] :=ARRAY(SELECT geom FROM ST_Dump(param_mpgeom));  ❶
    var_lset geometry[] :=ARRAY(SELECT geom FROM ST_Dump(param_mlgeom));
BEGIN

FOR i in 1 .. array_upper(var_pset,1) LOOP  ❷
    FOR j in 1 .. array_upper(var_lset,1) LOOP  ❸
        IF  ST_DWithin(var_lset[j],var_pset[i],param_tol) AND  ❹
            NOT ST_Intersects(ST_Boundary(var_lset[j]),var_pset[i])
        THEN
            IF ST_NumGeometries(ST_Multi(var_lset[j]))=1 THEN
                var_perc_line :=ST_LineLocatePoint(var_lset[j],var_pset[i]);
                IF var_perc_line BETWEEN 0.0001 and 0.9999 THEN
                    var_sline :=ST_LineSubstring(var_lset[j],0,var_perc_line);
                    var_eline :=ST_LineSubstring(var_lset[j],var_perc_line,1);
                    var_eline :=ST_SetPoint(var_eline,0,ST_EndPoint(var_sline));
                    var_lset[j] :=ST_Collect(var_sline,var_eline);
                END IF;
            ELSE
                var_lset[j] :=upgis_cutlineatpoints(var_lset[j],var_pset[i]);  ❺
            END IF;
        END IF;
    END LOOP;
END LOOP;

RETURN ST_Union(var_lset);
END;
$$
LANGUAGE 'plpgsql' IMMUTABLE STRICT PARALLEL SAFE;
```

❶ 将多点转换为点的数组
❷ 遍历每个点
❸ 遍历每条线
❹ 如果点在这条线的容差内，就进行切割
❺ 如果是 MultiLineString 就递归

下面的 GSQL 语句给出如何调用 upgis_cutlineatpoints 函数来实现 LineString 的截断。当然，这里截断后，调用了 ST_Dump 函数将 MultiLineString 分解成单独的 LineString。这个查询返回被切割的街道的 ID 和作为单独行的单个片段，也包括用于比较的原件。图 7-14 给出了运行前后的对比图，可以发现运行后，在图 7-14b 中圆圈处对最粗的实线和下面的虚线进行了截断。

```
SELECT
    gid, S.geom AS orig_geom,
    (ST_Dump(geoprocess.upgis_cutlineatpoints(S.geom, X.the_pt, 100))).geom AS changed_geom
FROM geoprocess.stclines_streets AS S
CROSS JOIN
(SELECT ST_SetSRID(ST_Point(6011200,2113500),2227) AS the_pt) AS X
    WHERE ST_DWithin(s.geom,X.the_pt,100);
```

a 输入　　b 输出

图 7-14　运行前后的对比图

虽然这项任务充分利用了线性参考的若干函数，但人们通常不认为它是线性参考的应用。

7.5　平移、缩放和旋转几何图形

为了实现线性代数中的平移、缩放和旋转等仿射变换，PostGIS 内置了 ST_Translate、ST_Scale 和 ST_Rotate 三个函数。它们是 ST_Affine 函数的一种具体形式，它可以显式地指定变换矩阵。由于 ST_Affine 函数很少直接采用，这里就不再赘述。

虽然地图上的 Geometry 多数是静态的，不会被重新定位，但上述变换函数在下述场景中会用到。例如，制作带有颜色变化的热图；沿着道路模拟运动；模拟位置变化；给定移位的数据，校正 Geometry 的坐标；创建与道路平行的线，并将直线变成多边形；通过旋转来补偿 GEOS 中缺乏的对 Z 轴的支持等。

7.5.1　平移

ST_Translate 常用于基于某 Geometry 的形状为某区域创建网格。前面讨论过用 ST_SquareGrid 和 ST_Hexongrid 创建网格；当然，若生成三角形网格，也可用 ST_Tesselate 函数（尽管三角形的大小可能不等）。然而，若根据任意生成的形状填充 Geometry，则需用到 ST_Translate 函数。

ST_Translate 还可以用于将中心线平移到自身的右侧或左侧，常用于判断地理编码后的地址具体在街道的哪一边。当然，更新的函数 ST_OffsetCurve 用更少的代码实现了同样的目的。

7.5.2 缩放

Scaling 函数家族有下面四个重载函数：①用于 2D 的 ST_Scale(geometry,xfactor,yfactor)；②用于 3D 的 ST_Scale(geometry,xfactor,yfactor,zfactor)；③用于任何几何维度的基于指定的缩放因子 ST_Scale(geometry,factor)；④用于在指定点上缩放相同的量的 ST_Scale(geom, factor, geometry origin)，这是 PostGIS 2.5 中引入的新功能。其中，factor 为缩放因子，若其值位于 1 和–1 之间，则缩小 Geometry；若因子为负，除缩放外，Geometry 图形还会发生翻转。下面给出了将某六边形进行不同程度缩放的 GSQL 语句。

```
SELECT
    xfactor, yfactor, zfactor,                                                      ❶
    ST_Scale(hex.geom, xfactor, yfactor) AS scaled_geometry,                        ❷
    ST_Scale(hex.geom, ST_MakePoint(xfactor,yfactor,zfactor)) AS scaled_using_pfactor   ❸
FROM
    (SELECT
        ST_GeomFromText('POLYGON((0 0,64 64,64 128,0 192, -64 128,-64 64,0 0))') AS geom   ❹
    ) AS hex
    CROSS JOIN
    (SELECT x*0.5 AS xfactor FROM generate_series(1,4) AS x) AS xf                  ❺
    CROSS JOIN
    (SELECT y*0.5 AS yfactor FROM generate_series(1,4) AS y) AS yf                  ❺
    CROSS JOIN
(SELECT z*0.5 AS zfactor FROM generate_series(0,1) AS z) AS zf;                     ❺
```

❶ 要使用的尺度因子
❷ 在 *X* 和 *Y* 方向上缩放
❸ 使用 PointZ 作为缩放因子
❹ 原始六边形
❺ 生成 *X*, *Y*, *Z* 比例因子，增量为 0.5

上述 GSQL 语句从一个六边形（图 7-15 中的虚线）开始❹，使用交叉连接在 *X* 上生成从 0.5 到 2 的数字，在 *Y* 轴上生成从 0.5 到 2 的数字，每一步递增 0.5❺；从 *X* 轴、*Y* 轴方向顺序对六边形进行缩放，结果如图 7-15 所示。因为六边形的底端在原点，所以缩放后的几何图形的底端仍然在原点。

若在缩放时希望保持质心不变，则可采用下述 GSQL 语句实现围绕质心缩放；它将原点作为输入的 ST_Scale 函数是在 PostGIS 2.5 中新引入的。对于之前版本的 PostGIS，需要使用 ST_Scale 和 ST_Translate 的组合才能实现。在这里，可以将六边形的大小在围绕质心的 *X* 轴和 *Y* 轴方向上从原来的一半放大到原来的两倍，因此质心保持不变。运行结果如图 7-16 所示。

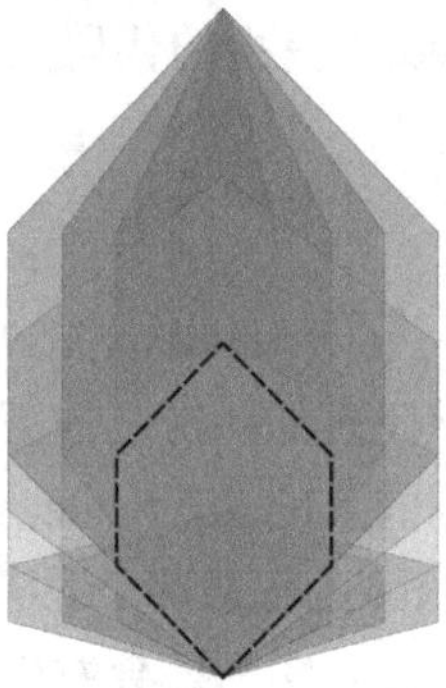

图 7-15　虚线轮廓为原始六边形多边形

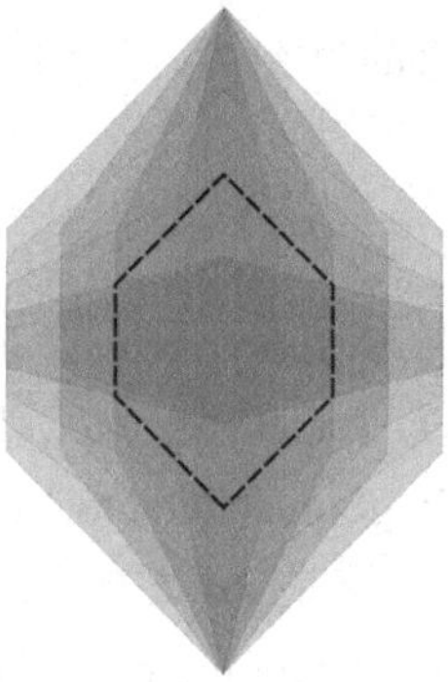

图 7-16　关于质心的缩放

```
SELECT xfactor, yfactor,
    ST_Scale(hex.geom, ST_MakePoint(xfactor, yfactor), ST_Centroid(hex.geom)) AS scaled_geometry
FROM
    (SELECT
        ST_GeomFromText('POLYGON((0 0,64 64,64 128,0 192,-64 128, -64 64,0 0))') AS geom
    ) AS hex
    CROSS JOIN
     (SELECT x*0.5 AS xfactor FROM generate_series(1,4) AS x) AS xf
    CROSS JOIN
(SELECT y*0.5 AS yfactor FROM generate_series(1,4) AS y) AS yf;
```

7.5.3　旋转

ST_RotateX、ST_RotateY、ST_RotateZ 和 ST_Rotate 分别是以弧度为单位围绕 *X* 轴、*Y* 轴或 *Z* 轴旋转 Geometry 对象。ST_Rotate 和 ST_RotateZ 是一样的，因为旋转的默认轴是 *Z* 轴。

图 7-17　原图与第一个 45°旋转的结果

事实上，这些函数很少单独使用，因为它们默认是围绕（0,0）原点旋转 Geometry，而非质心。当然，我们可以传入一个名为 pointOrigin 的可选点参数（如下面的 GSQL 语句），当指定了 pointOrigin 参数时，就围绕该参数点进行旋转。在 PostGIS 2 中添加 pointOrigin 参数之前，用户必须通过平移和旋转 Geometry 图形来补偿没有原点的情况，以实现围绕特定点的旋转。因此，很少出现在没有指定 pointOrigin 的情况下使用 ST_Rotate。

下面的 GSQL 语句实现了以 45°的增量围绕其质心旋转一个六边形。图 7-17 显示了第一个 45°旋转前后的结果。

```
SELECT
    rotrad/pi()*180 AS deg,
    ST_Rotate(hex.geom,rotrad,ST_Centroid(hex.geom)) AS rotated_geometry
FROM
```

```
    (SELECT
       ST_GeomFromText('POLYGON((0 0,64 64,64 128,0 192,-64 128,-64 64,0 0))') AS geom
    ) AS hex
    CROSS JOIN
    (SELECT 2*pi()*x*45.0/360 AS rotrad
     FROM generate_series(0,6) AS x
) AS xf;
```

7.6　Geography 对象如何使用 Geometry 的函数

Geometry 通常比 Geography 拥有更多、更丰富的函数。然而，若 Geography 期望调用 Geometry 的函数，可以通过把 Geography 转换为 Geometry、调用后再转回 Geography 的方法。

PostGIS 没有从 Geography 到 Geometry 的隐式转换，通常需要使用显式的转换运算符(::)或书写 CAST(geog AS geometry)实现转换。当 Geography 转换为 Geometry 时，生成的 Geometry 的 SRID 总是 4326。当从 Geometry 转换回 Geography 时，输入的 Geometry 的 SRID 也必须是 4326 或 0（未知），且坐标取值范围同经纬度。若 Geometry 不属于上述参考系，则可使用 ST_Transform 函数将其转换为 4326。

下面将详细介绍一些常见的 Geometry 函数，这些函数可分为：可以安全使用转换的函数和推荐采用 Transform 的函数。

7.6.1　可以安全使用转换的函数

那些不把空间参考系作为输入参数的 Geometry 函数，通常都可以通过直接转换的方式用于 Geography 数据类型，如将 Geometry 分解为子图形以及各类构造函数等。这些函数通常不涉及测量（Measure），故通常可以采用转换函数，特别是在小区域内。

这些函数通常可分为如下几类。

（1）ST_Collect 函数用于将单个 Geometry 组成聚合为集合。与 ST_Union 的区别是，ST_Collect 不消融边界，故容易导致无效的多边形。此函数与 Geography 联合使用的示例如下：

```
SELECT somefield, ST_Collect(geog::geometry)::geography AS geog
FROM sometable
GROUP BY somefield;
```

（2）ST_Dump、ST_DumpPoints、ST_DumpRings 函数用于返回仅关心节点的 Geometry 的复合对象；故 Geography 也可以直接使用。

```
SELECT sometable.somefield, gd.geom::geography AS geog
FROM sometable, (ST_Dump(sometable.geog::geometry))AS gd;
```

（3）ST_Point(x,y)、ST_MakePoint(x,y,z)：是构造点的函数，故可直接使用它们构造 Geography 数据，如 ST_Point(lon,lat)::geography。

（4）ST_MakeEnvelope(minx,miny,maxx,maxy,srid)是根据参数构造矩形的函数，故可直接使用它们构造 Geography 数据。例如，想构造 Geography 可使用 SRID 4326 中的坐标，并按

如下方式转换为 geography。

```
ST_MakeEnvelope(minlon,minlat,maxlon,maxlat,4326)::geography
```

（5）ST_Transform（geom,srid）：Geography 必须是度数坐标，但是一旦转换到 Geometry，就可以自由地选择。使用以下语法：ST_Transform(geog::geometry,srid)。可为特定数据集选择一个 SRID，该 SRID 将最大限度地减少从大地测量球面空间到笛卡儿平面空间的失真。

7.6.2　推荐使用 ST_Transform 的函数

对于许多依赖平面空间参考系的函数，将它们用于 Geography 数据类型时，首先需要选择一个适合于研究区的平面空间参考系，再将 Geography 转换为 Geometry。例如，ST_Simply 就是与平面空间参考系相关的函数。需要注意的是，将球面坐标强制拟合到笛卡儿平面坐标系之后，距离计算的结果会有所差异。若数据的地理空间遍布全球，在调用 Geometry 的函数前，需要将数据进行空间分区分片，并针对不同的区域选择合适的平面空间参考系。

空间参考系的转换通常会引入很多无关紧要的数字，此时可用 ST_SnapToGrid 来消除这些“烦人”的额外数字。例如，当你准备转回 Geography 类型前，可用 ST_SnapToGrid (processed_geom,0.0001)::geography 消除那些数字。

另外，对于需要转换的函数，例如，ST_Transform(ST_SomeGeomFunc(ST_Transform (geog,some_srid)),4326)::geography，这样将多个函数连接在一起的语法可能会变得烦琐。建议可将其封装为自定义的函数。下面的 GSQL 语句给出了为 Geography 创建 ST_Simplify PreserveTopology 的函数。

```
CREATE OR REPLACE FUNCTION
        utility.ugeog_SimplifyPreserveTopology(geography, double precision)
RETURNS geography AS
$$
SELECT geography(ST_Transform(
                ST_SimplifyPreserveTopology(
                    ST_Transform(geometry($1),_ST_BestSRID($1,$1)),        ❶
                    $2
                ),4326))
$$
LANGUAGE sql IMMUTABLE STRICT PARALLEL SAFE                                  ❷
COST 300;
```

❶ 变换成合适的平面 SRID　　　　❷ 标记为并行安全(需要 PostgreSQL 9.6+)

对于给定的 Geometry，这里使用名为_ST_BestSRID 的 PostGIS 中的准私有函数，为其确定一个合适的平面 SRID❶；_ST_BestSRID 返回一个在 spatial_ref_sys 表中找不到的内部 SRID。因此，除非在中间转换期间，否则不用它。函数名以下划线开头，表示这是一个私有函数；个别情况下会用到 PostGIS 的私有函数，例如，上面 GSQL 语句中的“_ST_BestSRID”。若采用 PostgreSQL 9.6 或更高版本，应该将你定义的函数标记为“并行安全”❷。若无“并行安全”标记，则该函数不支持并行处理。

上面的 GSQL 语句中封装的 ST_SimplifyPreserveTopology 函数，以及配套的 ST_Simplify 函数，都是通过删除指定容差范围内的节点，减少用于定义几何图形的点的数量。它们是向地图应用程序提供简化 Geometry 图形的重要函数。因为这些函数经常用于地图表达，所以不应该在没有转换的情况下使用它们。

另一个推荐使用的 ST_Transform 函数是 ST_Union（geom），其用于合并一组几何图形并“溶解”边界。它依赖于相交矩阵，但相交矩阵只用于 Geometry。对于小区域，可能可以直接在 SRID 4326 中应用 ST_Union；但对于大区域，最好先将各 Geometry 转换到同一个平面坐标系 SRID 中，再进行合并。

7.7 小　结

PostGIS 有许多用于切割、分割、切片和提取 Geometry 子集的 Geometry 函数。这些函数通常用于提高空间查询的性能，或者用于地图标注和渲染。

PostGIS 有将 Geometry 聚合成更大的 Geometry 的功能。当需要生成比提供的报告单元更大的报告单元时，如城市与社区报告，此功能将非常有用。

PostGIS 具有旋转和平移 Geometry 的功能，这些功能常用于创建专门的切片或模拟运动。

Geometry 函数比 Geography 函数多很多，但是 Geography 可以被转换成 Geometry 后调用这些函数。

可以在自己的创作中封装 PostGIS 函数，以简化常见的用例。

第 8 章　高程和气候等栅格数据的高阶处理与分析

PostGIS 具备同时处理栅格和矢量数据的强大功能。本章重点介绍栅格数据空间聚合函数的使用，栅格数据像素、波段的操作函数，以及用于生成新的栅格或矢量数据的函数。此外还将学习栅格数据的汇总统计函数，可以用它探索像素值的分布，以及如何使用矢量数据提取兴趣区的栅格像素值。

8.1　实验数据介绍

本章实验数据主要来自 WorldClim 的空间分辨率为 10 弧分的高程和气候数据，具体包括：①全球数字高程数据（单位：m）；②1970～2000 年月平均降水数据（单位：mm）；③1970～2000 年月平均温度数据（单位：℃）。上述数据分别详见本教程配套资源第 8 章目录下的 wc2.1_10m_elev.zip、wc2.1_10m_prec.zip、wc2.1_10m_tavg.zip 文件。

此外，还用到美国地质调查局提供的夏威夷考爱岛地区的空间分辨率为 10m 的数字高程数据（单位：m）；详见本教程配套资源第 8 章目录下的 Kauai.zip 文件。

尽管本章采用的是高程、气候等栅格数据，但其相关函数也适用于遥感影像，因为在空间数据库中它们统称为栅格数据。

8.2　实验数据的导入

首先，为本章创建一个新的模式，用于保存实验数据。

```
CREATE SCHEMA rasterdb;
```

然后，使用 PostGIS 提供的 raster2pgsql 命令行工具，将栅格数据分块为 256×256 像素大小的瓦片，导入到空间数据库中。命令中的-F 表示在创建的栅格数据表中添加一个带有原始栅格文件名的列；-I 表示创建空间索引；-C 表示添加栅格约束，即将栅格的元数据添加到 raster_columns 视图中，视图中的 extent 列记录了栅格数据表的空间范围信息。对于大型栅格数据表，范围约束可能需要很长的时间来确定。若不需要这些元数据信息，则可用-x 表示不计算空间范围信息。若希望把栅格数据存储在数据库之外，则可用-R 标识。当使用-R 时，需要确保指定的文件路径可以供数据库服务器访问。

之后，在系统变量中加入 PostgreSQL 下的 bin 路径（例如，D:\PostgreSQL\15\bin）；再在命令行中执行下面的命令，使用 raster2pgsql 将栅格数据导入到空间数据库中。其中，温度和降水栅格是月平均数据，每个月都是一个单独的文件，文件的命名方式为 wc2.1_10m_[variable]_[month].tif。导入完成后，可以用 QGIS 查看导入的栅格数据，结果如图 8-1 所示。

```
raster2pgsql -s 4326 -I -C -M wc2.1_10m_elev.tif -F -t 256×256 rasterdb.elev | psql -d postgis_33_sample
    -U postgres
raster2pgsql -s 4326 -I -C -M wc2.1_10m_tavg_*.tif -F -t 256×256 rasterdb.tmean | psql -d
```

```
    postgis_33_sample -U postgres
  raster2pgsql -s 4326 -I -C -M wc2.1_10m_prec_*.tif -F -t 256×256 rasterdb.prec | psql -d postgis_33_
    sample -U postgres
raster2pgsql -s 26904 -Y -I -C -M kauai.bil -t 200×200 rasterdb.kauai | psql -d postgis_33_sample -U postgres
```

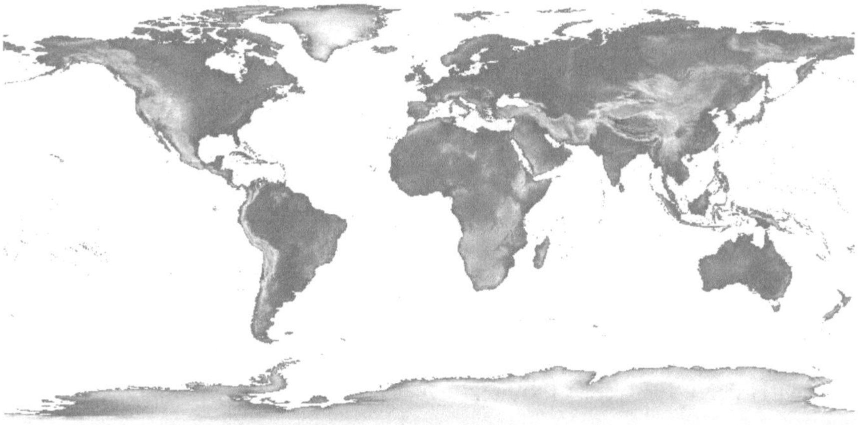

图 8-1　QGIS 加载的 WGS 84 坐标系下的全球降水量数据

因为使用了-F 参数，所以导入时也记录了每条数据的原始栅格文件名称，因此可以在数据表中新建一列 month 表示数据所属的月份。通过执行下面的 GSQL 命令，实现从文件名列中提取月份并写入到 month 列中。其中，ADD COLUMN 表示为数据表 rasterdb.prec 添加列 month。PostgreSQL 支持正则表达式，上面的命令中使用了 PostgreSQL 的 regexp_replace 函数，其输入参数为输入字符串、正则表达式和替换的字符串。替换的字符串可以是固定的字符串，也可以引用正则表达式中的某个部分。

```
ALTER TABLE rasterdb.prec ADD COLUMN month smallint;          --添加一列存储月份信息
UPDATE rasterdb.prec          --根据文件名列提取月份信息更新月份列
SET month=regexp_replace(
    filename,
    E'(.*)([0-9]{2}).tif',
    E'\\2'
)::integer;
```

上述 regexp_replace 函数使用了一个反向引用的正则表达式来填充月份列。（.*）（[0-9]{2}）.tif 匹配栅格文件名，（[0-9]{2}）是月份的子表达式。\\2 是对第二个子表达式（[0-9]{2}）的反向引用。该表达式用子表达式替换了匹配的字符串。然后使用::integer 将字符串类型转换为整型。

regexp_replace 是 PostgreSQL 中众多正则表达式函数之一，也可以用其他函数实现同样的效果。例如，下面的 GSQL 语句使用 regexp_match 函数实现了同样的效果；该函数能够返回一个与正则表达式匹配的元素数组，如（[0-9]{2}），月份为该返回数组的第 1 个元素。

```
(regexp_match(filename,E'.*([0-9]{2}).tif'))[1]
```

8.3　使用空间聚合函数创建大型栅格数据

与矢量数据类似，栅格数据也有 ST_Union 函数用于数据的合并和聚合操作。

8.3.1　基于栅格瓦片的完整栅格数据重建

为提高栅格数据的处理性能，在导入大型栅格文件（如 DEM、航拍影像）时，可以对其进行分块处理。例如，将一个 5000×5000 像素的栅格文件分割成 10000 个（行）50×50 的栅格块。当栅格块是另一个更大的栅格数据的一部分时，它通常被称为瓦片（tiles）。

8.2 节用 raster2pgsql 导入气候数据时使用了-F 标识，使得表中自动添加了一列名为 filename 的列，用于存储原始文件名。基于文件名信息，可以通过聚合分块的栅格瓦片，重建完整的栅格数据。

```
SELECT filename,
       COUNT(rast) AS num_tiles,
       ST_Union(rast) AS rast          --将栅格瓦片聚合成单独的栅格数据
FROM rasterdb.prec
WHERE filename IN ('wc2.1_10m_prec_01.tif','wc2.1_10m_prec_12.tif')  --文件名筛选
GROUP BY filename;
```

上面的 GSQL 命令返回了两行查询记录，代表 1 月和 12 月的栅格数据。每行的第一列为栅格文件名，第二列为该栅格文件包含的瓦片数，第三列为瓦片聚合后的栅格数据。ST_Union 函数用于按文件名聚合查询结果中的所有瓦片，可以实现原始栅格数据的重建。需要注意：栅格瓦片均使用 WGS84 地理坐标系。因为瓦片的创建方式相同，所以它们具有相同的对齐方式，即像素大小、网格定位和空间参考系均相同。ST_Union 函数要求瓦片具有相同的对齐方式；对于相同位置的不同像素值，则根据 uniontype（默认为 LAST）参数，按一定的规则取值，具体含义详见 8.3.3 节；WHERE 后的语句是根据文件名筛选重建需要的瓦片；GROUP BY 表示根据文件名将瓦片进行聚合；COUNT 函数统计了栅格重建时使用到的瓦片数量。

8.3.2　使用裁剪和合并函数提取兴趣区

虽然空间数据库中栅格数据以瓦片的形式分块存储，但当需要获取某特定区域的栅格数据时，PostGIS 通常以先裁剪（Clip）再聚合（Union）的方式提取兴趣区的栅格数据。其优势在于：裁剪函数的速度比聚合函数快，通过裁剪可以很大程度上缩小传递给聚合函数的像素数量，从而加快聚合操作的执行，最终提高速度。

下面的 GSQL 命令展示了一个先裁剪再聚合以提取特定区域栅格数据的示例；其中，ST_MakeEnvelope 用于创建包络矩形，ST_Intersects 用于选择与兴趣区相交的栅格瓦片，ST_Clip 用于裁剪出每个瓦片与包络矩形相交的部分，最后再聚合。

```
SELECT ST_Union(ST_Clip(rast,geom)) AS rast                  --先裁剪再聚合
FROM rasterdb.elev
  CROSS JOIN
  ST_MakeEnvelope(8,47,8.5,47.5,4326) AS geom                --兴趣区范围
WHERE ST_Intersects(rast,geom);                    --兴趣区与栅格数据相交
```

8.3.3　ST_Union 的聚合运算

ST_Union 要求参与聚合的瓦片具有相同的对齐方式，即具有相同的像素大小、旋转角度、比例、波段数量，并且左上角的像素不能相互打断。在聚合过程中，栅格瓦片可以完全相交、完全不相交，或者部分相交，由于相交部分的像素可能存在多层栅格瓦片都有值的情况，此时可用 ST_Union 的 uniontype 参数指定聚合后像素的取值方式，其中，LAST（默认）、FIRST 分别表示取输入的最后一层、第一层栅格的非空像素值，MIN、MAX、COUNT、SUM、MEAN、RANGE 分别表示取输入的所有栅格数据层的像素值的最小值、最大值、计数值、和、平均值、极差。对于更复杂的运算操作，可以进一步使用 ST_MapAlgebra 函数。

以上面导入同一区域 12 个月的降水数据为例，若需要计算该区域的年平均降水量，可以使用 ST_Union 的 MEAN 选项。下面的 GSQL 命令的逻辑与 8.3.2 节中的操作类似，不同之处仅在于：输出兴趣区像素值的均值，而非最后一层栅格的非空值。

```
SELECT ST_Union(ST_Clip(rast,geom), 'MEAN') AS rast            --计算聚合平均值
FROM   rasterdb.prec
    CROSS JOIN
    ST_MakeEnvelope(8,47,8.5,47.5,4326) AS geom
WHERE ST_Intersects(rast,geom) AND month BETWEEN 1 and 12;
```

8.4　栅格波段操作

本节将介绍 ST_AddBand 和 ST_Band 函数，分别用于构建多波段栅格数据和提取单波段数据。

8.4.1　使用 ST_AddBand 函数构建多波段栅格数据

对于同一区域的栅格数据，可以将多个单波段栅格合并为一个多波段栅格。以一幅以四个波段存储的 CMYK 色彩空图像为例，在输出彩色图像时，为了便于将四个波段的数据合并，通常需要将多个波段存储在同一栅格数据块中，此时就需要用到 ST_AddBand 函数。当然，函数要求参与合成的多波段栅格必须满足同一性要求：所有栅格必须有相同的对齐方式，即相同的像元大小和旋转角等；所有栅格必须有相同的高度和宽度；在相同的对齐方式下，意味着每个栅格必须有相同数量的横向和纵向像素数，且像元维度、空间参考系统必须相同；所有栅格必须覆盖相同的空间范围，这意味着所有栅格的左上角坐标必须相同。

以降水和温度两个单波段的栅格数据为例，下面的 GSQL 命令可以将它们堆叠在一起，形成一个双波段栅格数据。

```
CREATE TABLE rasterdb.tmean_pre(
  rid serial primary key,
  rast raster,
  filename_tmean text,
  filename_prec text,
  month smallint
);                                                   --创建新栅格数据表
```

```
INSERT INTO rasterdb.tmean_pre(rast, filename_tmean, filename_pre, month)
SELECT
    ST_AddBand(t.rast, p.rast) AS rast,                      --向栅格中添加新的波段
    t.filename AS filename_tmean, p.filename AS filename_pre, t.month
FROM rasterdb.tmean AS t
INNER JOIN rasterdb.pre AS p
        ON t.rast~=p.rast AND t.month=p.month;    --确保栅格范围、时间相同
CREATE INDEX idx_tmean_pre_rast_gist ON rasterdb.tmean_pre        --添加空间索引
USING gist (ST_ConvexHull(rast));
```

上面的命令首先创建了一个用于保存多波段栅格数据的新表 tmean_pre。ST_AddBand 函数向降水波段添加了一个用于存储温度数据的波段，由此得到一个由降水波段和温度波段组成的双波段的栅格数据。其中，降水和温度的栅格数据满足同一性的要求，即其瓦片大小一致。语句中“～=”运算符表示两个瓦片覆盖同一区域，因为导入栅格数据时创建了 GIST 索引，所以可以使用运算速度更快的“～=”运算符，而不是采用关系数据库 B-树的“=”运算符。最后一步是为新的多波段栅格创建 GIST 索引。

8.4.2　使用 ST_Band 函数提取单波段数据

ST_Band 函数用于访问栅格中的波段数据，下面的命令展示了如何从 8.4.1 节创建的多波段数据中，获得其中温度波段的数据。

```
SELECT rid, ST_Band(rast,1) AS rast
INTO rasterdb.tmean2
FROM rasterdb.tmean_pre;
CREATE INDEX idx_tmean2_rast_gist ON rasterdb.tmean2
USING gist (ST_ConvexHull(rast));
```

8.5　调整栅格瓦片大小

ST_Tile 函数可以将较大的栅格瓦片切割为较小的瓦片。若 256×256 像素的瓦片对于正在进行的运算操作太大，可用 ST_Tile 将其重新划分为 128×128 像素的瓦片。

```
CREATE TABLE rasterdb.tmean_pre_128_128 (
  rid SERIAL PRIMARY KEY,
  rast RASTER,
  month SMALLINT
);                                                          --创建新栅格表
INSERT INTO rasterdb.tmean_pre_128_128 (rast,month)
SELECT ST_Tile(rast, 128, 128, true) AS rast, month         --重新切片为 128×128
FROM rasterdb.tmean_pre;
CREATE INDEX idx_tmean_pre_128_128_rast_gist
ON rasterdb.tmean_pre_128_128 USING gist (ST_ConvexHull(rast));
SELECT AddRasterConstraints(
  'rasterdb'::name,
  'tmean_pre_128_128'::name,
```

```
'rast'::name
);                                          --将新栅格表的元数据注册到栅格元数据表中
```

ST_Tile 的最后一个参数 pad_with_nodata 表示是否对重新切片时产生的空白部分进行填充；若为 false（默认），则表示无须填充，此时切割后的部分瓦片可能出现尺寸小于 128×128 的情况；若为 true，则表示需要填充，填充后所有瓦片的尺寸均为 128×128。

此外，上面的 GSQL 语句还增加了“添加栅格约束”的语句，以便在 raster_columns 视图中注册像素类型、像素大小和波段数。注册后，PostGIS 将强制执行栅格列的约束，若后续向栅格数据表中添加的瓦片大小与参数不符，会执行失败。

需要注意：当存储方式为 outdb（栅格数据存储在文件系统中）时，ST_Tile 只是创建了栅格数据的元数据，记录了数据库外置栅格文件中的哪一部分与瓦片相对应。因此，ST_Tile 在外置的情况下比在内置情况下执行得更快，因为内置情况下不仅需要修改元数据，同时还需要将原始栅格的像素子集复制到另一个新的栅格上。当然，对于另一些函数，数据库外置栅格可能会比内置栅格慢。

若需要更大尺寸的瓦片，也可以使用 ST_Retile 将栅格数据表中的记录进行合并，并返回更大的瓦片。这里需要注意：ST_Retile 仅适用于单波段的栅格数据（如数字高程），不适用于多波段的栅格数据。

下面的命令将现有的高程数据瓦片从 256×256 像素重构为 512×512 像素。其中，ST_Retile 函数需要设置的参数有：重新切片的范围、比例（像素的缩放比例）、新切片的宽度和高度、重采样算法（默认值为最近邻算法）。

```
CREATE TABLE rasterdb.elev_512_512 (
  rid SERIAL PRIMARY KEY,
  rast RASTER
);

INSERT INTO rasterdb.elev_512_512(rast)
     SELECT rt.rast
     FROM (SELECT scale_x, scale_y, extent                          --元数据信息
              FROM raster_columns
              WHERE r_table_schema='rasterdb' AND
                     r_table_name='elev' ) AS m
                     ,ST_Retile('rasterdb.elev'::regclass, 'rast',   --重新切片为 512×512
                      m.extent,
                      m.scale_x,
                      m.scale_y, 512, 512, 'CubicSpline'   --使用 CubicSpline 重采样
  ) AS rt(rast);

CREATE INDEX ix_elev_512_512_rast_gist                              --创建索引
ON rasterdb.elev_512_512
USING gist (ST_ConvexHull(rast));

SELECT AddRasterConstraints(             --将新栅格表的元数据注册到栅格元数据表中
```

```
        'rasterdb'::name,
        'elev_512_512'::name,
        'rast'::name
);
```

上述语句是将整个 256×256 像素的栅格数据表重新切片为 512×512 像素，并同时保持范围、比例不变。由于导入时使用了 raster2pgsql 工具的-C 选项，已向栅格元数据表注册了这些信息，上述参数可以直接从 raster_columns 视图中读取。

8.6 栅格与矢量数据的相交运算

PostGIS 还有些同时支持栅格和矢量处理的函数。例如，ST_Clip 可以返回栅格与矢量相交的部分；ST_Intersects 可以判断栅格与矢量是否相交，若相交返回 true；ST_Intersection 函数。ST_Intersection 相对复杂，下面将重点讨论。

对于 ST_Intersection 函数，若输入两个栅格数据，则返回一个新的相交的栅格数据；若输入一个栅格数据和一个矢量数据，则返回一组 geomval 对象，即由一个矢量和数值组成的 PostGIS 复合数据类型。以下述 GSQL 命令为例，ST_Intersection 的第一个参数是基于某点 100m 缓冲区外包络矩形切出的考爱岛的高程栅格数据，第三个参数为上述缓冲区的几何形态，返回值是 geomval 类型的复合对象，其中，geom 是每个像素与矢量相交的几何形状，val 是该几何内对应的像素属性值。结果如图 8-2 所示。

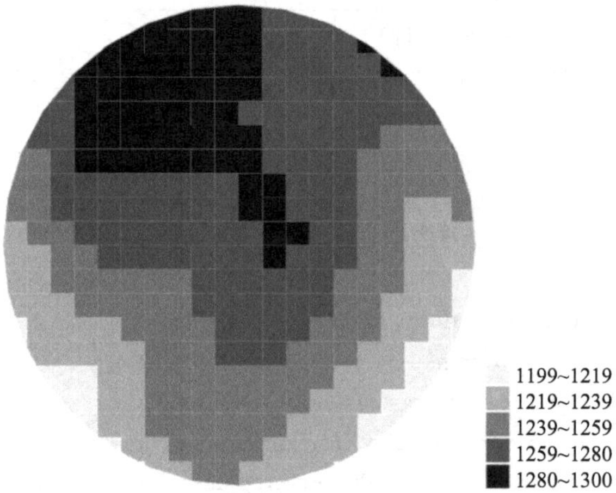

图 8-2 考爱岛 DEM 与半径为 100m 的缓冲区的 ST_Intersection 的结果

```
SELECT
  CAST((gval).val AS integer) AS val,                --浮点数像素值转换为整数
    ST_Union((gval).geom) AS geom
FROM (
    SELECT ST_Intersection(                                    --缓冲区与栅格的交集
                        ST_Clip(rast,ST_Envelope(buf.geom)),     --裁剪出交集区域
                        1,
                        buf.geom
```

```
                        ) AS gval
    FROM rasterdb.kauai
  INNER JOIN (SELECT ST_Buffer(
                        ST_GeomFromText('POINT(444205 2438785)',26904),100
            ) AS geom) AS buf                   --定义半径 100m 的圆形缓冲区
            ON ST_Intersects(rast,buf.geom)     --返回与缓冲区相交的栅格瓦片
) AS foo
GROUP BY (gval).val
ORDER BY (gval).val;
```

上述命令用 ST_Clip 和 ST_Envelope 来减少参与 ST_Intersection 运算的像素，提高了代码运行的效率，因为 ST_Clip 仅裁剪出那些完全位于矢量区域内部的像素。若像素没有被矢量区域完全覆盖，则会被排除。为了让这些没有被矢量区域完全覆盖的像素参与到后面的 ST_Intersection 运算中，这里先用 ST_Envelope 生成缓冲区的外包络矩形，然后以该外包络矩形参与 ST_Clip，就避免了上述问题。

8.6.1　像素统计

栅格分析中常需要统计与矢量区域相交的栅格像素的信息。例如，下面的 GSQL 命令中用 SUM/ST_Area 函数计算图 8-2 的平均高程，其执行结果为 1258.409。

```
SELECT
 SUM((gval).val*ST_Area((gval).geom)) /
 ST_Area(ST_Union((gval).geom)) AS avg_elesqm
FROM (
   SELECT ST_Intersection(                          --返回矢量数据与栅格数据的交集
              ST_Clip(rast, ST_Envelope(buf.geom)) --裁剪出圆形缓冲区外包络矩形内的像素
              ) ,1, buf.geom
          ) AS gval
 FROM rasterdb.kauai
 INNER JOIN (
    SELECT ST_Buffer(ST_GeomFromText('POINT(444205 2438785)',26904),100) AS geom
    ) AS buf
ON ST_Intersects(rast,buf.geom)) AS foo;
```

8.6.2　使用 ST_Value 和 ST_SetZ 为二维线段添加 *Z* 坐标

下面的 GSQL 命令是向考爱岛的一条小路（LineString）中的坐标点添加代表海拔的 *Z* 坐标，然后将其转换为三维的 LineString。具体过程如下：先获取构成线段的所有节点，然后获得每个点的海拔像素值，再重新构建新的三维线段。使用 ST_Value 函数添加 *Z* 坐标的代码如下：

```
SELECT ST_AsText(
    ST_MakeLine(                                  --将各点聚合为一条直线
        ST_Force3DZ((gd).geom,COALESCE(
                        ST_Value(rast,(gd).geom), --提取该点的海拔高度
```

```
                                        0)          --设置该点的海拔高度为 Z 坐标
                    )
            )
    ) AS line_3dwkt
FROM (SELECT ST_DumpPoints(
            ST_GeomFromText('LINESTRING(444210 2438785,434125 2448785,
                                        466666 2449780,466670 2449781)',
                            26904)
                        ) AS gd
        ) AS t                                          --设置二维直线坐标
  LEFT JOIN rasterdb.kauai ON ST_Intersects(rast,
                                    (t.gd).geom     --确定哪些像素与节点相交
                                );
```

若栅格数据中存在空值像素，则可能导致一些单点上没有高程；此时，可用 ST_Nearest Value 函数获取该点周边像素的值。获得三维点后，可用 ST_MakeLine 将点聚合为三维线段，其空间参考系与原始数据相同，输出格式为 WKT 矢量格式。

前面提到的 ST_Segmentize 函数可以在三维坐标的线段上内插更多的点，从而获得沿线各点的 Z 坐标值。当然也可用 PostGIS 3.2 中新增的 ST_SetM 和 ST_SetZ 函数实现上述操作。

```
SELECT ST_AsText(
            ST_SetZ(k.rast, geom)   --设置每个节点的 Z 坐标；仅限 PostGIS3.2 及以上版本
            )
FROM (SELECT ST_GeomFromText( 'LINESTRING(444210 2438785,434125 2448785,
                                        466666 2449780,466670 2449781)',
                        26904
                        ) AS geom)
AS t                                                --设置二维直线坐标
 CROSS JOIN LATERAL
    (SELECT ST_Union(               --将裁剪出的栅格瓦片合并，形成一个完整的栅格
                    ST_Clip(rast,
                    ST_Expand(t.geom,10)    --提取节点周边 10m 矩形范围内的像素
            )
        ) AS rast
        FROM rasterdb.kauai AS k
        WHERE ST_Intersects(k.rast, t.geom)
 ) AS k;
```

上面的命令使用 ST_Clip、ST_Union 和 ST_Expand 函数创建了个覆盖每个节点周边 10m 区域的栅格数据。ST_Expand 返回在节点的垂直和水平方向上扩展了 10m 的包络矩形。使用 ST_Expand 函数的原因在于：ST_Clip 不能返回与矢量数据部分相交的像素；因为案例中的高程数据分辨率很低，矢量点可能不能完全包含一个像素，所以需要扩展范围到至少大于一个像素的宽度。ST_Union 则用于把相交的栅格瓦片聚合起来，形成一个完整的栅格瓦片，因为 ST_SetZ 函数只能操作单个的栅格瓦片和矢量数据。

8.6.3　将二维多边形转换为三维多边形

8.6.2 节演示了用高程栅格数据构建三维 LineString 的方法，即用 ST_Value 为二维 LineString 的节点添加高程信息。可见 ST_Value 可实现二维 LineString 到三维 LineString 的转换。本节将演示如何使用 ST_Intersection 函数将二维 Polygon 转换为三维 Polygon，即先用 ST_Intersection 函数将二维 Polygon 转换为一组 Geometry，再向 Geometry 中添加高程信息。具体过程如下。

首先，创建一个二维多边形的矢量数据表，并在表中添加两个缓冲区，其 GSQL 命令如下。

```
CREATE TABLE rasterdb.kauai_polys (
    gid serial primary key,
    geom geometry(POLYGON,26904)
);
INSERT INTO rasterdb.kauai_polys (geom)
SELECT ST_Buffer(ST_GeomFromText('POINT(444205 2438785)',26904),100)
UNION ALL
SELECT ST_Buffer(ST_GeomFromText('POINT(444005 2438485)',26904),10);
```

然后，将这些二维多边形扩展为三维多边形，其 GSQL 命令如下。

```
SELECT p.gid,
          ST_Translate(                                          --将多边形按 Z 值单位平移
              ST_Force3DZ((r.gval).geom), 0, 0, (r.gval).val           --强制将二维转为三维
           ) AS geom3d
FROM
  rasterdb.kauai_polys AS p,
  LATERAL (SELECT ST_Intersection(ST_Clip(rast,ST_Envelope(p.geom)),1,p.geom) AS gval
               FROM rasterdb.kauai
               WHERE ST_Intersects(rast,p.geom)                  --获取与多边形相交的栅格
              ) AS r;                                     --获取多边形和栅格像素的交集
```

上面的 GSQL 命令与 8.6.2 节的操作类似，但它不是把像素值作为单独的列输出，而是将其作为每个多边形的新 *Z* 坐标输出。此外，这里也用了 ST_Clip 函数提高处理速度，并用 LATERAL 提高语法的简洁性。ST_Intersects 函数可以找出与 kauai_polys 表中的多边形相交的所有栅格瓦片。对于每个相交的多边形和栅格瓦片，ST_Intersection 返回一组 geomval 类型的数据，并用代表高程的 val 属性将多边形进行垂直平移。ST_Force3D 和 ST_Force3DZ 函数的功能相同，为了提高代码可读性，推荐使用第二个带有 Z 标识的函数；此外，ST_Force4D 和 ST_Force3DM 函数则用于创建更高维度的矢量多边形。

此外，PostGIS 3.2 引入的 ST_Contour 函数能更加方便地生成等高线，同时也可以使用 ST_Polygonize 将等高线转换成多边形。

8.7 栅格统计

用 PostgreSQL 存储栅格数据的一个重要优势是：无论内置存储还是外置存储，都可以调用 PostGIS 中的各类计算函数。本节重点介绍 PostGIS 的栅格统计函数，以及从栅格中输出数值的功能。

8.7.1 像素值操作

像素访问函数能够返回特定位置的像素值。PostGIS 有两个常用的像素访问函数：①ST_Value 用于返回一个给定几何点或栅格行列上的单个像素的值；②ST_DumpValues 用于返回特定波段的给定行、列或像素对应的像素值的二维数组。

1. ST_VALUE：返回单个像素值

下面的 GSQL 命令计算了瑞士苏黎世附近某地（8.55,47.36667）1 月和 7 月的月平均气温和降水量。代码使用温度和降水的双波段栅格数据表来获取该位置上的温度和降水数据，第一波段是气温，第二波段是降水。首先，用 ST_Intersects 找到兴趣点对应的栅格瓦片；然后，用 ST_Value 提取该点位置上特定像素的值。ST_Value 返回单一的像素值，若该点位于像素的边界或交点，ST_Value 会任意挑选一个像素值输出。

```
SELECT month,
        ST_Value(rast,1,pt) AS temp,                          --气温(℃)
        ST_Value(rast,2,pt) AS precip                         --降水(mm)
FROM rasterdb.tmean_pre
  INNER JOIN ST_SetSRID(ST_Point(8.55,47.36667),4326) AS pt   --感兴趣点坐标
  ON (month IN (1,7) AND ST_Intersects(rast,pt))              --筛选对应的栅格瓦片
ORDER BY month;
```

上述 GSQL 语句的运行结果如图 8-3 所示。因为兴趣点在苏黎世附近，所以呈现温度低、降水多的气候特征。

	month smallint	temp double precision	precip double precision
1	1	0.195000007748604	65
2	7	18.5027503967285	119

图 8-3 瑞士苏黎世附近地区 1 月和 7 月的月平均气温和降水量

2. ST_DUMPVALUES：返回像素值的二维数组

ST_DumpValues 以二维数组的形式返回一组像素值，可将返回的数组直接输入到 ST_SetValues，以便实现同时设置多个像素值。

下面的 GSQL 命令使用 ST_DumpValues 将兴趣区的降水值作为数组返回。与 ST_Value 函数类似，该函数必须指定波段号，且需要使用 ST_Union 将兴趣区的栅格瓦片聚合为一个瓦片。

```
SELECT
   ST_DumpValues(                                  --返回像素值的二维数组
                  ST_Union(rast,2),                --聚合瓦片
```

```
                    1                                        --返回第一波段的数据
        ) AS ary_precip
FROM rasterdb.tmean_pre
    INNER JOIN (
        SELECT
            ST_Buffer(ST_GeogFromText('POINT(8.55 47.36667)'),5000)::geography AS geom
                    ) AS f                                   --创建兴趣区范围
  ON (month=7 AND ST_Intersects(rast,geom));                 --筛选出 7 月份数据进行相交
```

上述代码首先使用 ST_Buffer 在点(8.55 47.36667)周围创建一个半径为 5000m 的圆形缓冲区，这里使用的是 Geography 而不是 Geometry 类型，因为 Geometry 使用 ST_Buffer 函数时需要先定义其投影坐标系；其次，利用 ST_Intersects 函数筛选出与缓冲区相交的栅格数据集；再次，用 ST_Union 把所有的瓦片聚集在一起；最后，用 ST_DumpValues 一并输出像素值的二维数组。用 ST_DumpValues 的好处在于：数组的长度始终是栅格瓦片的高或宽。在这个例子中将两个瓦片合并成一个 256×512 像素的矩阵，故可以用 array_upper(ary_precip,1)来获取列数，使用 array_upper(ary_precip,2)来获取行数。

然而，上述 GSQL 命令的问题在于用 ST_Union 将所有的栅格瓦片转换为一个数组，导致计算效率降低。但是若使用 ST_Clip 进行裁剪，则可能会导致提取到的值均为 NULL，因为 ST_DumpValues 仅返回完全被矢量数据覆盖的像素值。如果矢量数据覆盖多个像素，但没有完全覆盖其中任意一个像素，那么即使存在重叠的部分，最终提取到的将仍然是 NULL。解决这个问题的方法是将矢量边界转换为栅格类型，并在栅格空间中进行叠加。具体过程如下面的 GSQL 命令所示。该过程与上面类似，不同之处在于只提取与兴趣区重叠的像素，而不是整个栅格瓦片。

```
SELECT
    ST_DumpValues(
        ST_Union(
            ST_Intersection(          --创建一个新的栅格，该栅格是栅格和矢量相交的部分
                ST_Band(rast,2) ,                                    --选择第二波段
                ST_AsRaster(geom, rast,                    --将矢量数据转换为栅格数据
                            ARRAY['1BB'], ARRAY[1], ARRAY[0],
                            touched => true       --若两个像元相交，则将其标记为 true
                )
            )
        ) ,
        1
    ) AS ary_precip                                 --将相交部分像元转换为二维矩阵
FROM rasterdb.tmean_pre
 INNER JOIN (
    SELECT ST_Buffer(ST_GeogFromText('POINT(8.55 47.36667)'),5000)::geometry AS geom
  ) AS f                                                     --创建兴趣区范围
 ON month=7 AND ST_Intersects(rast,geom);
```

上面 GSQL 命令的输出是一个 2×2 像素的矩阵。因为缓冲区仅覆盖了 3 个单元格，所以其中前 3 个单元格的像素值是降水量，最后一个单元格值为 NULL（表示该单元格不全在缓冲区内）。

8.7.2　栅格统计函数

PostGIS 3.0 包括 ST_Histogram、ST_Count、ST_ValueCount、ST_SummaryStats 和 ST_Quantile 五个统计函数。此外还有几个聚合统计函数，最常用的是 ST_CountAgg 和 ST_SummaryStatsAgg，它们可以返回数据子集的统计数据，或返回整个栅格表中一个或多个波段的统计数据。

本节将介绍 ST_Histogram、ST_Count 和 ST_ValueCount 函数。ST_SummaryStats 和 ST_Quantile 函数的工作原理与 ST_Histogram 函数很相似，这里不再赘述。

1. 直方图

ST_Histogram 用于计算栅格数据的像素值分布，可以手动设置断点数量或者手动指定分栏。ST_Histogram 通常与其他栅格函数一起出现，如 ST_Clip、ST_Reclass、ST_Union 和 ST_MapAlgebra。

下面的 GSQL 命令生成了一个兴趣区内高程像素值的分布直方图。代码使用 ST_Clip 从相交的瓦片中提取出兴趣区，再用 ST_Union 将这些瓦片聚合在一起。其执行结果如图 8-4 所示，输出的像素值被分成 5 档，例如，最后一行表示海拔在 805～969m 的像素占 13%。像素的中位数落在第三个间隔（477～641m）内。

```
WITH cte AS (
    SELECT ST_Histogram(                          --返回波段 1 的直方图，分为 5 个间隔
                ST_Union(                  --将兴趣区的栅格瓦片聚合成单一瓦片
                    ST_Clip(p.rast,geom)
                    ),
                    1,
                    5
                ) AS hg
    FROM rasterdb.elev AS p
      INNER JOIN
          ST_MakeEnvelope(7.5,47,8.5,48.5,4326) AS geom --考虑与兴趣区相交的瓦片
      ON ST_Intersects(p.rast,geom)
 )
SELECT   (hg).min AS min,                                            --输出列信息
         (hg).max AS max,
         (hg).count,
         (hg).percent::numeric(5,2)*100 AS percent
FROM cte;
```

	min double precision	max double precision	count bigint	percent numeric
1	149	313	10	19.00
2	313	477	9	17.00
3	477	641	17	31.00
4	641	805	11	20.00
5	805	969	7	13.00

图 8-4　某兴趣区域的高程像素值的分布直方图

2. 计数

PostGIS 有两个栅格像素计数函数：ST_Count 用于统计栅格表中空值和非空值像素的数量；ST_CountAgg 是 ST_Count 的一个聚合变体函数，它可以对栅格中的不同像素值进行统计计数。

下面的 GSQL 命令展示了能够提供更多信息的 ST_ValueCount 函数的使用，输出是兴趣区内每个海拔的像素数量。其运行结果如图 8-5 所示。

```
WITH cte AS (
    SELECT ST_ValueCount(                                    --计数函数
                    ST_Clip(p.rast,geom)                     --提取兴趣区
                    ) AS pv
    FROM rasterdb.elev AS p
      INNER JOIN ST_MakeEnvelope(8,47,8.5,47.5,4326) AS geom --创建兴趣区范围
      ON ST_Intersects(p.rast, geom)
 )
SELECT (pv).value, sum((pv).count) AS total_count          --从结果中提取需要的统计值
FROM cte
GROUP BY (pv).value
ORDER by total_count DESC                                    --按计数降序排列
LIMIT 5;
```

	value double precision	total_count bigint
1	485	1
2	679	1
3	600	1
4	503	1
5	442	1

图 8-5　兴趣区域内每个海拔的像素数

8.8　地 图 代 数

在地图代数（map algebra）中，术语“map”是指从旧像素值到新像素值的转换规则（映射），并不是地理意义上的“地图”。ST_Reclass、ST_Intersection 和 ST_Union 是更通用的

ST_MapAlgebra 函数的特殊实现。当这些特殊函数无法满足需要时，可采用 ST_MapAlgebra。建议非必要不用 ST_MapAlgebra，因为其执行效率较低。

ST_MapAlgebra 可以对单个像素或由像素周围的像素组成的邻域进行操作。该操作对每个像素在一个或多个波段上重复进行。无论是计算单个像素还是像素邻域，ST_MapAlgebra 总是返回一个从原始栅格像素值映射而成的新的单波段栅格，当然原始栅格可以是单波段的，也可以多波段的。

调用 ST_MapAlgebra 时，可选择使用表达式或回调函数。虽然 PostGIS 自带了几个预定义的地图代数回调函数作为样例，但还是需要创建自己的表达式或回调函数。8.8.1 节重点讨论如何使用 ST_MapAlgebra 的表达式，并建立一个简单的回调函数。

8.8.1　表达式与回调函数的选择

ST_MapAlgebra 是一个重载函数，实际上它包括了一系列函数。其核心部分是地图代数表达式或一个回调函数。ST_MapAlgebra 可以逐个访问像素，并对该像素利用表达式或回调函数进行计算。

对于简单的操作，可用表达式实现；对于复杂的计算，则需编写一个回调函数，这样可以提高计算速度。表达式是一个 PostgreSQL 代数表达式，但若需要处理邻域像素，则必须使用回调函数。回调函数可以是一个简单的表达式，也可以包含复杂的条件判断、循环以及声明临时变量等。

在展示如何利用 ST_MapAlgebra 将月平均温度的单位由摄氏度转换为华氏度前，先用下面的 GSQL 命令创建一个名为 tmean_fah 的新数据表，用于存放地图代数计算后的结果。

```
CREATE TABLE rasterdb.tmean_fah (
  rid integer primary key,
  rast raster,
  month integer
);
```

8.8.2　单波段的地图代数表达式

任何可以应用于像素值或像素坐标的有效 PostgreSQL 数学表达式都可以作为地图代数表达式，也可以在表达式中编写映射函数，最简单的情况是将一个像素值通过表达式计算映射到另一个新值。

下面的 GSQL 命令是用 PL/pgSQL 编写的地图代数的例子，PL/pgSQL 是在 PostgreSQL 中编写函数的最流行的过程性语言之一。

```
--存储过程仅限 PostgreSQL11 及以上版本
CREATE OR REPLACE PROCEDURE rasterdb.load_tmean_fah()   --创建存储过程用于加载数据
language plpgsql AS
$$
BEGIN
WHILE EXISTS
    (SELECT 1 FROM rasterdb.tmean AS c
     LEFT JOIN rasterdb.tmean_fah AS f ON c.rid=f.rid WHERE f.rid IS NULL
     LIMIT 1
```

```
) LOOP                                                  --循环读取记录
INSERT INTO rasterdb.tmean_fah(rid, month, rast)
SELECT rid, month,
        ST_MapAlgebra(rast, 1,
                      '32BF'::text,                     --使用 32BF 来存储浮点数
                      '[rast.val]*9/5+32'::text,        --将摄氏度转换为华氏度
                      -999
                      )
FROM rasterdb.tmean AS t
WHERE
 NOT EXISTS (SELECT 1
 FROM rasterdb.tmean_fah AS f
              WHERE f.rid=t.rid
              );
LIMIT 5;                                                --每次计算 5 行记录
COMMIT;                                                 --每计算 5 次就向表中写入 1 次
END LOOP;
END$$;
CALL rasterdb.load_tmean_fah();                         --调用函数
```

该函数用[rast.val]*9/5+32 的代数表达式，将摄氏度转换为华氏度值；同时还创建了一个对表进行增量插入的存储过程（需要 PostgreSQL 11 以上版本支持），最后，使用 CALL 命令调用该过程。

与本章介绍的其他函数一样，ST_MapAlgebra 可以通过与 ST_Clip 和 ST_Union 组合，处理兴趣区的栅格数据。但是，尽管 ST_MapAlgebra 能够读取所有波段的信息用于计算，但其缺点在于：只能返回单波段的栅格数据。

8.8.3　单波段的地图代数回调函数

下面的 GSQL 命令重复了 8.8.2 节中的操作，但这次使用的是回调函数而非代数表达式。首先，用第一句清除上面例子的计算结果；然后，执行回调函数。

```
--存储过程仅限 PostgreSQL11 及以上版本
TRUNCATE TABLE tmean_fah;
CREATE OR REPLACE FUNCTION rasterdb.tempfah_cbf (
  value double precision[][][],
  pos integer[][],
  VARIADIC userargs text[]
 )                                                      --创建地图代数回调函数
RETURNS double precision AS
$$
BEGIN
RETURN value[1][1][1]*9/5+32;                           --处理单个像素
END;
$$
```

```
LANGUAGE plpgsql IMMUTABLE PARALLEL SAFE COST 1000;
CREATE OR REPLACE PROCEDURE rasterdb.load_tmean_fah()          --创建存储过程
language plpgsql AS
$$
BEGIN
WHILE EXISTS
    (SELECT 1 FROM rasterdb.tmean AS c
     LEFT JOIN rasterdb.tmean_fah AS f ON c.rid=f.rid WHERE f.rid IS NULL
     LIMIT 1
   ) LOOP                                                        --循环计算
INSERT INTO rasterdb.tmean_fah (rid, month, rast)
SELECT rid, month,
ST_MapAlgebra(rast, 1,
            'rasterdb.tempfah_cbf(double precision[],integer[],text[])'::regprocedure,   --调用回调函数
             '32BF'::text)
FROM rasterdb.tmean AS t
WHERE NOT EXISTS (                                               --只考虑未计算的像元
                  SELECT 1
                  FROM rasterdb.tmean_fah AS f
                  WHERE f.rid=t.rid
                 )
LIMIT 5;
COMMIT;                                                          --每计算 5 次就向表中写入 1 次
END LOOP;
END$$;
CALL rasterdb.load_tmean_fah();
```

回调函数获取的是一个像素值矩阵，矩阵的第一维是波段号，第二维和第三维是像素的行号和列号；当不考虑邻域时，波段号是 1，矩阵的其余部分只有一个单元。

8.8.4 地图代数中的邻域计算

当一个像素的新值取决于与其相邻的像素的值，如平滑处理、计算斜率、提取局部最大和最小值时，为了获取邻域内的像素值，可以向回调函数传递邻域像素值的矩阵。

邻域（neighborhood）是一个由像素组成的矩形区域，感兴趣的像素在中心，向左和向右延伸 X 个像素，向上和向下延伸 Y 个像素。除非邻域超过了栅格瓦片的边界，否则邻域的水平和垂直像素数总是奇数。ST_MapAlgebra 与邻域一起使用时的基本语法如下。

```
ST_MapAlgebra(
  raster rast,
  integer[] nband,
  regprocedure callbackfunc,
  text pixeltype=NULL, text extenttype=FIRST,
  raster customextent=NULL,
  integer distancex=0, integer distancey=0,
```

```
  text[] VARIADIC userargs=NULL
);
```

PostGIS 内置了 ST_Max4ma、ST_Mean4ma、ST_StdDev4ma 和 ST_InvDistWeight4ma 等邻域回调函数。下面 GSQL 语句用于在 5×5 像素的邻域内寻找局部最大值。

```
SELECT
    ST_MapAlgebra(                                          --对兴趣区的地图代数计
        ST_Union(ST_Clip(rast,ST_Envelope(buf.geom))),              --裁剪出兴趣区
        1,
        'ST_Max4ma(double precision[][][],integer[][],text[])'::regprocedure,--返回邻域局部最大值
        '32BF',
        'FIRST',
        NULL,
        2,
        2                                                      --邻域大小设置
    )
FROM rasterdb.kauai
  INNER JOIN (
      SELECT ST_Buffer(ST_GeomFromText('POINT(444205 2438785)',26904),100) AS geom
                          ) AS buf
ON ST_Intersects(rast,buf.geom)
GROUP BY buf.geom;
```

该函数将返回中心像素邻域内的最大像素值，传递给回调函数的是一个三维矩阵，其中第一维是波段号，第二维和第三维指定了邻域的宽和高。

8.9 小　　结

PostGIS 支持栅格类型数据，并且具有强大的栅格处理功能。

PostGIS 有许多栅格函数，并且支持栅格和矢量数据的混合处理。

PostGIS 的 ST_Clip 函数使用矢量边界来提取栅格的一部分，可以加快 ST_Union 和 ST_Intersection 等计算复杂度高的函数的处理速度。

PostGIS 可以用矢量边界来提取兴趣区中的像素，从而加快分析速度。

地图代数函数允许将栅格数据的一组像素值通过计算映射为另一组新值。

PostGIS 提供了地图代数的专门版本，如 ST_Union、ST_Reclass 和 ST_Intersection。PostGIS 还提供了一个 ST_MapAlgebra 函数，它允许自定义的计算，但计算速度较慢。

第 9 章　出租车订单的时空轨迹大数据处理与分析

轨迹数据作为经典的时空大数据，在我们的生活中无处不在。轨迹数据是一段有限的时间序列，主要由地点、时间戳以及相关的属性构成，一般为二维或者三维数据。因为通过轨迹数据可以感知社会，所以政府、商家以及科研机构常常需要基于轨迹数据挖掘出的信息指导相关工作。正是因为轨迹数据的重要性，近年来轨迹数据的组织管理与挖掘分析逐步成为学科的前沿、热点。

下面以北京市某日出租车订单的 GPS 打点数据为例，介绍如何基于点生成轨迹数据，以及基于轨迹数据如何生成订单起讫点（origin-destination，OD）流数据和交通小区间的 OD 矩阵。上述 OD 数据对指导城市交通疏导、城市功能区规划有重要意义。

9.1　实验数据与实验环境介绍

实验所用数据如下：①北京市某日出租车订单的 GPS 打点数据，详见本教程配套资源第 9 章目录下的 20160621.txt，文件大小超过 3G；该文件的部分数据片段如图 9-1a 所示，其中，第 1 列为出租车号，第 2 列为 Unix 时间戳，第 3 列为纬度，第 4 列为经度，第 5 列为出租车状态（10000000 表示有人、0 表示无人、989681 表示停运）。②北京市交通规划小区数据，详见本教程配套资源第 9 章目录下的 TAZ2010_WGS84-All.shp 和 TAZ2010_WGS84-All.dbf 文件，该数据的空间分布、属性表分别如图 9-1b 和图 9-1c 所示。

```
a67acc1b62d466a8f4798e9c22356561,1464825611,4046305,11598587,10000000
afcae67f043027d4f85ec19589c8e16b,1464739212,3999732,11646756,0
a63cd33a484ab4e8f6fb0448e6604e86,1464739212,4020003,11671941,0
b726a3d907899ca12c9d33f5e3264a73,1464739211,3998720,11640550,0
aee9b217cafe2c196068bf6187120d2a,1464739214,3969499,11607657,0
6bf79dd6e04c4bb9798f681483057414,1464739211,3987850,11635772,10000000
dacb10a1cf2c2ea56ac0aee6e045eb3b,1464739211,3989178,11631378,0
9f2787f7fa43fd6dd1b78b774a816b38,1464739209,3993075,11658397,0
1bab9d609ff7e3618365726fb2bd6b21,1464739210,3989619,11642644,0
14c4ac13225053ed6abe6a704b7c7a9a,1464739213,3999081,11649029,0
42e6f3d11dee22b9630965d513c4958d,1464739214,3984974,11611376,0
85d4c35b65c04d13b67b97856c34d6f8,1464738780,4020647,11622241,0
c3c9baf33b5a4130fc3014abd455c2cc,1464739211,4006721,11658230,10000000
c132de71cea6f62fca2af0f961819e25,1464739209,3997917,11648538,0
8a1b35bbfe90673f27ba578f5dec8212,1464739230,3992541,11658068,0
1f257b3fe0f1d4f44b2ab1e0cd145037,1464739212,3992968,11643337,0
a5133edf0ba36f0a287c184291db185e,1464739212,3980119,11676135,0
a6d3e0954d09a8fd5418d1de5687ed76,1464739170,3968218,11676546,0
e5416f21c93264d8a310458ac33c33fb,1464739211,3986671,11646009,0
260add6fd7f61ce844ab7a91fdb1ccbb,1464739211,3994746,11636888,10000000
3d6a052132d7b26a5d66067ad899c3b9,1464739212,3998623,11637070,10000000
```

a 20160621.txt 文件的部分数据片段

图 9-1　实验数据介绍

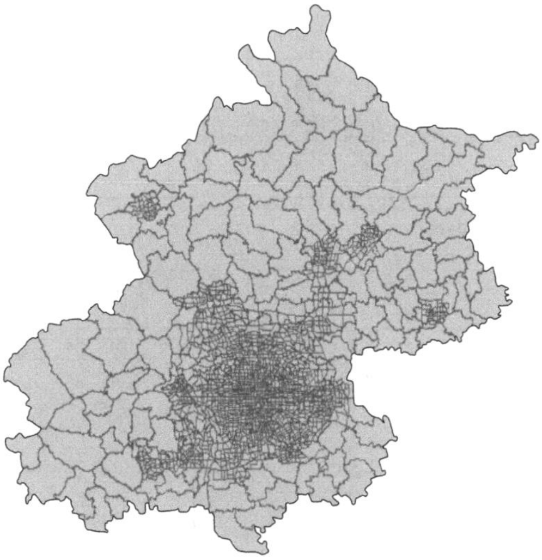

b TAZ2010_WGS84-All.shp

	FID	TAZID	CodeNum	District_I	Street	Shape
1	0	1637	140200	15	1402	面
2	1	1701	150900	18	1509	面
3	2	1636	140100	15	1401	面
4	3	1745	160100	12	1601	面
5	4	996	91200	11	912	面
6	5	1638	140300	15	1403	面
7	6	1706	151400	18	1514	面
8	7	1828	171200	16	1712	面
9	8	1746	160200	12	1602	面
10	9	1748	160400	12	1604	面
11	10	1826	171000	16	1710	面

c TAZ2010_WGS84-All.dbf

图 9-1（续）

为了让读者进一步体会数据库的执行效率，本章会记录重要操作的执行时间。本章实验机器的软硬件配置如表 9-1 所示，有兴趣的读者可以尝试在类似的硬件资源下测试其他解决方案的执行效率。

表 9-1　实验设备的软硬件配置

处理器	AMD Ryzen 7 3700X 8-Core Processor 3.59 GHz
内存	15.9 GB
系统	Windows 64 位操作系统，基于 x64 的处理器

9.2　导入实验数据

9.2.1　出租车 GPS 打点数据的导入

首先，使用如下 GSQL 语句创建 taxi 模式和 track_points 表，该表用于导入图 9-1a 文件中的数据。

```
CREATE SCHEMA taxi;
--创建轨迹点表 track_points
CREATE TABLE taxi.track_points(
    vehiclenum          VARCHAR,
    point_time_int      BIGINT,
    lat                 FLOAT(10),
    lon                 FLOAT(10),
```

```
    status              INTEGER
);
```

然后，执行如下 GSQL 语句可将 2016 年 6 月 21 日的数据文件（内容如图 9-1a 所示）导入 track_points 表中，导入后的数据表片段如图 9-2 所示。在本章实验环境下，3G 大小的文件导入数据库耗时 1 分 40 秒，表中有超过 5000 万条记录。

```
COPY taxi.track_points(vehiclenum, point_time_int, lat, lon, status)
FROM 'E:\taxi_data\txt\20160621_new.txt'
DELIMITER ',' CSV;
```

	vehiclenum	point_time_int	lat	lon	status
52	f9259752aa6a...	1466470215	3992629.0	11627879.0	0
53	f9259752aa6a...	1466470221	3992629.0	11627879.0	0
54	f9259752aa6a...	1466470275	3992710.0	11627535.0	0
55	f9259752aa6a...	1466470335	3992598.0	11627462.0	0
56	f9259752aa6a...	1466470395	3992465.0	11627448.0	0
57	f9259752aa6a...	1466470455	3992337.0	11627427.0	0
58	f9259752aa6a...	1466470515	3992335.0	11627285.0	0
59	f9259752aa6a...	1466470526	3992333.0	11627276.0	10000000
60	f9259752aa6a...	1466470577	3992559.0	11626977.0	10000000
61	f9259752aa6a...	1466470637	3992593.0	11626972.0	10000000
62	f9259752aa6a...	1466470697	3992610.0	11626971.0	10000000
63	f9259752aa6a...	1466470757	3992652.0	11626958.0	10000000
64	f9259752aa6a...	1466470816	3992679.0	11626959.0	10000000
65	f9259752aa6a...	1466470876	3992696.0	11626969.0	10000000

图 9-2　导入后的出租车 GPS 打点的数据表片段

若需要导入某目录下所有出租车订单的 GPS 打点数据文件，则可用如下 Python 代码实现。用 Python 代码的另一个好处在于方便处理异常的打点数据，因为上面的 COPY 命令仅限于非异常打点数据的导入。

```
#pip install sqlalchemy==1.4.46
import glob
import pandas as pd
from sqlalchemy import create_engine
from datetime import datetime

USERNAME="postgres"  #用户名
PASSWORD="sql2020"  #密码
HOST="localhost"  #IP
PORT=5432  #端口
DB='postgis_33_sample'  #数据库
SCHEMA='taxi' #模式
TABLE='track_points '  #数据表
```

```
ENGINE_CONFIG=f'postgresql://{USERNAME}:{PASSWORD}@{HOST}:{PORT}/{DB}'  #连接
postgresql 引擎配置
conn=create_engine(ENGINE_CONFIG,connect_args={'options': f'-csearch_path={SCHEMA}'})

col_name=['vehiclenum', 'point_time_int', 'lat', 'lon', 'status']

def import_txt_to_table(txt_path):

    df=pd.read_csv(txt_path,header=None)
    df.columns=col_name

    #获取和插入日期列
    date_text=txt_path.split('\\')[-1].split('.')[0]
    date_date=datetime.strptime(date_text, '%Y%m%d').date()
    df.insert(1,'sdate',date_date)
    #导入数据表
    #if_exists 的值为 append 表示追加，为 replace 表示替换
    df.to_sql(TABLE, conn, if_exists='append', index=False)
    del df

    print(txt_path,'Done!')

txt_path_ls=glob.glob("E:/txt/*.txt")

for txt_path in txt_path_ls:
  import_txt_to_table(txt_path)
```

9.2.2　交通小区数据导入

北京市交通规划小区数据的导入相对简单，可采用第 3.3 节介绍的导入工具，导入后的数据表片段如图 9-3 所示。

	id	tazid	codenum	district_i	street	geom
1	1	1637	140200	15	1402	0106000020E6...
2	2	1701	150900	18	1509	0106000020E6...
3	3	1636	140100	15	1401	0106000020E6...
4	4	1745	160100	12	1601	0106000020E6...
5	5	996	91200	11	912	0106000020E6...
6	6	1638	140300	15	1403	0106000020E6...
7	7	1706	151400	18	1514	0106000020E6...
8	8	1828	171200	16	1712	0106000020E6...

图 9-3　导入后的交通小区数据表片段

9.3　基于出租车打点数据的 OD 交通量的处理与查询

OD 交通量就是指起终点间的交通出行量。“O”来源于英文 origin，指出行的出发地点，“D”来源于英文 destination，指出行的目的地。OD 调查结果已被应用于公路网规划，新建或改建项目可行性研究、设计、交通组织及管理等各方面。大量的 OD 调查数据，对远景交通量的预测、道路类型及等级的确定、互通立交的设置、道路横断面的设计、交通服务设施的配置、交通管理与控制、规划方案和建设项目的国民经济评价，以及财务分析等提供了定量依据，进而为交通规划的完善和建设项目的科学决策奠定了基础。

图 9-4 所示为基于出租车的打点数据生成出租车的 OD 流、生成交通小区间 OD 矩阵的处理流程。

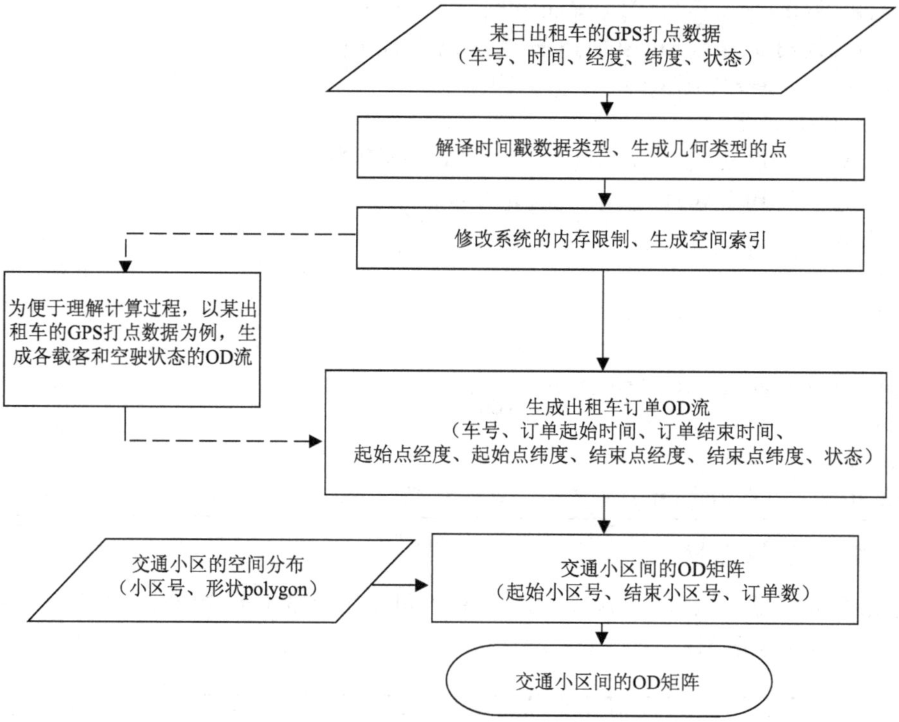

图 9-4　时空轨迹数据的相关处理流程

9.3.1　时间与空间字段的解译与生成

下面的 GSQL 语句实现了对 track_points 表中时间和空间数据信息的解译。首先，增加一个时间戳字段和一个 geom 字段，并用 to_timestamp 函数解译时间戳，存入 point_time 字段，用 ST_MakePoint 函数生成点的几何数据类型，存储于 geom 字段。解译后的结果如图 9-5 最后两列所示。在本章实验环境下，下述 GSQL 语句耗时 3 分 40 秒，为拥有超过 5000 万条记录的 track_points 增加两个字段。

```
--添加新字段
ALTER TABLE taxi.track_points ADD point_time TIMESTAMP WITH TIME ZONE;
```

```
ALTER TABLE taxi.track_points ADD geom geometry;
--填充字段信息
UPDATE taxi.track_points
SET point_time=to_timestamp(point_time_int),
    geom=ST_SetSRID(ST_MakePoint(lon/10^5,lat/10^5),4326);
```

	vehiclenum	point_time_int	lat	lon	status	point_time	geom
1	4c44dd0c0085543...	1466477554	3985560.0	11641277.0	10000000	2016-06-21T10:52:34...	0101000020E6...
2	606bb85c65959a...	1466477571	3991121.0	11662734.0	0	2016-06-21T10:52:51...	0101000020E6...
3	444e5d665c619e8...	1466477459	4005250.0	11660748.0	0	2016-06-21T10:50:59...	0101000020E6...
4	618f5a6c58f3e8cc...	1466477553	3990655.0	11639931.0	10000000	2016-06-21T10:52:33...	0101000020E6...
5	12c9ff5d08437a4...	1466477546	3993887.0	11643835.0	0	2016-06-21T10:52:26...	0101000020E6...
6	db1b318f699bd2f...	1466477553	3981533.0	11628532.0	0	2016-06-21T10:52:33...	0101000020E6...
7	9b351af648a2b31...	1466477011	3991977.0	11651420.0	989681	2016-06-21T10:43:31...	0101000020E6...
8	489af6054599c05...	1466477552	3986727.0	11666051.0	10000000	2016-06-21T10:52:32...	0101000020E6...

图 9-5　增加了时间与空间字段后表的片段

9.3.2　系统最大内存限制的修改及空间索引的创建

执行下面的 GSQL 语句，可知此时导入后的空间数据表大小为 11GB。

```
SELECT pg_size_pretty (pg_total_relation_size('taxi.track_points'));
```

因为表记录较多，需要修改数据库对最大内存使用量的限制，以加快空间索引创建的速度。所以，需要先执行下面的 GSQL 语句。此处需要先单独执行第一条语句，再执行第二条语句，否则会报错“ALTER SYSTEM 无法在事物块中运行”。

```
ALTER SYSTEM SET maintenance_work_mem='2097151kB'; --上限为 2GB
SELECT pg_reload_conf();
```

然后用下面的 GSQL 语句建立索引，并查看数据大小，发现此时数据大小为 13GB。

```
-- 建立空间索引
CREATE INDEX point_id
ON taxi.track_points
USING gist(geom);
--查看建立索引后的数据表大小
SELECT pg_size_pretty(pg_total_relation_size('taxi.track_points'));
```

9.3.3　生成某出租车订单和空驶状态的 OD 流

本节以某出租车为例，详细介绍了该出租车不同状态（有乘客、无乘客）下 OD 流的生成过程，为理解下节的 GSQL 语句奠定基础。

出租车不同状态的 OD 流生成相对复杂，其本质是：根据订单状态，对每辆车的打点记录进行合并，时间上连续且有乘客的记录组聚合为一条记录，视为订单状态；时间上连续且无乘客的记录组聚合为另一条记录，视为空驶状态。此处以编号为 f9259752aa6a2f797ed70bc5ae918501 的出租车 GPS 打点数据为例，使用 GSQL 代码可将连续的打点数据聚合为连续的 OD 集合，即包括有乘客的订单 OD 和无乘客的空驶 OD。

```
WITH merged_records AS (
  --查询和合并连续状态的记录
  SELECT *,
  ROW_NUMBER() OVER (PARTITION BY vehiclenum ORDER BY point_time) -
  ROW_NUMBER() OVER (PARTITION BY vehiclenum, status ORDER BY point_time) AS group_id
  FROM taxi.track_points
),
continuous_points AS (
  --提取连续状态记录的起始点和终止点信息
  SELECT vehiclenum, status,
  MIN(point_time) AS start_time,
  MAX(point_time) AS end_time,
  (ARRAY_AGG(lon ORDER BY point_time))[1] AS start_lon,
  (ARRAY_AGG(lat ORDER BY point_time))[1] AS start_lat,
  (ARRAY_AGG(lon ORDER BY point_time DESC))[1] AS end_lon,
  (ARRAY_AGG(lat ORDER BY point_time DESC))[1] AS end_lat
  FROM merged_records
  GROUP BY vehiclenum, status, group_id
)
SELECT vehiclenum, start_time, end_time, start_lon, start_lat, end_lon, end_lat, status,
        ST_Point(start_lon/10^5, start_lat/10^5) AS start_point,
        ST_Point(end_lon/10^5, end_lat/10^5) AS end_point,
        ST_MakeLine(ST_Point(start_lon/10^5, start_lat/10^5),
                    ST_Point(end_lon/10^5, end_lat/10^5)) AS od_flow
FROM continuous_points
WHERE vehiclenum='f9259752aa6a2f797ed70bc5ae918501' --以该辆车作为示例使用
ORDER BY vehiclenum, start_time;
```

该查询通过两个临时表的结合使用，利用窗口函数和数组聚合函数，将连续状态的记录合并为一条，并保留其起始点和终止点的位置信息。最后的 SELECT 语句从合并后的表中选择需要的字段，并按照车辆编号和起始时间进行排序。具体执行过程如下。

（1）在第一个 WITH 子句中，创建了一个临时表 merged_records。它使用了两个窗口函数 ROW_NUMBER( )，将数据按照 vehiclenum 分组，并按照 point_time 排序，然后计算每个分组内的行号。PARTITION BY 子句用于定义每个分组的条件。窗口函数将在每个分区内进行计算，并根据分区内的行号来确定结果。其中，两处关于 PARTITION BY 的用法如下。

ROW_NUMBER ( ) OVER (PARTITION BY vehiclenum ORDER BY point_time)：这个窗口函数计算每辆车在时间排序下的行号，表示该行在分区（每辆车）内的排序位置。如图 9-6 最后一列所示，可以看到两辆车的记录被重新赋予了一个分区内的编号。

	vehiclenum	point_time_int	lat	lon	status	point_time	geom	car_time_index
2833	6d5a3be882bd...	1466553550	4003980.0	11639499.0	0	2016-06-22T07...	0101000020E6...	2833
2834	6d5a3be882bd...	1466553580	4003964.0	11639508.0	0	2016-06-22T07...	0101000020E6...	2834
2835	6d5a3be882bd...	1466553610	4003812.0	11639594.0	0	2016-06-22T08...	0101000020E6...	2835
2836	6d5a3be882bd...	1466553640	4003659.0	11639634.0	0	2016-06-22T08...	0101000020E6...	2836
2837	6d5a3be882bd...	1466553669	4003501.0	11639394.0	0	2016-06-22T08...	0101000020E6...	2837
2838	6d5a3be882bd...	1466553699	4003304.0	11639088.0	0	2016-06-22T08...	0101000020E6...	2838
2839	f9259752aa6a...	1466467357	3993068.0	11628920.0	0	2016-06-21T08...	0101000020E6...	1
2840	f9259752aa6a...	1466467419	3993068.0	11628920.0	0	2016-06-21T08...	0101000020E6...	2
2841	f9259752aa6a...	1466467479	3993068.0	11628920.0	0	2016-06-21T08...	0101000020E6...	3
2842	f9259752aa6a...	1466467539	3993068.0	11628920.0	0	2016-06-21T08...	0101000020E6...	4
2843	f9259752aa6a...	1466467599	3993068.0	11628920.0	0	2016-06-21T08...	0101000020E6...	5

图 9-6　按 vehiclenum 分区的行编号

ROW_NUMBER ( ) OVER (PARTITION BY vehiclenum, status ORDER BY point_time)：这个窗口函数计算每辆车和状态在时间排序下的行号，表示该行在特定车辆和状态的分区内的排序位置，如图 9-7 最后一列所示。

	vehiclenum	point_time_int	lat	lon	status	point_time	geom	car_time_index	car_status_index
2891	f9259752aa6a...	1466470221	3992629.0	11627879.0	0	2016-06-21T08...	0101000020E6...	53	53
2892	f9259752aa6a...	1466470275	3992710.0	11627535.0	0	2016-06-21T08...	0101000020E6...	54	54
2893	f9259752aa6a...	1466470335	3992598.0	11627462.0	0	2016-06-21T08...	0101000020E6...	55	55
2894	f9259752aa6a...	1466470395	3992465.0	11627448.0	0	2016-06-21T08...	0101000020E6...	56	56
2895	f9259752aa6a...	1466470455	3992337.0	11627427.0	0	2016-06-21T08...	0101000020E6...	57	57
2896	f9259752aa6a...	1466470515	3992335.0	11627285.0	0	2016-06-21T08...	0101000020E6...	58	58
2897	f9259752aa6a...	1466470526	3992333.0	11627276.0	10000000	2016-06-21T08...	0101000020E6...	59	1
2898	f9259752aa6a...	1466470577	3992559.0	11626977.0	10000000	2016-06-21T08...	0101000020E6...	60	2
2899	f9259752aa6a...	1466470637	3992593.0	11626972.0	10000000	2016-06-21T08...	0101000020E6...	61	3
2900	f9259752aa6a...	1466470697	3992610.0	11626971.0	10000000	2016-06-21T08...	0101000020E6...	62	4
2901	f9259752aa6a...	1466470757	3992652.0	11626958.0	10000000	2016-06-21T08...	0101000020E6...	63	5

图 9-7　按 vehiclenum 和 status 分区的行编号

通过将第一个窗口函数的结果减去第二个窗口函数的结果（图 9-7 倒数第 1 列），得到的差值可以用来标识连续状态记录的分组。按时间排序的具有相同 group_id 的记录组属于同一个连续状态，如图 9-8 所示。status 为 0 表示具有空驶的时间序列记录组，status 为 10000000 表示具有订单的时间序列记录组。

	vehiclenum	point_time_int	lat	lon	status	point_time	geom	car_time_index	car_status_index	group_id
2892	f9259752aa6a...	1466470275	3992710.0	11627535.0	0	2016-06-21T08...	0101000020E6...	54	54	0
2893	f9259752aa6a...	1466470335	3992598.0	11627462.0	0	2016-06-21T08...	0101000020E6...	55	55	0
2894	f9259752aa6a...	1466470395	3992465.0	11627448.0	0	2016-06-21T08...	0101000020E6...	56	56	0
2895	f9259752aa6a...	1466470455	3992337.0	11627427.0	0	2016-06-21T08...	0101000020E6...	57	57	0
2896	f9259752aa6a...	1466470515	3992335.0	11627285.0	0	2016-06-21T08...	0101000020E6...	58	58	0
2897	f9259752aa6a...	1466470526	3992333.0	11627276.0	10000000	2016-06-21T08...	0101000020E6...	59	1	58
2898	f9259752aa6a...	1466470577	3992559.0	11626977.0	10000000	2016-06-21T08...	0101000020E6...	60	2	58
2899	f9259752aa6a...	1466470637	3992593.0	11626972.0	10000000	2016-06-21T08...	0101000020E6...	61	3	58
2900	f9259752aa6a...	1466470697	3992610.0	11626971.0	10000000	2016-06-21T08...	0101000020E6...	62	4	58
2901	f9259752aa6a...	1466470757	3992652.0	11626958.0	10000000	2016-06-21T08...	0101000020E6...	63	5	58
2902	f9259752aa6a...	1466470816	3992679.0	11626959.0	10000000	2016-06-21T09...	0101000020E6...	64	6	58

图 9-8　第一个 WITH 子句执行的结果

（2）在第二个 WITH 子句中，创建了一个临时表 continuous_points。它从 merged_records 表中选择 vehiclenum、status、起始时间（start_time）、终止时间（end_time）、起始点经度（start_lon）、起始点纬度（start_lat）、终止点经度（end_lon）、终止点纬度（end_lat）。这里使用了 ARRAY_AGG 函数配合 ORDER BY 子句来获取每个分组内的位置信息，并使用 GROUP BY 子句对 vehiclenum、status 和 group_id 进行分组。 图 9-9 展示了该子句的查询结果，可以看到连续相同状态的多条记录被合并为一条，并且保留了起始点和终止点的相关位置和时间信息。

	vehiclenum	status	start_time	end_time	start_lon	start_lat	end_lon	end_lat
1	f9259752aa6a2f797ed70bc5ae918501	10000000	2016-06-21T08:55:26...	2016-06-21T09:32:21...	11627276.0	3992333.0	11633532.0	3994806.0
2	f9259752aa6a2f797ed70bc5ae918501	10000000	2016-06-21T09:41:05...	2016-06-21T09:50:23...	11633594.0	3994669.0	11634698.0	3993628.0
3	f9259752aa6a2f797ed70bc5ae918501	10000000	2016-06-21T09:52:56...	2016-06-21T10:00:24...	11634915.0	3993565.0	11631838.0	3992225.0
4	f9259752aa6a2f797ed70bc5ae918501	10000000	2016-06-21T10:02:02...	2016-06-21T10:08:25...	11631723.0	3992253.0	11629980.0	3992291.0
5	f9259752aa6a2f797ed70bc5ae918501	10000000	2016-06-21T10:22:09...	2016-06-21T10:39:27...	11630891.0	3992260.0	11637598.0	3990292.0
6	f9259752aa6a2f797ed70bc5ae918501	10000000	2016-06-21T10:49:16...	2016-06-21T10:57:31...	11636560.0	3990680.0	11634549.0	3989696.0
7	f9259752aa6a2f797ed70bc5ae918501	10000000	2016-06-21T11:08:53...	2016-06-21T11:34:35...	11634111.0	3991243.0	11640329.0	3996734.0
8	f9259752aa6a2f797ed70bc5ae918501	10000000	2016-06-21T11:52:27...	2016-06-21T12:17:40...	11637503.0	3994997.0	11643157.0	3993966.0
9	f9259752aa6a2f797ed70bc5ae918501	10000000	2016-06-21T12:37:13...	2016-06-21T13:02:44...	11637757.0	3994993.0	11633291.0	3993333.0
10	f9259752aa6a2f797ed70bc5ae918501	10000000	2016-06-21T13:03:48...	2016-06-21T13:26:47...	11633244.0	3993318.0	11626281.0	3989903.0
11	f9259752aa6a2f797ed70bc5ae918501	10000000	2016-06-21T16:50:10...	2016-06-21T17:04:27...	11629854.0	3992286.0	11631498.0	3989711.0

图 9-9　第二个 WITH 语句执行的结果

（3）最后的 SELECT 语句根据 continuous_points 表中起始点和终止点的位置坐标，构建矢量点字段 start_point 和 end_point，以及点之间的 OD 矢量线字段 od_flow。并且，按照 vehiclenum 和 start_time 进行排序，结果如图 9-10 所示。

	vehiclenum	start_time	end_time	start_lon	start_lat	end_lon	end_lat	status	start_point	end_point	od_flow
1	f9259752aa6a...	2016-06-21T08:02:37+08:00	2016-06-21T08:55:15+08:00	11628920.0	3993068.0	11627285.0	3992335.0	0	01010000003...	0101000000A...	01020000000...
2	f9259752aa6a...	2016-06-21T08:55:26+08:00	2016-06-21T09:32:21+08:00	11627276.0	3992333.0	11633532.0	3994806.0	10000000	01010000000...	01010000007...	01020000000...
3	f9259752aa6a...	2016-06-21T09:32:34+08:00	2016-06-21T09:40:22+08:00	11633601.0	3994817.0	11633564.0	3994660.0	0	01010000004...	0101000000A...	01020000000...
4	f9259752aa6a...	2016-06-21T09:41:05+08:00	2016-06-21T09:50:23+08:00	11633594.0	3994669.0	11634698.0	3993628.0	10000000	0101000000C...	01010000006...	01020000000...
5	f9259752aa6a...	2016-06-21T09:51:06+08:00	2016-06-21T09:52:22+08:00	11634784.0	3993635.0	11634869.0	3993628.0	0	01010000006...	01010000004...	01020000000...
6	f9259752aa6a...	2016-06-21T09:52:56+08:00	2016-06-21T10:00:24+08:00	11634915.0	3993565.0	11631838.0	3992225.0	10000000	01010000007...	0101000000D...	01020000000...
7	f9259752aa6a...	2016-06-21T10:00:57+08:00	2016-06-21T10:01:23+08:00	11631800.0	3992228.0	11631800.0	3992228.0	0	01010000003...	01010000003...	01020000000...
8	f9259752aa6a...	2016-06-21T10:02:02+08:00	2016-06-21T10:08:25+08:00	11631723.0	3992253.0	11629980.0	3992291.0	10000000	0101000000D...	0101000000D...	01020000000...
9	f9259752aa6a...	2016-06-21T10:09:25+08:00	2016-06-21T10:21:25+08:00	11629862.0	3992290.0	11630636.0	3992252.0	0	01010000009...	01010000005...	01020000000...
10	f9259752aa6a...	2016-06-21T10:22:09+08:00	2016-06-21T10:39:27+08:00	11630891.0	3992260.0	11637598.0	3990292.0	10000000	01010000001...	0101000000C...	01020000000...
11	f9259752aa6a...	2016-06-21T10:39:44+08:00	2016-06-21T10:48:28+08:00	11637645.0	3990288.0	11636683.0	3990599.0	0	01010000001...	01010000004...	01020000000...
12	f9259752aa6a...	2016-06-21T10:49:16+08:00	2016-06-21T10:57:31+08:00	11636560.0	3990680.0	11634549.0	3989696.0	10000000	0101000000B...	01010000001...	01020000000...
13	f9259752aa6a...	2016-06-21T10:58:28+08:00	2016-06-21T11:08:32+08:00	11633859.0	3989667.0	11634027.0	3991224.0	0	01010000002...	0101000000D...	01020000000...
14	f9259752aa6a...	2016-06-21T11:08:53+08:00	2016-06-21T11:34:35+08:00	11634111.0	3991243.0	11640329.0	3996734.0	10000000	0101000000A...	01010000007...	01020000000...

图 9-10　最后的 SELECT 语句的执行结果

将查询结果导入 QGIS 中进行可视化，该车辆的连续状态的 OD 流如图 9-11 所示。空心点表示起始点，实心点表示结束点，虚线表示无乘客的空驶状态，实线表示有订单的载客状态。

9.3.4　所有出租车订单 OD 流的生成

根据上节查询逻辑，若选出 status 为 10000000 的 OD 流，则是订单的 OD 流。下面的 GSQL 语句给出了生成所有车辆订单的 OD 流并将结果存入 taxi.track_od 表的执行过程。其中，表中的各字段的中英文对应关系如下：出租车编号（vehiclenum）、订单起始时间（start_time）、订单结束时间（end_time）、订单起点经纬度（start_lon 和 start_lat）、订单终点经纬度（end_lon 和 end_lat）。在本章实验环境下，下述 GSQL 语句耗时 14 分 14 秒，生成 346814 条记录。

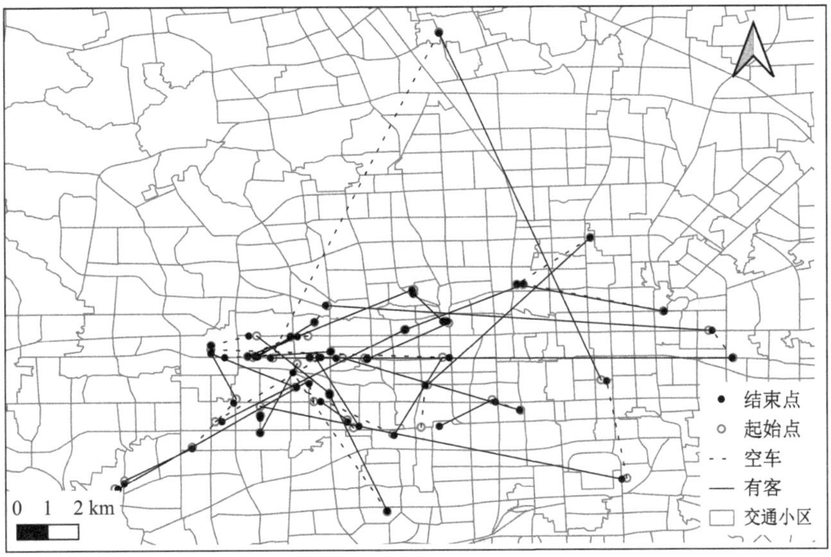

图 9-11　上述查询可视化的效果

```
CREATE TABLE taxi.track_od AS
WITH merged_records AS (
  --查询和合并连续状态的记录
  SELECT *,
         ROW_NUMBER() OVER (PARTITION BY vehiclenum ORDER BY point_time) -
         ROW_NUMBER() OVER (PARTITION BY vehiclenum, status ORDER BY point_time) AS
group_id
  FROM taxi.track_points
),
continuous_points AS (
  -- 提取连续状态记录的起始点和终止点信息
  SELECT vehiclenum, status,
         MIN(point_time) AS start_time,
         MAX(point_time) AS end_time,
         (ARRAY_AGG(lon ORDER BY point_time))[1] AS start_lon,
         (ARRAY_AGG(lat ORDER BY point_time))[1] AS start_lat,
         (ARRAY_AGG(lon ORDER BY point_time DESC))[1] AS end_lon,
         (ARRAY_AGG(lat ORDER BY point_time DESC))[1] AS end_lat
  FROM merged_records
  WHERE status=10000000
  GROUP BY vehiclenum, status, group_id
)
SELECT vehiclenum, start_time, end_time, start_lon, start_lat, end_lon, end_lat, status
```

```
FROM continuous_points;
```

最后用下面的 GSQL 查看 track_od 表的记录数为 346814 条，其数据片段如图 9-12 所示。

```
SELECT COUNT(*) FROM taxi.track_od;
SELECT * FROM taxi.track_od LIMIT 15;
```

	vehiclenum	start_time	end_time	start_lon	start_lat	end_lon	end_lat	status
1	00031346d553c683d94d7ab442e4fc71	2016-06-21T11:06:20	2016-06-21T11:07:18	11661175.0	4004821.0	11658571.0	4006582.0	0
2	00031346d553c683d94d7ab442e4fc71	2016-06-21T15:07:19	2016-06-21T17:00:04	11642400.0	3994818.0	11647092.0	3988982.0	0
3	00031346d553c683d94d7ab442e4fc71	2022-06-21T15:59:00	2022-06-21T16:14:00	11647092.0	3988982.0	11647092.0	3988982.0	0
4	00031346d553c683d94d7ab442e4fc71	2016-06-21T09:55:39	2016-06-21T10:56:43	11661175.0	4004821.0	11661175.0	4004821.0	989681
5	00031346d553c683d94d7ab442e4fc71	2016-06-21T12:44:30	2016-06-21T12:48:30	11635693.0	3989802.0	11635693.0	3989802.0	989681
6	00031346d553c683d94d7ab442e4fc71	2016-06-21T12:52:30	2016-06-21T13:02:31	11635693.0	3989802.0	11635693.0	3989802.0	989681
7	00031346d553c683d94d7ab442e4fc71	2016-06-21T13:04:31	2016-06-21T13:09:32	11635693.0	3989802.0	11635693.0	3989802.0	989681
8	00031346d553c683d94d7ab442e4fc71	2016-06-21T20:14:53	2016-06-22T06:09:37	11647805.0	3984639.0	11647521.0	3987939.0	989681
9	00031346d553c683d94d7ab442e4fc71	2016-06-22T06:11:38	2016-06-22T06:12:38	11647521.0	3987939.0	11647521.0	3987939.0	989681
10	00031346d553c683d94d7ab442e4fc71	2016-06-22T06:15:38	2016-06-22T06:26:39	11647521.0	3987939.0	11647521.0	3987939.0	989681
11	00031346d553c683d94d7ab442e4fc71	2022-06-21T21:49:00	2022-06-21T22:02:00	11647805.0	3984639.0	11647805.0	3984639.0	989681
12	00031346d553c683d94d7ab442e4fc71	2016-06-21T08:02:31	2016-06-21T09:54:39	11642128.0	3990706.0	11661175.0	4004821.0	10000000
13	00031346d553c683d94d7ab442e4fc71	2016-06-21T10:57:43	2016-06-21T11:06:06	11661175.0	4004821.0	11661175.0	4004821.0	10000000
14	00031346d553c683d94d7ab442e4fc71	2016-06-21T11:08:01	2016-06-21T12:43:30	11658672.0	4005960.0	11635693.0	3989802.0	10000000
15	00031346d553c683d94d7ab442e4fc71	2016-06-21T12:49:30	2016-06-21T12:51:30	11635693.0	3989802.0	11635693.0	3989802.0	10000000
16	00031346d553c683d94d7ab442e4fc71	2016-06-21T13:03:31	2016-06-21T13:03:31	11635693.0	3989802.0	11635693.0	3989802.0	10000000
17	00031346d553c683d94d7ab442e4fc71	2016-06-21T13:10:32	2016-06-21T14:00:35	11635693.0	3989802.0	11635693.0	3989802.0	10000000

图 9-12　生成的 track_od 表的部分数据

9.3.5　交通小区间 OD 流列表的生成

在上述出租车订单 OD 流的基础上，叠加上交通小区数据可以分析出小区间的 OD 流；其 GSQL 语句如下。其中，staz 为出发小区的编码；etaz 为终止小区的编码；num 为从 staz 到 etaz 的订单量。WHERE 条件中通过判断 tax 的开始点和结束点分别位于哪个小区内，确定开始小区与终止小区。COUNT 是根据(staz,etaz)分组后的计数值。

```
SELECT taz1.tazid AS staz,taz2.tazid AS etaz,COUNT(*) AS num
INTO taxi.taz_flow_count
FROM taxi.tazbeijing taz1, taxi.tazbeijing taz2, taxi.track_od tax
WHERE ST_contains(taz1.geom, ST_SetSRID(ST_Point(tax.start_lon/10^5, tax.start_lat/10^5), 4326))
    AND ST_contains(taz2.geom, ST_SetSRID(ST_Point(tax.end_lon/10^5, tax.end_lat/10^5), 4326))
GROUP BY staz, etaz
ORDER BY staz, etaz;
```

上述 GSQL 语句执行耗时 13 分 40 秒，生成 116976 条记录，执行结果的部分数据如图 9-13 所示。

以从天安门（staz=97）为起点到其他各个交通小区的订单数量为例，其订单数量的可视化结果如图 9-14 所示；颜色越深表示从天安门到该交通小区的订单量越大。

	staz	etaz	num
1	1	1	104
2	1	2	3
3	1	3	1
4	1	4	6
5	1	5	4
6	1	6	1
7	1	8	3
8	1	9	2

图 9-13　交通小区间 OD 流列表示意

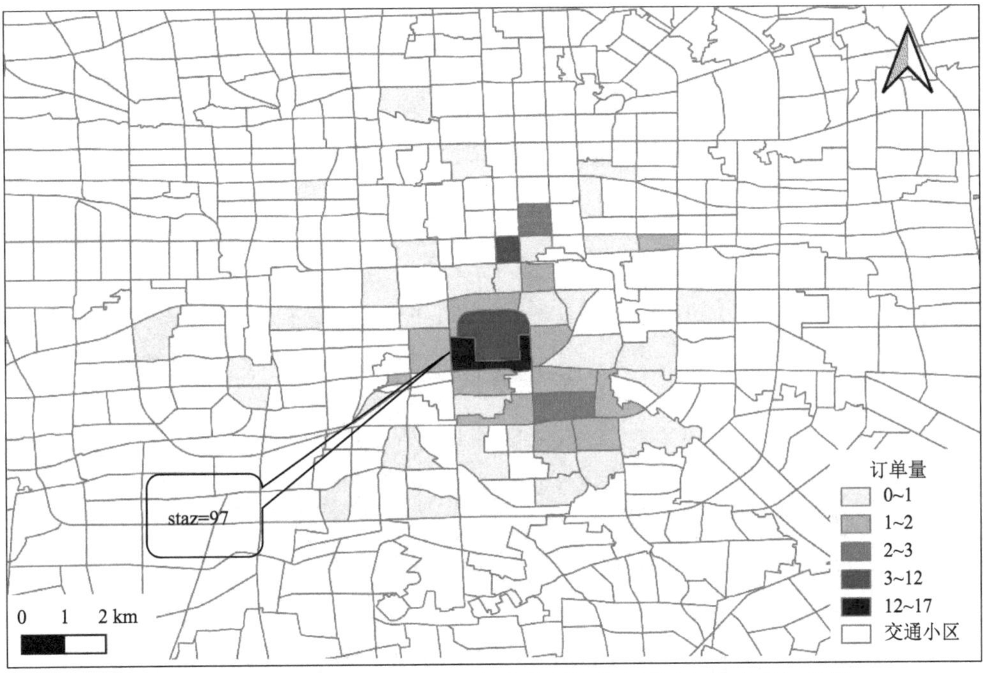

图 9-14　以天安门（staz=97）为起点的到其他交通小区的出租订单量

9.3.6　交通小区间 OD 矩阵的生成

上面的 taz_flow_count 表是以（staz,etaz,num）三元组的形式给出了交通小区间 OD 流的列表。若希望按矩阵的方式输出交通小区间 OD 矩阵，有两种解决方案。

方法一：用下述交叉查询的 GSQL 语句得到，代码中的“…”需要自行选择和补足需要得到相互间订单数的小区编号。以结束到 etaz5 为例，其查询结果如图 9-15 所示。

```
SELECT *
    FROM crosstab (
        $$
        SELECT staz,etaz,num
        FROM taxi.taz_flow_count
        WHERE staz>=1 AND staz<=100 AND etaz>=1 AND etaz<=100$$)
    AS t(staz int4,etaz1 int8,etaz2 int8,etaz3 int8,etaz4 int8,etaz5 int8, etaz6 int8, etaz7 int8, etaz8 int8, etaz9
int8, etaz10 int8,…,etaz100 int8);
```

	staz	etaz1	etaz2	etaz3	etaz4	etaz5
1	1	104	3	1	6	4
2	2	6	44	4	1	NULL
3	3	3	2	42	2	2
4	4	11	5	4	125	9
5	5	7	1	4	9	63

图 9-15　5 个小区间的 OD 矩阵

方法二：将 taz_flow_count 表导出为 Excel 文件，在 Excel 中打开该文件，点击“插入”→“数据透视表”。采用 2.2 节介绍过的数据透视表制作方法也可以生成小区间的 OD 矩阵，如图 9-16 所示。

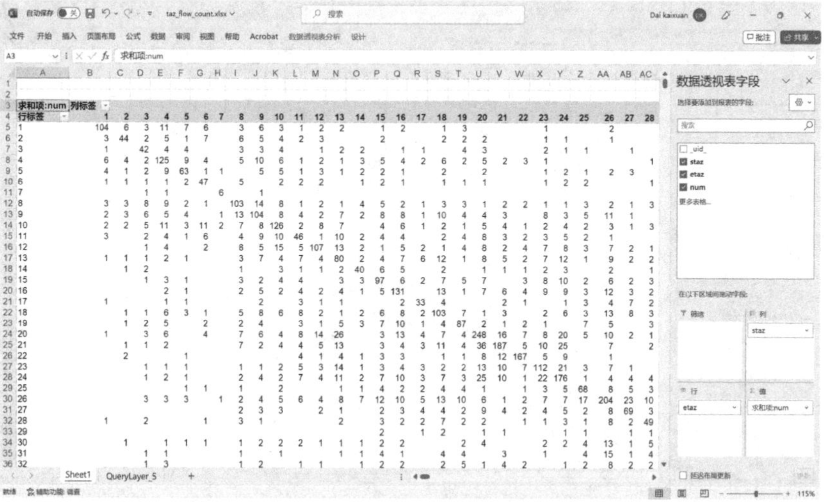

图 9-16　所有小区之间的 OD 矩阵

9.4　基于出租车打点数据的时空轨迹处理与查询

时空轨迹（trajectory）是移动对象的位置和时间的记录序列。从定义中可知，时空轨迹是连续的，但由于硬件的限制及其他原因，轨迹的采样点通常是离散的，故时空轨迹也通常用离散的方式表示。在二维空间中，以 $T=\{(x_1, y_1, t_1), (x_2, y_2, t_2), \cdots, (x_n, y_n, t_n)\}$为例，式中 T 代表一条轨迹，序列中每个元组（x_i, y_i, t_i）表示对象在 t_i 时刻的采样点，（x_i, y_i）表示对象在二维空间中的位置。

基于本章的出租车打点数据，可将运动的独立采样点记录聚合成时空轨迹。建立轨迹后可以对多个轨迹点进行压缩，以降低存储成本。PostGIS 没有提供原生的轨迹数据类型，所以一般做法是使用 LinestringM 类型的 M 维度来存储时间信息。生成轨迹时需要注意：将轨迹点按照 M 维度（时间）升序排列，且在该维度上不能出现重复值。

9.4.1　将打点数据表转换为轨迹表

以两辆车的打点数据为例，下面 GSQL 语句给出了如何将打点数据聚合成行驶时空轨迹的过程。首先，建立一个轨迹表 taxi.track_trajectory 用于存储转换后的行驶轨迹记录。其次，用 ST_MakePointM 构造轨迹点，其中 M 维度保存时间戳信息。再次，用 ST_MakeLine 函数将原本的点数据按照时间顺序构造成带有时间度量的轨迹数据。最后，将查询结果插入到 taxi.track_trajectory 表中。

```
--创建轨迹表
CREATE TABLE taxi.track_trajectory (
   vehiclenum VARCHAR,
   trajectory GEOMETRY
);
--将打点数据转化为轨迹数据，并插入到轨迹表中
INSERT INTO taxi.track_trajectory (vehiclenum, trajectory)
(
   SELECT vehiclenum,
            ST_MakeLine(ST_MakePointM(lon/10^5, lat/10^5, point_time_int)
                                       ORDER BY point_time_int) AS trajectory
   FROM (
        --去除重复的打点记录
        SELECT DISTINCT ON (vehiclenum, point_time_int) vehiclenum, point_time_int, lon, lat
        FROM taxi.track_points
        --以两辆车的轨迹作为示例
            WHERE vehiclenum='f9259752aa6a2f797ed70bc5ae918501'
                  OR vehiclenum='6d5a3be882bd399dfe9c5f8f1d5f3518'
        ORDER BY vehiclenum, point_time_int
        ) s1
   GROUP BY vehiclenum
);
```

数据转换完成后，可将图层加载到 QGIS 中进行可视化，演示中使用的两辆出租车的行驶轨迹如图 9-17 所示。

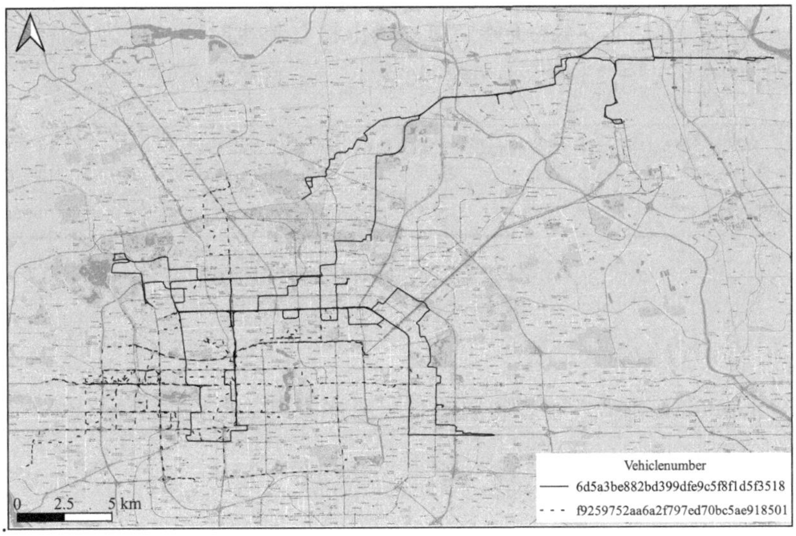

图 9-17　两辆出租车行驶的时空轨迹

9.4.2 检查生成的轨迹类型是否正确

对创建成功后的轨迹表，可以使用 ST_IsValidTrajectory 函数检查生成的轨迹类型是否正确。

```
SELECT *,ST_IsValidTrajectory (trajectory) FROM taxi.track_trajectory;
```

执行结果如图 9-18 所示。对于表 taxi.track_trajectory 中的两条轨迹记录，其 ST_IsValidTrajectory 查询结果均为 True，表示这两条记录都具有正确的轨迹类型。

	vehiclenum	trajectory	st_isvalidtrajectory
1	6d5a3be882bd399dfe9c5f8f1d5f3518	010200004016...	True
2	f9259752aa6a2f797ed70bc5ae918501	0102000040FD...	True

图 9-18　检查轨迹是否正确的执行结果

9.4.3 查询轨迹基本信息

此外，也可以对轨迹的基本信息进行查询。下面的 GSQL 语句使用 ST_NPoints 返回轨迹中包含的打点数量，ST_Length 函数返回轨迹长度，ST_StartPoint 和 ST_EndPoint 返回轨迹的起始点和终止点，ST_M 函数返回指定点的 M 值（时间戳），TO_TIMESTAMP 函数是将时间戳解析为已读的“年月日时”格式。

```
SELECT vehiclenum,
    ST_NPoints(trajectory) AS point_count,
    (ST_Length(trajectory::geography)/1000)::int AS length_kms,
    TO_TIMESTAMP(ST_M(ST_StartPoint(trajectory))) AS start_time,
    TO_TIMESTAMP(ST_M(ST_EndPoint(trajectory))) AS end_time
FROM taxi.track_trajectory;
```

执行结果如图 9-19 所示，两辆车的轨迹中包含的轨迹点数量分别为 2838 和 1533，轨迹长度分别为 231km 和 309km，第一辆出租车起止时间分别为 2016 年 6 月 21 日 8 时 1 分 58 秒和 2016 年 6 月 22 日 8 时 1 分 39 秒，第二辆出租车起止时间分别为 2016 年 6 月 21 日 8 时 2 分 37 秒和 2016 年 6 月 22 日 8 时 0 分 46 秒。

	vehiclenum	point_count	length_kms	start_time	end_time
1	6d5a3be882bd399dfe9c5f8f1d5f3518	2838	231	2016-06-21T08:01:58+08:00	2016-06-22T08:01:39+08:00
2	f9259752aa6a2f797ed70bc5ae918501	1533	309	2016-06-21T08:02:37+08:00	2016-06-22T08:00:46+08:00

图 9-19　查询轨迹基本信息的执行结果

9.4.4 轨迹还原为点数据

使用 St_DumpPoints 函数，可以将轨迹数据还原成点数据，如下述 GSQL 语句所示。

```
WITH track_point AS (
    SELECT (ST_DumpPoints(trajectory)).geom AS point_geom
    FROM taxi.track_trajectory
```

```
    WHERE vehiclenum='f9259752aa6a2f797ed70bc5ae918501'
            OR vehiclenum='6d5a3be882bd399dfe9c5f8f1d5f3518'
)
SELECT ST_X(point_geom) AS lon,
        ST_Y(point_geom) AS lat,
        TO_TIMESTAMP(ST_M(point_geom)) AS times_tamp
FROM track_point;
```

执行结果如图 9-20 所示，两条轨迹被还原为多条点记录，共 4371 个轨迹点。

	lon	lat	times_tamp
1	116.4101	39.98199	2016-06-21T08:01:58+08:00
2	116.41108	39.98205	2016-06-21T08:02:28+08:00
3	116.41376	39.98205	2016-06-21T08:02:58+08:00
4	116.4171	39.98211	2016-06-21T08:03:28+08:00
5	116.41781	39.98208	2016-06-21T08:03:58+08:00

图 9-20 将轨迹还原为点的执行结果

9.4.5 计算行驶中的最近距离

基于正确轨迹类型的数据表，可以使用 ST_DistanceCPA 函数，计算两辆移动的出租车彼此之间的最近距离，如下述 GSQL 语句所示。

```
SELECT t1.vehiclenum AS trajectory1_id,
       t2.vehiclenum AS trajectory2_id,
       ST_DistanceCPA(t1.trajectory, t2.trajectory) AS closest_distance
FROM
    taxi.track_trajectory t1, taxi.track_trajectory t2
WHERE
    t1.vehiclenum <> t2.vehiclenum;
```

执行结果如图 9-21 所示，两辆车之间的最近距离约为 445m。

	trajectory1_id	trajectory2_id	closest_distance
1	6d5a3be882bd399dfe9c5f8f1d5f3518	f9259752aa6a2f797ed70bc5ae918501	445.63159528371983
2	f9259752aa6a2f797ed70bc5ae918501	6d5a3be882bd399dfe9c5f8f1d5f3518	445.63159528371983

图 9-21 计算行驶中的最近距离的执行结果

9.4.6 计算行驶中达到最近距离时对应的时间

此外，还可以使用 ST_ClosestPointOfApproach 函数获得当两辆出租车行驶到最近距离时对应的时间点。若达到最近距离时没有对应的打点记录，则该时间是通过对 M 值进行插值得到。下面的 GSQL 语句计算了两辆车行驶轨迹中的最短距离及对应的时间。

```
SELECT
    t1.vehiclenum AS trajectory1_id,
    t2.vehiclenum AS trajectory2_id,
    TO_TIMESTAMP(ST_ClosestPointOfApproach(t1.trajectory, t2.trajectory)) AS closest_time,
    ST_DistanceCPA(t1.trajectory, t2.trajectory) AS closest_distance
FROM
    taxi.track_trajectory t1,
    taxi.track_trajectory t2
WHERE
    t1.vehiclenum <> t2.vehiclenum;
```

执行结果如图 9-22 所示，两辆车之间达到最近距离时的时间为上午 10 时 56 分 45 秒。

	trajectory1_id	trajectory2_id	closest_time	closest_distance
1	6d5a3be882bd399dfe9c5f8f1d5f3518	f9259752aa6a2f797ed70bc5ae918501	2016-06-21T10:56:45+08:00	445.63159528371983
2	f9259752aa6a2f797ed70bc5ae918501	6d5a3be882bd399dfe9c5f8f1d5f3518	2016-06-21T10:56:45+08:00	445.63159528371983

图 9-22　计算行驶中达到最近距离时所对应时间的执行结果

9.4.7　判断行驶中的最近距离是否小于指定阈值

此外，还可以使用 ST_CPAWithin 函数判断两辆车的最近距离是否小于指定的阈值。下面的 GSQL 语句演示了判断两辆车之间的最近距离是否小于 1000m。

```
SELECT
    t1.vehiclenum AS trajectory1_id,
    t2.vehiclenum AS trajectory2_id,
    TO_TIMESTAMP(ST_ClosestPointOfApproach(t1.trajectory, t2.trajectory)) AS closest_time,
     ST_DistanceCPA(t1.trajectory, t2.trajectory) AS closest_distance,
     ST_CPAWithin(t1.trajectory, t2.trajectory,1000) AS whether_within_distance
FROM
    taxi.track_trajectory t1,
    taxi.track_trajectory t2
WHERE
    t1.vehiclenum <> t2.vehiclenum;
```

执行结果如图 9-23 所示，两条记录的 whether_within_distance 字段均为 True，表示车辆行驶轨迹过程中的最近距离均低于 1000m。

	trajectory1_id	trajectory2_id	closest_time	closest_distance	whether_within_distance
1	6d5a3be882bd...	f9259752aa6a...	2016-06-21T10:56:45+08:00	445.63159528371983	True
2	f9259752aa6a...	6d5a3be882bd...	2016-06-21T10:56:45+08:00	445.63159528371983	True

图 9-23　判断行驶中的最近距离是否小于指定阈值的执行结果

目前，PostGIS 关于轨迹数据类型的操作相对较少，仅包括上述介绍的 ST_IsValidTrajectory、ST_DistanceCPA 、ST_ClosestPointOfApproach 、ST_CPAWithin 这四个函

数。感兴趣的读者可以进一步参考 MobilityDB、pg-trajectory 等基于 PostGIS 封装的高级轨迹分析处理工具。

9.5 作　业

（1）9.3.3 节的 GSQL 语句简化了轨迹，即仅用不同状态连续段的起止点生成线段（图 9-11），请思考如何将某连续段内的所有点聚合为 LineString，生成精细的时空轨迹。

（2）请思考如何进一步提高 9.3.5 中的 GSQL？提示：可以考虑先将 ST_SetSRID(ST_Point(tax.start_lon/10^5, tax.start_lat/10^5), 4326)和 ST_SetSRID(ST_Point(tax.end_lon/10^5, tax.end_lat/10^5), 4326)存储在两个新的 Geometry 字段中，并为其建立 gist 索引；然后，用这两字段名替换上述函数，并记录执行所需时间。

第 10 章　海量出租车订单 OD 流的分布式存储与计算

Postgres-XL 全称为 Postgres eXtensible Lattice（PGXL），即可扩展的 PG“格子”之意，是一个基于 PostgreSQL 的开源 SQL 数据库集群。Postgres-XL 通过建立副本、读写分离等数据库横向扩展方式，把不同的数据放在不同的节点，以灵活处理大量的数据库工作负载。

PGXL 的前身是 Postgres-XC（PGXC），PGXC 在 PostgreSQL 的基础上加入了集群功能，主要适用于联机事务处理（on-line transaction processing，OLTP）应用。PGXL 是 PGXC 的升级产品，加入了一些适用于联机分析处理（on-line analytical processing，OLAP）特性，如大规模并行处理（massively parallel processing，MPP）。

PGXL 由全局事务处理器（global transaction manager，GTM），协调器（coordinator）和数据节点（DataNode）三部分构成（图 10-1）。GTM 负责支持事务的原子性、一致性、隔离性、持久性（atomicity consistency isolation durabilily, ACID），如发放事务 ID、快照、版本控制等，确保分布式数据库全局事务的一致性。Coordinator 负责事务的调度，与 GTM 和 Data Node 进行交互，通过分析 SQL 操作、计划查询、最后将操作指令发送到各个 DataNode。DataNode 负责存储数据并处理 SQL 操作，是数据实际存放的位置。

下面先介绍分布式空间数据库的部署、安装与环境配置，再以按照第 9 章介绍的方法生成的月度出租车订单 OD 流大数据（track_od_month.sql）为例，测试集中环境与分布式环境下查询效率的差距。

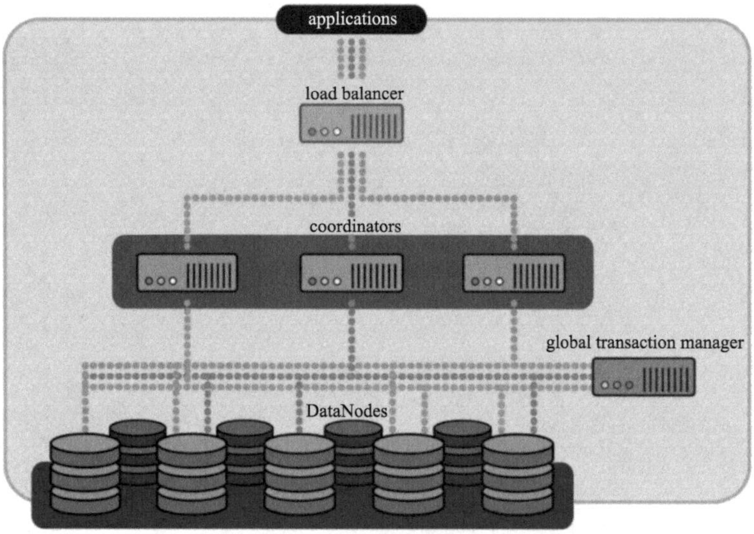

图 10-1　PGXL 的分布式体系结构（https://www.postgres-xl.org/documentation）

本章涉及分布式 Docker 集群系统、分布式数据库 PGXL、分布式 PostGIS 等多个分布式系统，本教程给出了上述系统的安装程序（在配套资源第 10 章目录下），供读者使用。这里需要注意：分布式数据库 PGXL 和分布式 PostGIS 适用于分布式环境，与前几章集中式实验中用到的 PGSQL、PostGIS 不同，因此，本章需要重新安装、部署相关实验环境。

10.1　实验数据与实验环境介绍

为了比较分布式 PGXL 数据库与单机版 PGSQL 数据库的执行性能，本实验选择 2016 年 6 月 1 日至 6 月 30 日的北京市出租车 OD 数据（结构如表 10-1 所示）作为测试数据。该数据表包含车辆编号、日期等 8 个字段，共有 6942670 条记录，详见本教程配套资源的第 10 章目录下的 track_od_month.sql 文件，该文件接近 700M。此外，本实验还需要用到第 9 章的北京市交通规划小区数据，其数据库格式的文件详见本教程配套资源的第 10 章目录下的 taxi_tazbeijing.sql 文件。

表 10-1　北京市出租车 OD 数据表（track_od_month）

字段名称	字段类型	字段含义
vehiclenum	Varchar	车辆编号
sdate	date	日期
start_time	time with time zone	起始时间
end_time	time with time zone	结束时间
start_lon	double precision	起始点经度
start_lat	double precision	起始点纬度
end_lon	double precision	结束点经度
end_lat	double precision	结束点纬度

实验将在表 10-1 的数据集上，用 GSQL 统计每条记录的行驶时长（duration）、行驶距离（distance）、行驶速度（speed）。

为了让读者进一步体会数据库的效率，本章会记录重要操作的执行时间。本章实验是在虚拟机上进行，其软硬件配置如表 10-2 所示，有兴趣的读者可以尝试在类似的硬件资源下测试其他解决方案的执行效率。

表 10-2　虚拟机的软硬件配置

处理器	20 核 Intel（R） Xeon（R） CPU E5-2680 v4 @ 2.40GHz
内存	32 GB
系统	CentOS7，64 位操作系统

10.2　分布式 Docker 集群的部署

10.2.1　集群规划

实验计划基于 Docker 虚拟化技术，在上述 CentOS 虚拟机上构建单机多节点伪集群，实验的 IP 地址和端口规划如表 10-3 所示。

表 10-3　单机多节点的伪集群方案

IP	角色	端口
172.24.43.158	宿主机	5432
172.18.0.2	GTM	6666
	协调器	5432
	数据节点（dn1）	15432
	GTM Proxy	6667
	数据节点（dn2）	15433
	GTM Proxy	6668

10.2.2　Docker 虚拟机环境配置

1. Docker 安装

实验中用到的宿主机操作系统为 CentOS7，在安装 Docker 前需要对 yum 进行更新，以确保获得最新的软件版本。此外，需要将 Docker CE 软件源改为国内镜像，避免因为网络造成的镜像拉取失败。输入以下命令下载阿里镜像源。

```
yum-config-manager --add-repo http://mirrors.aliyun.com/docker-ce/linux/centos/docker-ce.repo
```

输入以下指令安装 containerd.io-1.5.10 版本。

```
yum install -y http://mirrors.aliyun.com/docker-ce/linux/centos/7.9/x86_64/stable/Packages/containerd. io-1.5.10-3.1.el7.x86_64.rpm
```

安装完成后可以看到如图 10-2 所示的输出。

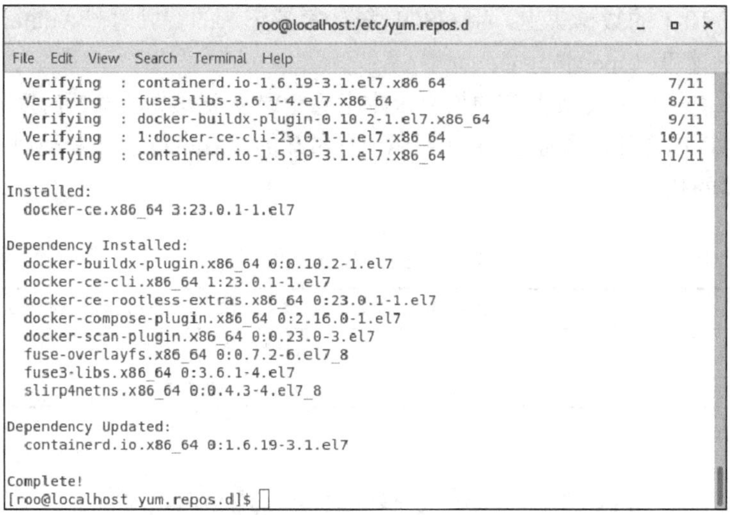

图 10-2　Docker 安装完成

输入以下命令安装最新版本的 Docker 引擎(docker-ce)和引擎命令行界面(docker-ce-cli)。

```
yum install docker-ce -y
```

输入以下命令启动 Docker。

```
systemctl start docker
```

输入以下命令检查是否安装成功。

```
docker -v
```

若安装成功，可以看到当前的 Docker 版本为 Docker version 23.0.1，如图 10-3 所示。

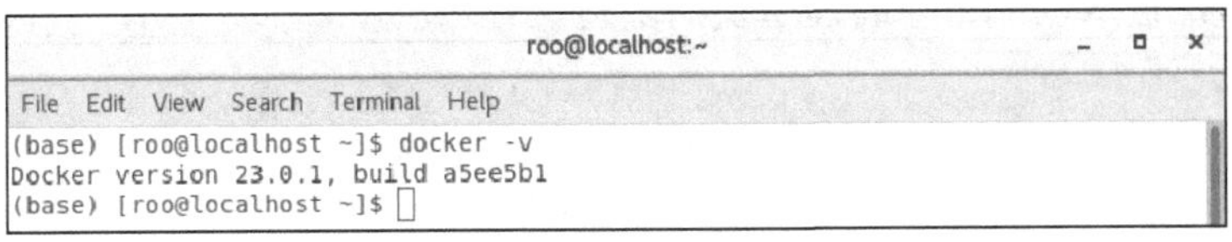

图 10-3　Docker 安装成功

2. 准备原型容器

1）创建原型容器

首先建立一个原型容器（prototype），作为后续分发容器的基础镜像。输入以下命令搜索 Docker 服务器上的镜像。

```
docker search centos
```

然后，下载其中的 CentOS 官方镜像，即 OFFICIAL 列的值为“[OK]”的一项，如图 10-4 所示。

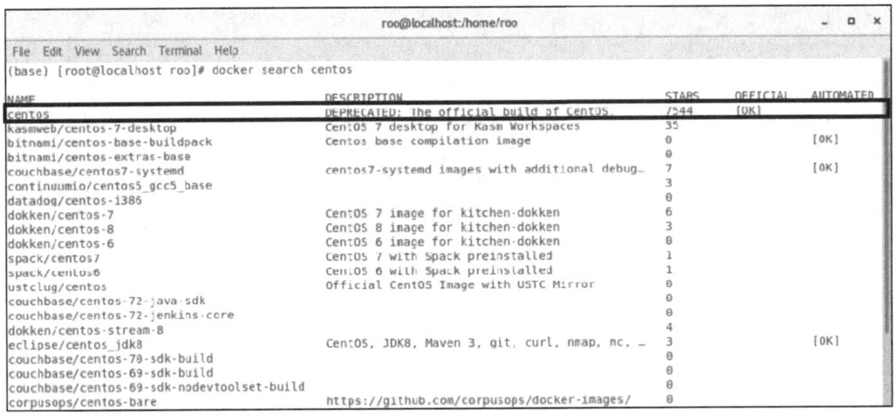

图 10-4　CentOS 的官方镜像

基于镜像 CentOS-8 系统创建并运行容器（容器与宿主机系统版本不同），输入以下命令。命令中各参数的含义如表 10-4 所示。运行完毕后即进入容器 prototype 的命令行环境。

```
docker run -it --privileged -h prototype --name prototype centos
```

表 10-4　该命令的参数

参数	含义
-it	表示运行容器后直接进入容器内部的命令行，即可像操作虚拟机一样操作该容器
--priviledged	允许容器进程执行所有特权操作，不设置时从外部调用容器集群将出现内部端口连接失败的问题
-h	表示容器的主机名 hostname，此处命名为 prototype
--name	表示容器的名称，此处命名为 prototype，容器名和容器的主机名相互独立，无须一致

centos	创建容器时所用的镜像

2）原型容器基本环境配置

首先，将原型容器的软件源切换成阿里源，输入以下命令下载镜像文件。

```
curl -o /etc/yum.repos.d/CentOS-Base-Aliyun.repo http://mirrors.aliyun.com/repo/Centos-8.repo
```

下载完成后，输入以下命令清理重复的配置文件。

```
cd /etc/yum.repos.d
mv CentOS-Linux-AppStream.repo CentOS-Linux-AppStream.repo_bak
mv CentOS-Linux-BaseOS.repo CentOS-Linux-BaseOS.repo_bak
mv CentOS-Linux-Extras.repo CentOS-Linux-Extras.repo_bak
mv CentOS-Linux-PowerTools.repo CentOS-Linux-PowerTools.repo_bak
mv CentOS-Linux-Plus.repo CentOS-Linux-Plus.repo_bak
```

输入以下命令，在原型容器中安装基础软件：SSH 和 which。

```
yum -y install openssh-clients openssh-server which
```

安装完成后，可以看到输出如图 10-5 所示。

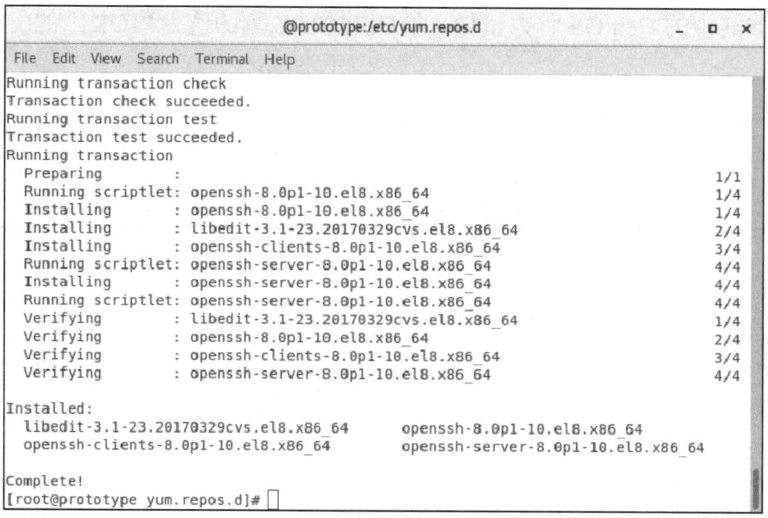

图 10-5　原型容器基本环境配置

3）下载并复制 PGXL 安装包

Postgres-XL 的下载地址为：https://www.postgres-xl.org/download/，本实验中选择的版本为：postgres-xl-10r1.1。

下载完成后，将 PGXL 的安装包由宿主机中复制到原型容器中。首先在命令行中按下快捷键 Ctrl+p+q，以退出当前容器并保持其继续运行。输入以下命令，将 PGXL 安装压缩包复制到 prototype 容器中。

```
docker cp /home/下载/postgres-xl-10r1.1.tar.gz prototype:/opt/
```

复制完成后，输入以下命令进入容器 prototype 中。

```
docker attach prototype
```

输入以下命令，检查压缩包是否成功复制到容器中。

```
cd /opt
ls
```

若看到 opt 文件夹下存在 postgres-xl-10r1.1.tar.gz 文件，则表明复制成功。

4）设置容器 SSH 免密登录

首先，输入以下指令设置原型容器 prototype 的 root 用户密码。

```
yum -y install passwd
passwd root
```

在容器内部输入以下命令，运行后回车四次，生成密钥。

```
ssh-keygen
```

输入以下命令，修改/etc/ssh/sshd_config 文件。

```
vi /etc/ssh/sshd_config
```

输入 i 或 a 进入编辑模式，将以下三个参数修改为 yes 状态。

```
PermitRootLogin yes
PermitEmptyPasswords yes
PasswordAuthentication yes
```

修改完成后，按“Esc”键退出编辑模式，在命令模式下输入“:wq”以保存退出。

5）环境变量配置

最后，配置原型容器 prototype 的环境变量，并设置容器启动后的 sshd 自动启动。输入以下命令，在/etc/profile.d 目录下新建一个 run.sh 文件。

```
cd /etc/profile.d
touch /etc/profile.d/run.sh
vi /etc/profile.d/run.sh
```

输入 i 或 a 进入编辑模式，向文件中写入以下内容。

```
/usr/sbin/sshd
```

写入完成后，按“Esc”键退出编辑模式，在命令模式下输入“:wq”以保存退出。然后，输入“exit”退出并停止原型容器 prototype 的运行。

```
exit
```

如图 10-6 所示，此时已经回到宿主机环境。

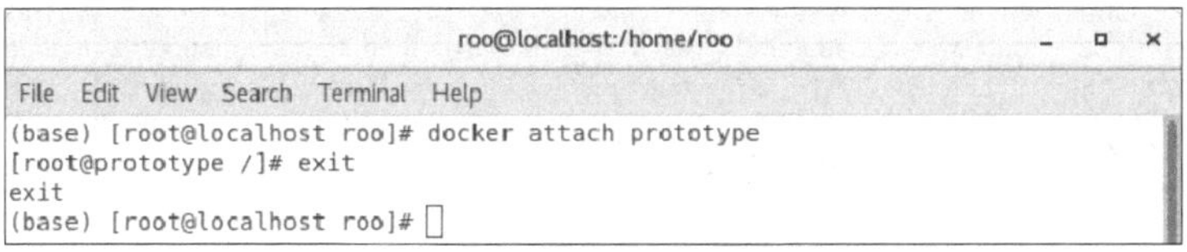

图 10-6 回到宿主机环境

为了验证 sshd 开机自启动是否设置成功，输入以下命令重新启动容器 prototype。

```
docker start prototype
```

6）打包原型镜像

在宿主机中将容器 prototype 生成为镜像，作为分发虚拟机时的基础镜像。该命令中各参数的含义如表 10-5 所示。

```
docker commit -a "daikx" -m "Cluster Prototype" prototype cluster-centos:v1
```

表 10-5　该命令的参数

参数	含义
-a	表示作者
-m	表示对该镜像的说明
prototype	表示被打包容器的名称
cluster-centos:v1	表示生成镜像的名称及版本

然后，输入如下命令，将原型镜像打包为压缩文件，方便后续分发。

```
docker save -o /opt/cprototype.tar cluster-centos:v1
```

3. 创建、配置虚拟机容器

1）虚拟机创建

基于原型镜像，建立一个名为 master 的虚拟机，用于 PGXL 的安装和测试，输入以下命令进行创建。该命令中各参数的含义如表 10-6 所示。

```
docker run -itd --privileged -h master --name master cluster-centos:v1
```

表 10-6　该命令的参数

参数	含义
-itd	表示打开终端但不进入
--privileged	表示赋予 root 权限
-h	指定容器的 hostname
--name	容器名称
cluster-centos:v1	表示拉取镜像的名称及版本

2）虚拟机名称与 IP 绑定设置

为了方便虚拟机的网络访问，需要对其名称和 IP 进行绑定。输入以下命令，进入 master 虚拟机。

```
docker attach master
```

首先，输入命令，修改/etc/hostname 文件。

```
vi /etc/hostname
```

将该主机名称设置为 master，如图 10-7 所示。

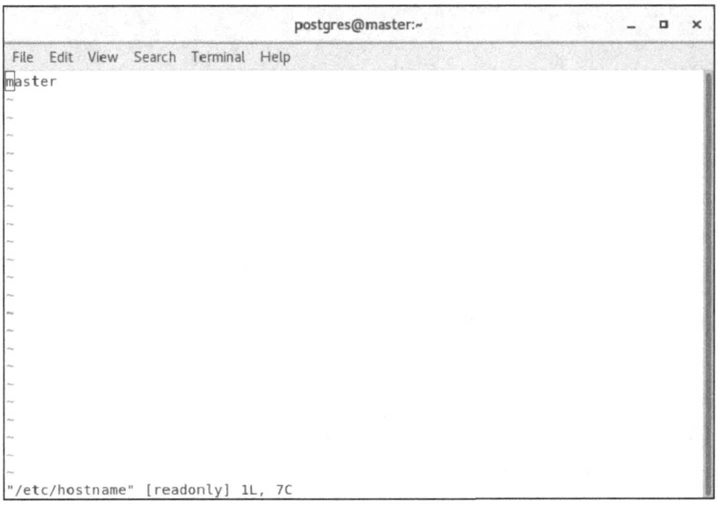

图 10-7　主机名称设置为 master

然后，输入如下命令，修改/etc/hosts 文件。

```
vi /etc/hosts
```

修改后的 IP 绑定关系如图 10-8 所示。

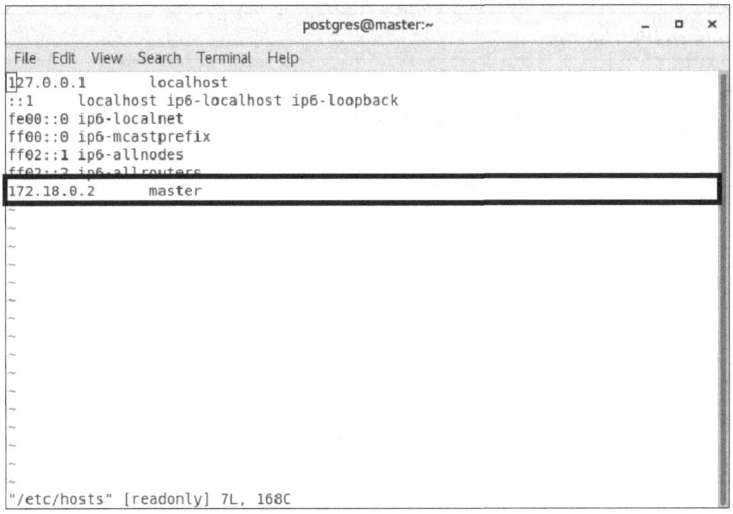

图 10-8　修改后的 IP 绑定关系

修改完成后，按“Esc”键退出编辑模式，在命令模式下输入“:wq”以保存退出。

10.3　分布式 PGXL 的安装与部署

10.3.1　PGXL 的安装

1. 安装依赖程序

在正式安装 PGXL 前，需要提前安装相应的依赖程序，输入以下命令。

```
docker attach master
yum install flex
yum install bison
yum install readline
yum install zlib
yum install gcc
yum install make
yum install readline-devel
yum install zlib-devel
```

2. 新建 postgres 用户

依赖软件安装完成后，新建一个名为 postgres 的用户，作为后续 PGXL 的管理员用户。输入以下命令创建用户，并赋予其主文件夹的操作权限。

```
useradd postgres
chown -R postgres /home/postgres
```

3. 解压安装包

输入下面的命令，切换到 postgres 用户。

```
su - postgres
```

然后，在/opt 文件夹下找到 postgres-xl-10r1.1.tar.gz 压缩包，并将其解压到当前目录下。

```
tar -zxvf /opt/postgres-xl-10r1.1.tar.gz
```

4. 编译与安装

进入解压后的文件夹，首先将源代码编译为可执行文件，指定安装到/home/postgres/pgxl 文件夹下。

```
cd ./postgres-xl-10r1.1
mkdir -p /home/postgres/pgxl/
./configure --prefix=/home/postgres/pgxl/
```

编译完成后，可以看到如图 10-9 所示的提示。

然后，输入如下命令，运行安装。

```
make && make install
```

安装完成后，再进入到 contrib 文件夹下，再次执行安装。

```
cd ./contrib
make && make install
```

10.3.2　PGXL 环境配置

1. 配置环境变量

完成 PGXL 的安装后，需要配置支持数据库运行的变量路径。输入以下命令，修改环境变量文件设置。

```
cd /home/postgres/pgxl
vi /home/postgres/.bashrc
```

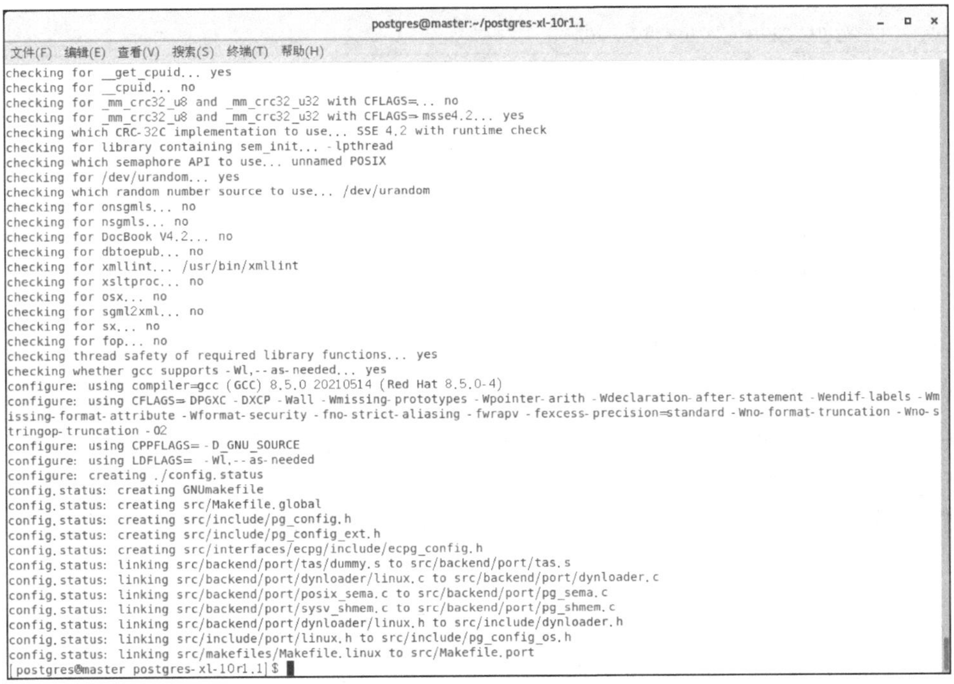

图 10-9　编译完成

输入 i 或 a 进入编辑模式，向文件中添加下列内容。

```
export PGHOME=/home/postgres/pgxl
export PGUSER=postgres
export LD_LIBRARY_PATH=$PGHOME/lib:$LD_LIBRARY_PATH
export PATH=$PGHOME/bin:$PATH
```

修改完成后，按“Esc”键退出编辑模式，在命令模式下输入“:wq”以保存退出。输入以下命令，确保修改后的环境变量生效。

```
source /home/postgres/.bashrc
```

2. 创建数据库组件

首先，输入如下命令，创建全局事务管理器 gtm。

```
initgtm -Z gtm -D gtm
```

然后，输入如下命令，创建一个命名为 co1 的协调器。

```
initdb -D coord1 --nodename co1
```

最后，输入如下命令，创建两个命名为 dn1 和 dn2 的数据节点。

```
initdb -D datanode1 --nodename dn1
initdb -D datanode2 --nodename dn2
```

3. 修改组件配置文件

PGXL 数据库组件创建完成后，对其配置文件进行修改，以确保组件之间能够建立正常通信。主要步骤如下。

（1）修改协调器 co1 中的 postgresql.conf 配置文件。输入如下命令。

```
vi /home/postgres/pgxl/coord1/postgresql.conf
```

输入 i 或 a 进入编辑模式，按照下列设置修改对应的参数设置。

```
# - Connection Settings –
listen_addresses='*'
port=5432
max_connections=100
# DATA NODES AND CONNECTION POOLING
pooler_port=5432
max_pool_size=100
```

修改完成后，按“Esc”键退出编辑模式，在命令模式下输入“:wq”以保存退出。

（2）修改协调器 co1 中的 pg_hba.conf 配置文件。输入如下命令。

```
vi /home/postgres/pgxl/coord1/pg_hba.conf
```

输入 i 或 a 进入编辑模式，在# IPv4 local connections 下添加如下内容，表示允许接受来自所有 IP 地址的访问，如图 10-10 所示。

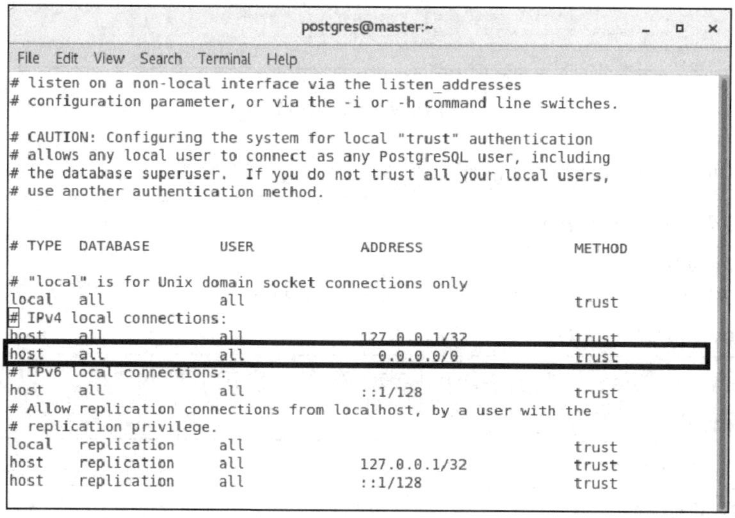

图 10-10　允许接受来自所有 IP 地址的访问

修改完成后，按“Esc”键退出编辑模式，在命令模式下输入“:wq”以保存退出。

（3）修改 dn1 中的 postgresql.conf 配置文件。

```
vi /home/postgres/pgxl/datanode1/postgresql.conf
```

输入 i 或 a 进入编辑模式，按照下列设置修改对应的参数设置。

```
# - Connection Settings –
listen_addresses='*'
port=15432
max_connections=100
# DATA NODES AND CONNECTION POOLING
pooler_port=6667
```

```
max_pool_size=100
# GTM CONNECTION
gtm_host='172.18.0.2'
gtm_port=6666
pgxc_node_name='coord1'
```

修改完成后，按“Esc”键退出编辑模式，在命令模式下输入“:wq”以保存退出。

（4）修改 dn1 中的 pg_hba.conf 配置文件。

```
vi /home/postgres/pgxl/datanode1/pg_hba.conf
```

输入 i 或 a 进入编辑模式，同样在# IPv4 local connections 下添加如下内容，表示允许接受来自所有 IP 地址的访问。

```
host all all 0.0.0.0/0 trust
```

（5）修改 dn1 中的 postgresql.conf 配置文件。

```
vi /home/postgres/pgxl/datanode2/postgresql.conf
```

输入 i 或 a 进入编辑模式，按照下列设置修改对应的参数设置。

```
# - Connection Settings –
listen_addresses='*'
port=15433
max_connections=100
# DATA NODES AND CONNECTION POOLING
pooler_port=6668
max_pool_size=100
# GTM CONNECTION
gtm_host='172.18.0.2'
gtm_port=6666
pgxc_node_name='coord2'
```

修改完成后，按“Esc”键退出编辑模式，在命令模式下输入“:wq”以保存退出。

（6）修改 dn2 中的 pg_hba.conf 配置文件。

```
vi /home/postgres/pgxl/datanode2/pg_hba.conf
```

输入 i 或 a 进入编辑模式，同样在# IPv4 local connections 下添加如下内容，表示允许接受来自所有 IP 地址的访问。

```
host all all 0.0.0.0/0 trust
```

修改完成后，按“Esc”键退出编辑模式，在命令模式下输入“:wq”以保存退出。

4. 启动组件

（1）配置完成后，首先启动各个组件，按照顺序执行以下命令。

```
source /home/postgres/.bashrc
cd /home/postgres/pgxl/
gtm -D gtm & pg_ctl start -D datanode1 -Z datanode
pg_ctl start -D datanode2 -Z datanode
pg_ctl start -D coord1 -Z coordinator
```

（2）进入主数据库，配置其协调器和数据节点信息，顺序执行以下命令。注意每条 sql 语句执行时末尾需要带分号。

```
psql postgres
CREATE NODE dn1 WITH (TYPE='datanode', PORT=15432);
CREATE NODE dn2 WITH (TYPE='datanode', PORT=15433);
ALTER NODE co1 WITH (TYPE='coordinator', PORT=5432);
SELECT * FROM pgxc_node;
SELECT pgxc_pool_reload();
```

执行完成后，可以看到如图 10-11 所示的提示。

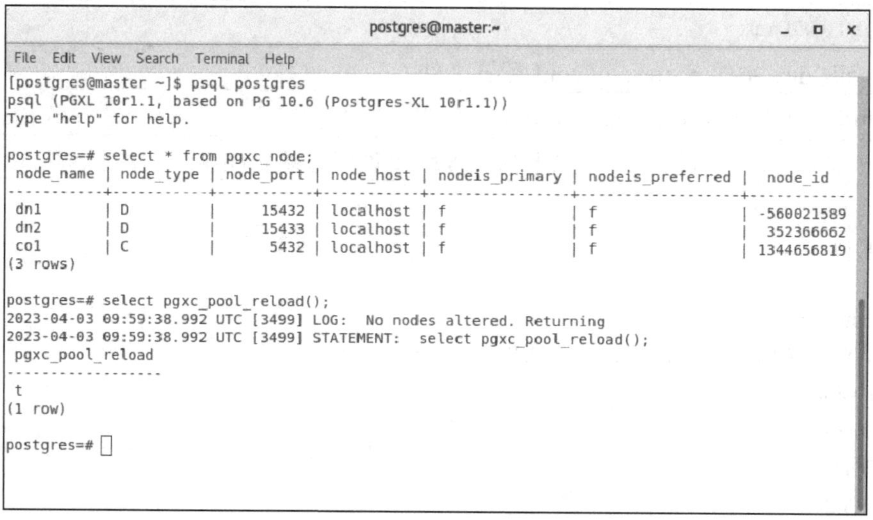

图 10-11　配置其协调器和数据节点成功

（3）输入以下命令，进入端口号为 15432 的数据节点，配置节点和协调器信息。

```
\q
psql postgres -p 15432
CREATE NODE dn2 WITH (TYPE='datanode', PORT=15433);
ALTER NODE dn1 WITH (TYPE='datanode', PORT=15432);
CREATE NODE co1 WITH (TYPE='coordinator', PORT=5432);
```

（4）输入以下命令，进入端口号为 15433 的数据节点，配置节点和协调器信息。

```
\q
psql postgres -p 15433
CREATE NODE dn1 WITH (TYPE='datanode', PORT=15432);
ALTER NODE dn2 WITH (TYPE='datanode', PORT=15433);
CREATE NODE co1 WITH (TYPE='coordinator', PORT=5432);
```

5. 关闭数据库

需要关闭数据库时，执行以下命令。

```
pg_ctl stop -D /home/postgres/pgxl/coord1 -Z coordinator -m fast
```

```
pg_ctl stop -D /home/postgres/pgxl/datanode1 -Z datanode
gtm_ctl -Z gtm stop -D /home/postgres/pgxl/gtm
```

10.4　分布式 PostGIS 版本的安装

10.4.1　安装包下载

PGXL 目前仅支持 PostGIS 2.x 版本，在本实验中安装的 PostGIS 及其依赖的各软件版本如表 10-7 所示。只需要在 DataNode 节点安装 PostGIS，其余节点不需要安装。

表 10-7　PGXL 目前支持的 PostGIS 及其所依赖的各软件版本

软件名称	PostGIS	Proj	GEOS	GDAL	LibXML2	JSON-C
版本	2.4.0	4.8.0	3.6.0	2.0.1	2.9.7	0.13.1

在/home/postgres 路径下运行下面的语句，下载所需各软件的安装包。

```
mkdir postgis-jars
cd postgis-jars
wget http://download.osgeo.org/proj/proj-4.8.0.tar.gz
wget http://download.osgeo.org/geos/geos-3.6.0.tar.bz2
wget http://download.osgeo.org/gdal/2.0.1/gdal-2.0.1.tar.gz
wget https://github.com/GNOME/libxml2/archive/refs/tags/v2.9.7.tar.gz
wget https://github.com/json-c/json-c/archive/refs/tags/json-c-0.13.1-20180305.tar.gz
wget http://download.osgeo.org/postgis/source/postgis-2.4.0.tar.gz
```

下载完成后，在 root 权限下分别进行编译安装。

10.4.2　编译安装

1. Proj 编译安装

```
tar -zxf proj-4.8.0.tar.gz
cd proj-4.8.0
mkdir -p /usr/local/proj
./configure --prefix=/usr/local/proj
make -j4
make install
cd ..
```

2. GEOS 编译安装

```
yum install bzip2
tar -jxf geos-3.6.0.tar.bz2
cd geos-3.6.0
mkdir /usr/local/geos
./configure --prefix=/usr/local/geos
make -j4
make install
```

```
cd ..
```

3. GDAL 编译安装

```
tar -zxvf gdal-2.0.1.tar.gz
cd gdal-2.0.1
mkdir -p /usr/local/gdal
./configure --prefix=/usr/local/gdal
make -j4
make install
cd ..
```

4. LibXML2 编译安装

```
tar -xf libxml2-2.9.7.tar.gz
cd libxml2-2.9.7
mkdir -p /usr/local/libxml2
./configure --prefix=/usr/local/libxml2
make -j4
make install
cd ..
```

5. JSON-C 编译安装

```
tar -xf json-c-0.13.1-20180305.tar.gz
cd json-c-json-c-0.13.1.-20180305
mkdir -p /usr/local/json-c
./configure --prefix=/usr/local/json-c
make -j4
make install
cd ..
```

6. PostGIS 编译安装

```
tar -zxf postgis-2.4.0.tar.gz
cd postgis-2.4.0
mkdir /usr/local/postgis
./configure --prefix=/usr/local/postgis --with-pgsql=/home/postgres/pgxl/bin/pg_config
    --with-pgconfig=/home/postgres/pgxl/bin/pg_config --with-geosconfig=/usr/local/geos/bin/geos-config
    --with-projdir=/usr/local/proj --with-gdalconfig=/usr/local/gdal/bin/gdal-config
    --with-jsondir=/usr/local/json-c --with-xml2config=/usr/local/libxml2/bin/xml2-config
make -j4
make install
```

安装完成后，运行下面的命令将 PostGIS 与 PGXL 进行绑定。

```
chmod -R 777 /usr/local/proj
chmod -R 777 /usr/local/geos
chmod -R 777 /usr/local/gdal
chmod -R 777 /usr/local/libxml2
chmod -R 777 /usr/local/json-c
```

```
chmod -R 777 /usr/local/postgis
cp /usr/local/geos/lib/libgeos_c.so.1    /home/postgres/pgxl/lib/
cp /usr/local/proj/lib/libproj.so.0 /home/postgres/pgxl/lib/
su postgres
psql postgres -f /home/postgres/pgxl/share/contrib/postgis-2.4/postgis.sql
psql postgres -f /home/postgres/pgxl/share/contrib/postgis-2.4/spatial_ref_sys.sql
```

然后，进入数据库，修改空间坐标参考信息表（spatial_ref_sys）的存储方式为 REPLICATION，即在每一个 DataNode 上均存放完整的空间参考信息，而不是分块存储。

```
# 进入数据库
psql -p 5432 -U postgres
# 修改空间坐标参考信息表存储方式
ALTER TABLE spatial_ref_sys DISTRIBUTE BY REPLICATION;
```

最后，运行下面 GSQL 命令。

```
# 输入命令
SELECT ST_Point(116,43);
```

若能看到下图中的输出信息，则表示 PostGIS 安装成功，如图 10-12 所示。

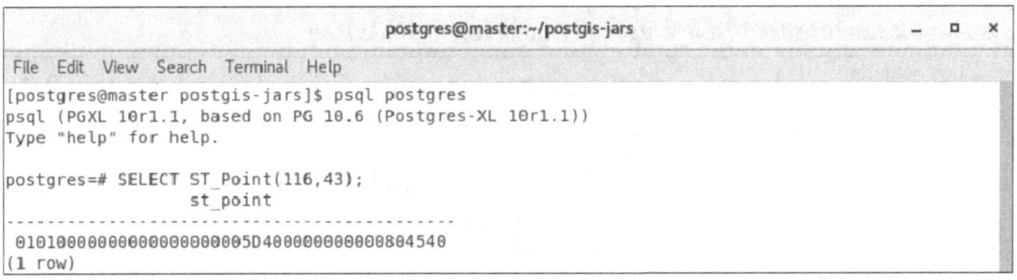

图 10-12　PostGIS 安装成功

7. 可能会遇到的问题

【问题 20】在启动集群后出现“warning：can not connect to GTM: connection refused”的提示，用如下命令尝试关闭防火墙以解决问题。

```
systemctl status firewalld.service
systemctl stop firewalld.service
```

【问题 21】在安装 geos 时，遇到如“../../../libtool:line1766:g++:command not found”的报错。其原因是系统中没有安装 g++，输入以下命令解决。

```
yum install gcc-c++ libstdc++-devel
```

【问题 22】在执行./configure --prefix=/usr/local/libxml2 时出现如“bash: ./configure: No such file or directory”的报错；即不能识别 configure 命令，可更换 libxml2 下载源以解决问题，重新下载编译安装 libxml2。

```
wget https://download.gnome.org/sources/libxml2/2.9/libxml2-2.9.7.tar.xz
```

【问题 23】在编译 postgis 时，若在已加--with-xml2config 参数，且路径正确的情况下，仍遇如“configure: error: could not find xml2-config from libxml2 within the current path.you may need to try re-running configure with a --with-xml2config parameter.”的报错；可以尝试更换版

本以解决问题，输入以下命令。

```
yum install libxml2-devel
```

【问题 24】若重启宿主机之后无法启动容器，遇到如“Cannot connect to the Docker daemon at unix:///var/run/docker.sock. Is the docker daemon running?”的错误提示；可以重新加载 daemon，重启 docker 服务。

```
systemctl daemon-reload
systemctl restart docker.service
```

【问题 25】在编译 PostGIS 时，遇到如“checking for library containing GDALAllRegister... no”或“configure: error: could not find GDAL”的错误提示，其原因是 GDAL 的 lib 文件目录 /usr/local/lib 没有进入到系统的库文件目录，输入以下命令解决。

```
echo '/usr/local/gdal/lib' >> /etc/ld.so.conf
echo '/home/postgres/pgxl/lib' >> /etc/ld.so.conf
ldconfig
```

【问题 26】在编译 PostGIS 时，遇到如“lwin_geojson.c:36:10: fatal error: json-c/json_object_private.h: No such file or directory| #include <json-c/json_object_private.h>”的错误提示，原因是 json-c 的文件目录缺少头文件 json_object_private.h，输入以下命令解决。

```
cp ../json-c-json-c-0.13.1-20180305/json_object_private.h /usr/include/json
```

【问题 27】在执行 psql postgres -f /home/postgres/pgxl/share/contrib/postgis-2.4/postgis.sql 命令时遇到如“current transaction is aborted, commands ignored until end of thansaction block”的报错；原因可能是没有在全部节点注册所有节点的信息，可在各个节点中执行如下 GSQL 语句以检查各节点的信息，如缺少节点信息进行相应的增加或修改。

```
SELECT oid, * FROM pgxc_node;
```

10.5　出租车订单 OD 流的分布式存储与查询实验

10.5.1　数据库导入

首先，登录数据库，创建一个名为 taxi 的模式，并在该模式下创建一个名为 track_od_month 的数据表，GSQL 命令如下。

```
psql postgres -p 5432
CREATE SCHEMA taxi;
CREATE TABLE taxi. track_od_month (
    vehiclenum character varying COLLATE pg_catalog."default",
    sdate date,
    start_time time without time zone,
    end_time time without time zone
    start_lat double precision,
    start_lon double precision,
    end_lat double precision,
    end_lon double precision,
);
```

然后，运行以下命令，将出租车数据导入到该空表中。

```
\i /home/postgres/ track_od_month.sql
```

命令执行完成后，可以看到已经导入了 6942670 条记录到该数据表中，如图 10-13 所示。

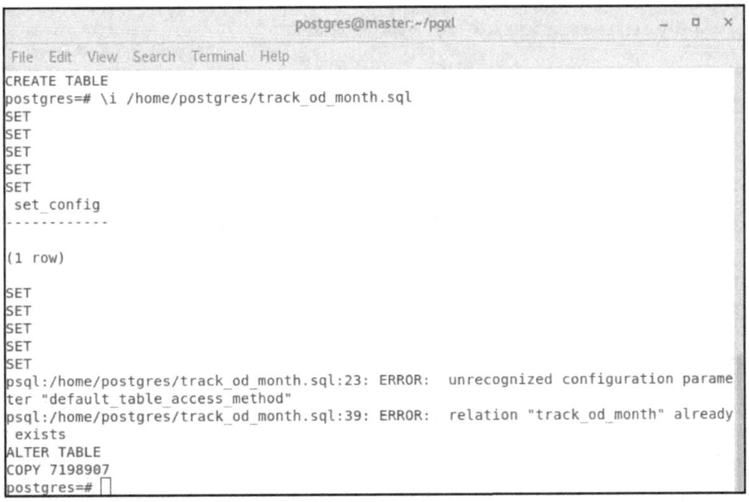

图 10-13　数据导入成功

10.5.2　数据存储分布查询

导入到 PGXL 中的数据表会被分布式地存储到不同的 DataNode 中，我们可以登录不同的节点查看上述导入的数据表的存储情况。

首先，输入如下语句，登录数据节点 dn1，并查询表 track_od_month 的记录数，结果如图 10-14 所示。

```
psql postgres -p 15432
SELECT COUNT(*) FROM taxi. track_od_month;
```

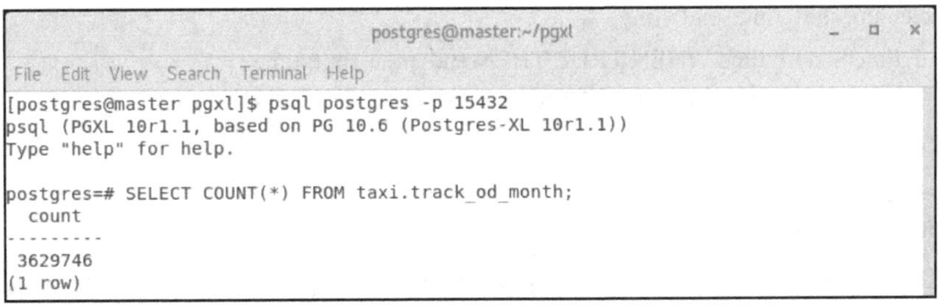

图 10-14　节点 1 存储的记录数

然后，输入如下语句，登录数据节点 dn2，并查询表 track_od_month 的记录数，结果如图 10-15 所示。

```
psql postgres -p 15433
SELECT COUNT(*) FROM taxi. track_od_month;
```

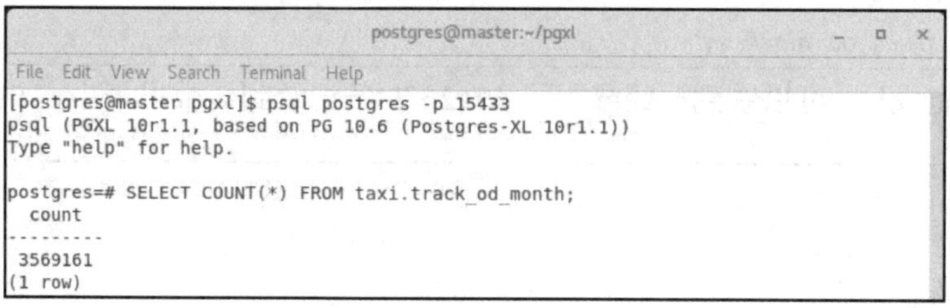

图 10-15　节点 2 存储的记录数

可知，数据节点 dn1 中存储了 3629746 条记录，而数据节点 dn2 中存储了 3569161 条记录。

10.5.3　数据查询效率比较

1. 查询所有记录

分别在集中式的PGSQL和分布式的PGXL中执行查询数据表全部记录的SQL语句如下。

```
SELECT * FROM taxi. track_od_month;
```

两系统的耗时对比如表 10-8 所示，其中，计划生成时间是数据库管理系统根据 SQL 逻辑生成具体执行方案的耗时；执行时间则是从开始执行上述方案，直至返回查询结果所需的时间。可见：对于查询所有记录这类相对简单的 SQL，因为 PGXL 分布式的数据组织形式比集中式的 PGSQL 更复杂，所以其计划生成时间和执行时间都相对较长。

表 10-8　两系统查询的计划时间与执行时间

PGSQL	PGXL
计划生成时间：0.085 ms	计划生成时间：0.125 ms
执行时间：799.306 ms	执行时间：26068.732 ms

2. 计算行驶时长

分别在 PGSQL 和 PGXL 中执行计算行驶时长的 GSQL 语句如下。

```
SELECT vehiclenum, start_time, end_time,
    CASE end_time>=start_time WHEN TRUE THEN end_time-start_time
                    WHEN FALSE THEN end_time-start_time+interval '24H'        --针对跨天订单
    END AS duration
FROM taxi.track_od_month;
ORDER BY duration DESC;
```

两系统耗时对比如表 10-9，可见：PGXL 计算行驶时长的执行时间约为 PGSQL 的 65%。说明：分布式计算能更好地利用集群的计算资源进行逻辑判断与数字计算。

表 10-9　两系统计算行驶时长的耗时

PGSQL	PGXL
计划生成时间：0.073 ms	计划生成时间：0.068 ms
执行时间：5714.490 ms	执行时间：3739.273 ms

3. 计算行驶距离

分别在 PGSQL 和 PGXL 中执行计算行驶距离的 GSQL 语句如下。

```
SELECT
    vehiclenum,
    ROUND((ST_Distance(
                    ST_Transform(ST_SetSRID(ST_Point(start_lon,start_lat), 4326), 4326)::geography,
                    ST_Transform(ST_SetSRID(ST_Point(end_lon,end_lat),4326),4326)::geography)/1000   --
转公里
                )::NUMERIC,
    2) AS cal_distance
FROM taxi. track_od_month AS ta
ORDER BY cal_distance DESC;
```

两系统耗时对比如表 10-10，可见：PGXL 空间计算的执行效率约为 PGSQL 的 12 倍。说明：分布式计算能更好地利用集群的计算资源进行空间计算和处理。

表 10-10　两系统计算行驶距离的耗时

PGSQL	PGXL
计划生成时间：0.116 ms	计划生成时间：0.176 ms
执行时间：401555.427 ms	执行时间：33502.343 ms

4. 计算行驶速度

计算行驶速度前，首先创建行驶时长和行驶距离的视图，GSQL 语句如下。

```
/*创建行驶时长和行驶距离视图*/
CREATE VIEW taxi.taxi_time_dis   AS
SELECT
    vehiclenum,
    /*计算时间间隔*/
    CASE end_time>=start_time WHEN TRUE THEN end_time-start_time
                        WHEN FALSE THEN end_time-start_time+interval '24H'        --针对跨天订单
    END AS duration,
    /*计算距离*/
    ROUND((ST_Distance(
                    ST_Transform(ST_SetSRID(ST_Point(start_lon,start_lat),4326),4326)::geography,
                    ST_Transform(ST_SetSRID(ST_Point(end_lon,end_lat),4326),4326)::geography)/1000
--转公里
                )::NUMERIC,
   2) AS distance
FROM taxi. track_od_month;
```

然后，基于该视图计算行驶速度，GSQL 语句如下。

```
SELECT
    vehiclenum,
```

```
    CASE EXTRACT(epoch FROM duration)!=0          --避免除数为 0
        WHEN TRUE THEN
            ROUND((distance/(EXTRACT(epoch FROM duration)/(60*60)))::NUMERIC,2)
        WHEN FALSE THEN
            0
    END AS speed
FROM taxi.taxi_time_dis;
```

两系统耗时对比如表 10-11，可见：PGXL 除法计算的执行效率约为 PGSQL 的 11 倍。

表 10-11　两系统计算行驶速度的耗时

PGSQL	PGXL
计划生成时间：0.147 ms	计划生成时间：0.357 ms
执行时间：356380.141 ms	执行时间：31083.845 ms

综合以上结果，分布式的 PGXL 在数据查询和读取事务中的执行效率低于集中式的 PGSQL。但在数据计算、空间数据分析等计算密集型事务中表现出较好的处理性能，体现了分布式数据的 OLAP 特性。

主要参考文献

程昌秀. 2012. 空间数据库管理系统概论. 北京: 科学出版社.

程昌秀. 2023. 空间数据库管理系统概论. 2 版. 北京: 科学出版社.

Obe R O, Hsu L S. PostGIS In Action. 3rd ed. Greenwich: Manning Publications.

参 考 标 准

地理信息 空间模式(GB/T 23707—2009/ISO 19107: 2003).

地理信息 简单要素访问 第 1 部分: 通用架构(GB/T 33187.1—2016/ISO 19125-1: 2004).

地理信息 简单要素访问 第 2 部分: SQL 选项(GB/T 33187.2—2016/ISO 19125-2: 2004).

地理信息概念模式语言(GB/T 35647—2017/ISO 19103: 2015).

OpenGIS Implementation Specification for Geographic information - Simple feature access—Part 1: Common architecture (V1.2.0). Open Geospatial Consortium Inc,2006-10-05.

OpenGIS Implementation Specification for Geographic information - Simple feature access—Part 2: SQL option (V1.2.0). Open Geospatial Consortium Inc,2006-10-05.

Information Technology — Database Languages — SQL Multimedia and Application Packages — Part 3: Spatial. ISO/IEC CD 13249-3: 2002(E)-Text for Continuation Editing Meeting: 2002(E) Date: 2001-12-10.

Geographic Information — Simple Feature Access —Part 1: Common architecture. ISO 19125-1.

Geographic Information — Simple Feature Access —Part 2: SQL Option. ISO 19125-2.

附录　GeoServer 与 PostGIS 中栅格数据表的连接

GeoServer 不支持 PostGIS 自带的 raster2pgsql 工具导入的栅格数据表，但支持用 Image Mosaic JDBC 扩展导入的栅格数据表。下面介绍如何基于 Image Mosaic JDBC 实现栅格数据金字塔和瓦片的创建，以及如何在 GeoServer 中注册该栅格数据。这里需要注意：GeoServer 在 2020 年后停止了对 Image Mosaic JDBC 插件的支持，最后一个支持该插件的 GeoServer 为 2.17.5 版本，故本实验中选择 GeoServer 2.14.5 版本，对应 Image Mosaic JDBC 的 20.5 版本。

附录 1　安装 Image Mosaic JDBC 扩展

Image Mosaic JDBC 的下载地址为：https://mvnrepository.com/artifact/org.geotools/gt-imagemosaic-jdbc。下载完成后，将压缩包中的 gt-imagemosaic-jdbc-20.5.jar 文件解压至 geoserver 安装目录下的 Tomcat 9.0\webapps\geoserver\WEB-INF\lib 文件夹下，如附图 1 所示，然后重启 Tomcat 服务。

附图 1　gt-imagemosaic-jdbc-20.5.jar 文件

附录 2　准备栅格金字塔和瓦片文件

首先，在系统环境变量中加入 QGIS 的 Python 路径。具体方法如下：右击桌面“此电脑”点击“属性”，打开“高级系统设置”（附图 2a），点击“环境变量”（附图 2b），在系统变量的 path 中按顺序添加附图 2c 所示的 QGIS 安装目录下的两条路径。重启命令提示符，可使用 where python 命令查看当前 Python 路径（附图 3）。这些设置用于执行下面的命令。

然后，新建一个名为 raster_db 的文件夹，用于存放配置文件。之后，在 raster_db 文件夹下再新建一个文件夹 tiles 用于存放切分好的金字塔瓦片数据。创建完成后，使用命令行进入到 raster_db 文件夹下。

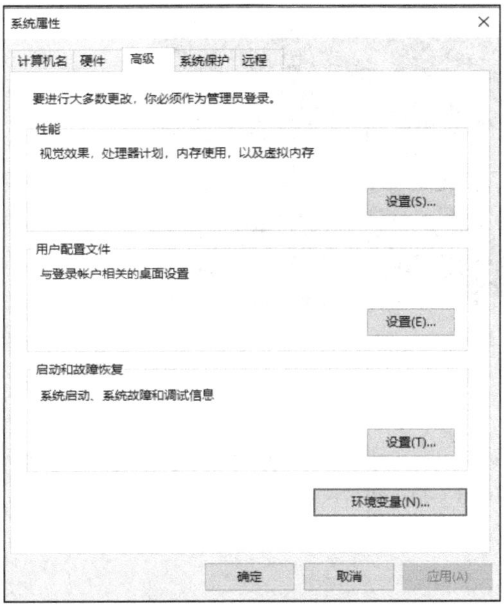

a

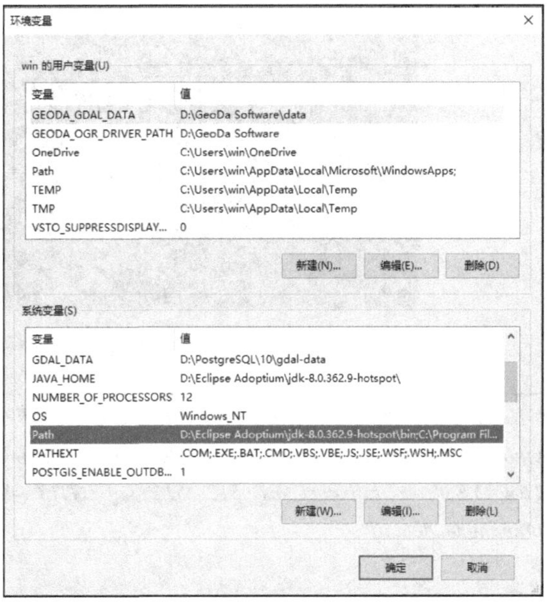

b

c

附图 2　增加环境变量

再利用 GDAL 的 gdal_retile 工具，对原始栅格数据建立图像金字塔，并生成地图瓦片，不同操作系统中的命令如下。命令中的文件路径需要根据自己的程序路径进行修改。对 gdal_retile 工具的参数说明如附表 1 所示。

附图 3　where python 命令查看当前 Python 路径

```
/*Windows 操作系统，利用 GDAL-Python 脚本进行切片*/
python "D:\Program Files\QGIS 3.26.3\apps\Python39\Lib\site-packages\osgeo_utils\gdal_retile.py" -co "TFW=YES" -r bilinear -ps 512 512 -of GTiff -levels 3 -targetDir tiles "E:\chapter6_data\raster_db\huanghe_dem.tif"

/*Linux 操作系统*/
gdal_retile -co "TFW=YES" -r bilinear -ps 512 512 -of PNG -levels 3 -targetDir tiles huanghe_dem.tif
```

附表 1　gdal_retile 工具的参数说明

参数	说明
-co	表示命令中包含多个参数
-r	重采样算法（可选：near、bilinear、cubic、cubicspline、lanczos）
-ps	像元的宽、高（pixelWidth、pixelHeight）
-of	输出影像格式，默认为 GTiff 格式
-levels	创建的影像金字塔层数
-targetDir	生成的 tile 文件存储目录
input_files	输入栅格图像，如：huanghe_dem.tif
"TFW=YES"	生成栅格瓦片的 TFW 文件。TFW 文件是关于 TIFF 影像坐标信息的文本文件，定义了影像坐标与实际地理坐标的仿射关系

*详细信息可参考：https://gdal.org/drivers/raster/gtiff.html#creation-options 和 https://gdal.org/drivers/raster/wld.html#raster-wld

执行完成后，可以在 tiles 文件夹下看到.tif 格式的地图切片及其所对应的.tfw 格式坐标文件，如附图 4 所示。

因为 PostGIS 数据库要求每一个.tif 文件都需要有对应文件名的.wld 文件才能导入，如 huanghe_dem_1_1.tif 相对应的文件名应该为 huanghe_dem_1_1.wld，但此时 gdal_retile 创建文件名为 huanghe_dem_1_1.tif.tfw，这会导致文件名不匹配而无法被识别。所以需要手动修改.tfw 文件后缀，可以自己逐个重命名文件，也可以使用下面提供的 Python 脚本自动修改。由于.tfw 文件是文本文件，修改其后缀不会对文件内容产生影响。

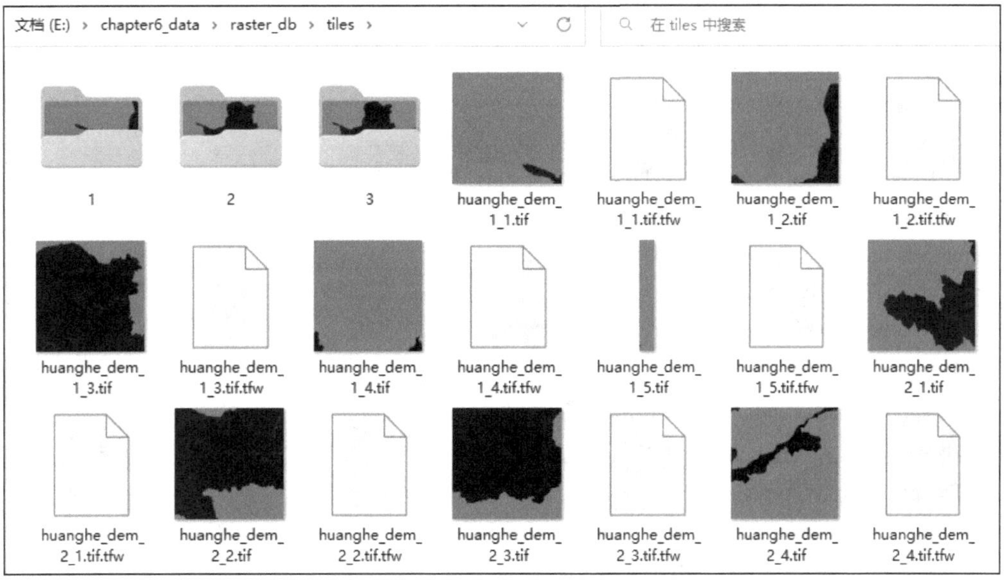

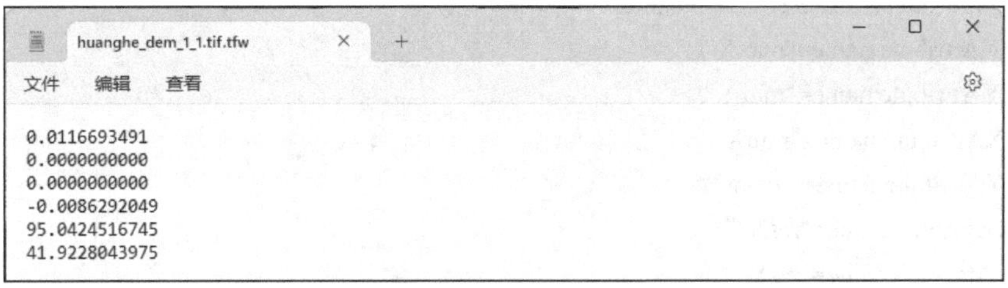

附图 4　地图切片

```
import os
path=r'E:\chapter6_data\raster_db\tiles' # -targetDir 所指向的生成文件路径
for root,dirs,files in os.walk（path）:
    print（root）
    for i in files:
        if i.endswith（'.tfw'）:
            file=os.path.join（root,i）
            rename=i.split（'.'）[0]
            rename=rename+'.wld'
            rename=os.path.join（root,rename）
            os.rename（file,rename）
```

附录 3　创建栅格数据表导入的配置文件

为了将栅格切片文件导入到空间数据库中，需要准备如下三个配置文件（附图 5）。

文件 1：connect.postgis.xml.inc（记录 jdbc 驱动程序的数据库连接信息）

```
<connect>
  <!-- value DBCP or JNDI -->
```

```
  <dstype value="DBCP"/>
  <!--    <jndiReferenceName value=""/>   -->
  <username value="postgres" />
  <password value="sql" />
  <jdbcUrl value="jdbc:postgresql://localhost:5432/postgis_33_sample" />
  <driverClassName value="org.postgresql.Driver"/>
  <currentSchema value="public, yellowriver"/>
  <maxActive value="10"/>
  <maxIdle value="0"/>
</connect>
```

文件 2：mapping.postgis.xml.inc（地图的配置数据）

```
<!-- possible values: universal,postgis,db2,mysql,oracle -->
<spatialExtension name="postgis"/>
<mapping>
    <masterTable name="yellowriver.dem_jdbc" >
      <coverageNameAttribute name="name"/>
      <maxXAttribute name="maxX"/>
      <maxYAttribute name="maxY"/>
      <minXAttribute name="minX"/>
      <minYAttribute name="minY"/>
      <resXAttribute name="resX"/>
      <resYAttribute name="resY"/>
      <tileTableNameAtribute    name="TileTable" />
      <spatialTableNameAtribute name="SpatialTable" />
    </masterTable>
    <tileTable name="yellowriver.dem_jdbc">
      <blobAttributeName name="data" />
      <keyAttributeName name="location" />
    </tileTable>
    <spatialTable>
      <keyAttributeName name="location"/>
      <geomAttributeName name="geom"/>
      <tileMaxXAttribute name="maxX"/>
      <tileMaxYAttribute name="maxY"/>
      <tileMinXAttribute name="minX"/>
      <tileMinYAttribute name="minY"/>
    </spatialTable>
</mapping>
```

文件 3：dem.postgis.xml（记录 SQL 空间数据表信息及各级瓦片的存储表）

```
<?xml version="1.0" encoding="UTF-8" standalone="no"?>
<!DOCTYPE ImageMosaicJDBCConfig [
  <!ENTITY mapping PUBLIC "mapping"   "mapping.postgis.xml.inc">
```

```
  <!ENTITY connect PUBLIC "connect"   "connect.postgis.xml.inc">]>
<config version="1.0">
  <coverageName name="dem_jdbc"/>
  <coordsys name="EPSG:4326"/>
  <!-- interpolation 1=nearest neighbour, 2=bilinear, 3=bicubic -->
  <scaleop   interpolation="2"/>
  <verify cardinality="false"/>
  &mapping;
  &connect;
</config>
```

附图 5 栅格切片的配置文件

附录 4 创建栅格切片数据表

在 raster_db 文件下创建一个新的文件夹 sqlscripts，用于存放生成的栅格数据表创建脚本。在 Windows 系统中，运行 IMAGE MOSAIC JDBC 的命令如下。该命令的参数见附表 2。

```
java -jar "D:\Program Files\Apache Software Foundation\Tomcat 9.0\webapps\geoserver\WEB-INF\lib\gt-imagemosaic-jdbc-20.5.jar" ddl -config dem.postgis.xml -spatialTNPrefix yellowriver.tiledem -pyramids 3 -statementDelim ";" -srs 4326 -targetDir "E:\chapter6_data\raster_db\sqlscripts"
```

附表 2 IMAGE MOSAIC JDBC 命令的参数含义

参数	说明
ddl	ddl 脚本语句生成（建立数据表）
-config	配置文件路径，如 osm.postgis.xml
-spatialTNPrefix	空间表前缀名称，如 yellowriver.tiledem
-pyramids	金字塔层级数，如 3
-statementDelim	同一脚本，多 sql 语句用";"隔开
-srs	坐标参考
-targetDir	脚本输出路径，如 sqlscripts

命令执行后，若显示如附图 6 所示的提示，则切片成功。

```
D:\webgis\raster_db>java -jar "D:\Program Files\Apache Software Foundation\Tomcat 9.0\webapps\geoserver\WEB-INF\lib\gt-imagemosaic-jdbc-20.5.jar" ddl -config dem.postgis.xml -spatialTNPrefix tiledem -pyramids 3 -statementDelim ";" -srs 4326
 -targetDir sqlscripts
十一月 09, 2022 10:00:24 下午 org.geotools.gce.imagemosaic.jdbc.DDLGenerator writeCreateMeta
信息: createmeta.sql generated
十一月 09, 2022 10:00:24 下午 org.geotools.gce.imagemosaic.jdbc.DDLGenerator writeDropMeta
信息: dropmeta.sql generated
十一月 09, 2022 10:00:24 下午 org.geotools.gce.imagemosaic.jdbc.DDLGenerator generate
信息: sqlscripts\add_osm.sql generated
十一月 09, 2022 10:00:24 下午 org.geotools.gce.imagemosaic.jdbc.DDLGenerator generate
信息: sqlscripts\remove_osm.sql generated
```

附图 6 创建数据切片成功

运行命令后，可在 sqlscript 文件夹下看到生成的 4 个.sql 文件，如附图 7 所示。

附图 7　生成的.sql 文件

打开 PSQL，在 PSQL 中运行下面两条指令，则在数据库中执行了下面两个.sql 文件的指令，运行结果如附图 8 所示。注意命令中的路径需要根据实际情况进行修改，并且需要将路径中的分隔符由 Windows 系统文件系统默认的反斜杠（\）修改为斜杠（/）。

```
\i 'E:/chapter6_data/raster_db/sqlscripts/createmeta.sql'
\i 'E:/chapter6_data/raster_db/sqlscripts/add_dem_jdbc.sql'
```

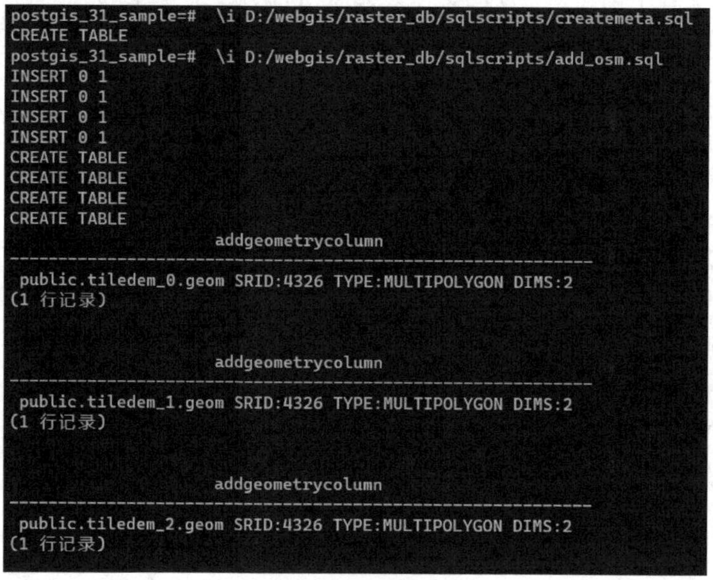

附图 8　SQL 的运行

此时可以到数据库中查看新建立的表。

附录 5　栅格切片数据导入数据库

运行下面的指令，将栅格切片数据分别导入到对应的表中。该命令的参数含义如附表 3。

```
java -Xbootclasspath/a:"D:\Program Files\Apache Software Foundation\Tomcat 9.0\webapps\geoserver\WEB-INF\lib/postgresql-42.1.1.jar" -jar "D:\Program Files\Apache Software Foundation\Tomcat 9.0\webapps\geoserver\WEB-INF\lib\gt-imagemosaic-jdbc-20.5.jar" import -config dem.postgis.xml -spatialTNPrefix tiledem -tileTNPrefix tiledem -dir "E:\chapter6_data\raster_db\tiles" -ext tif
```

附表 3　切片命令的参数含义

参数	说明
import	执行导入操作
-config	配置文件路径，如\webapp\data\coverages\osm.postgis.xml
-spatialTNPrefix	空间表前缀名称 如 dem_tiles
-tileTNPrefix	与 spatialTNPrefix 对应
-dir	切片目录
-ext	读取切片后缀名 png、jpg、tif

若出现如附图 9 所示的提示，则切片成功导入数据库。

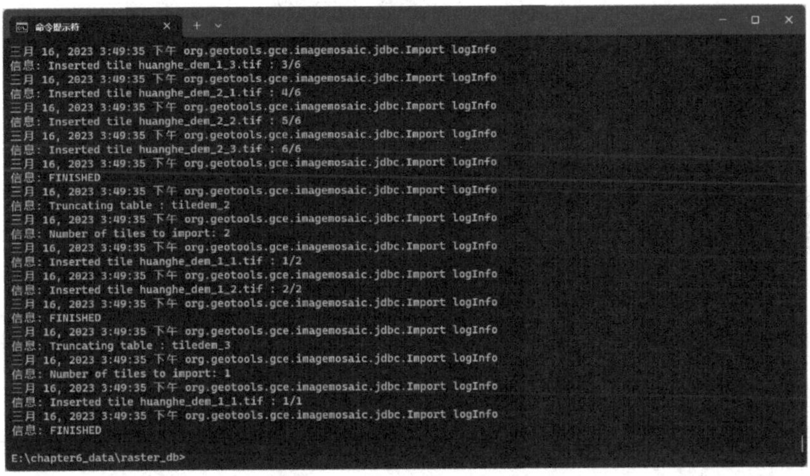

附图 9　切片成功导入数据库

可以到数据表中查看栅格切片数据的基本信息，栅格切片图片以二进制大对象（blob）类型存储于数据库中，如附图 10 所示。

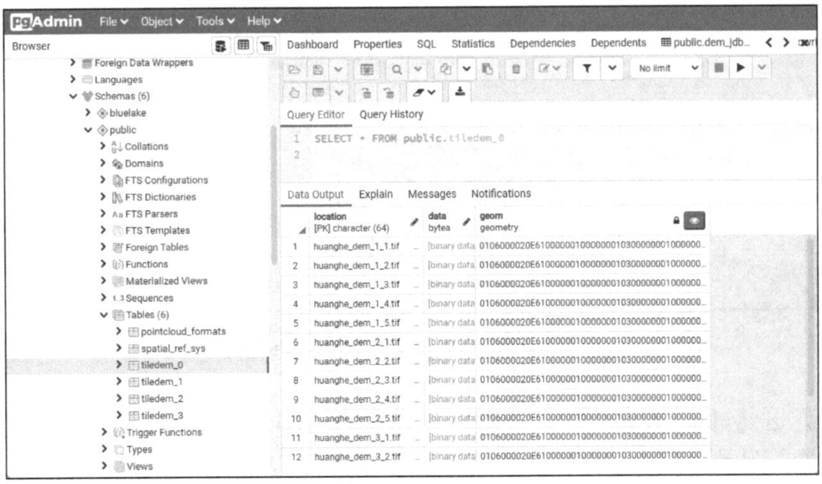

a 数据表

附图 10　数据库中存储的栅格切片数据

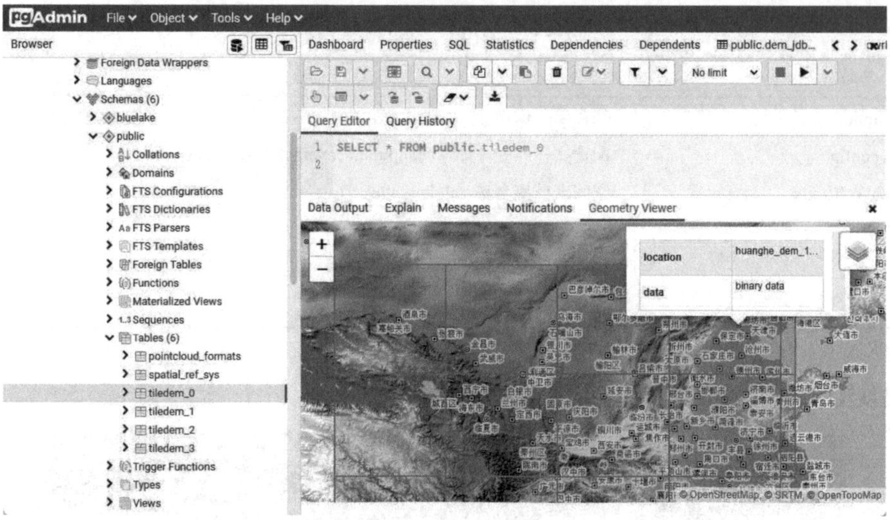

b 可视化

附图 10（续）

附录 6　在 GeoServer 中新建栅格数据存储

在“数据存储”页面上，单击“添加新的数据存储”，在“新建数据源”页面上，点击“栅格数据源”下的 ImageMosaicJDBC 图标，如附图 11 所示。

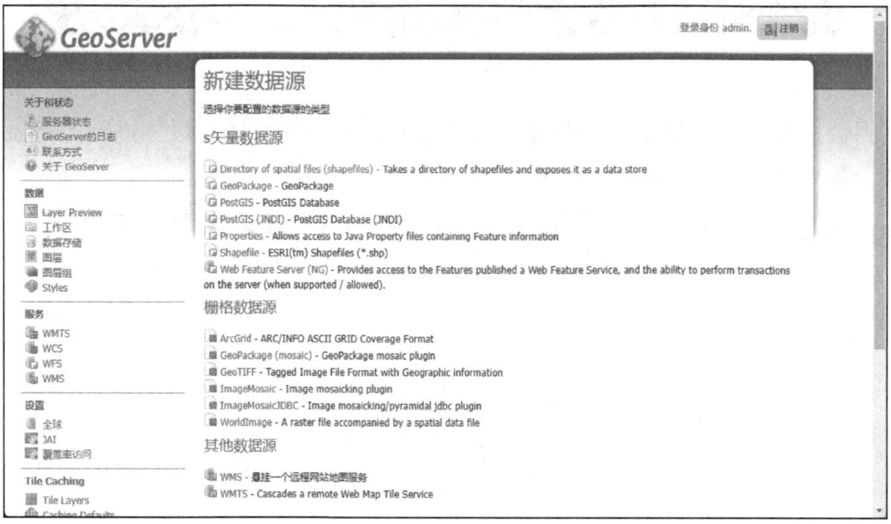

附图 11　栅格数据表：添加数据存储

选择工作区 yellowriver，将数据源名称设置为 yellowriver_dem_postgis。在连接参数“URL”中填入附录 3 节中的配置文件路径 E:\chapter6_data\raster_db\dem.postgis.xml，如附图 12 所示。

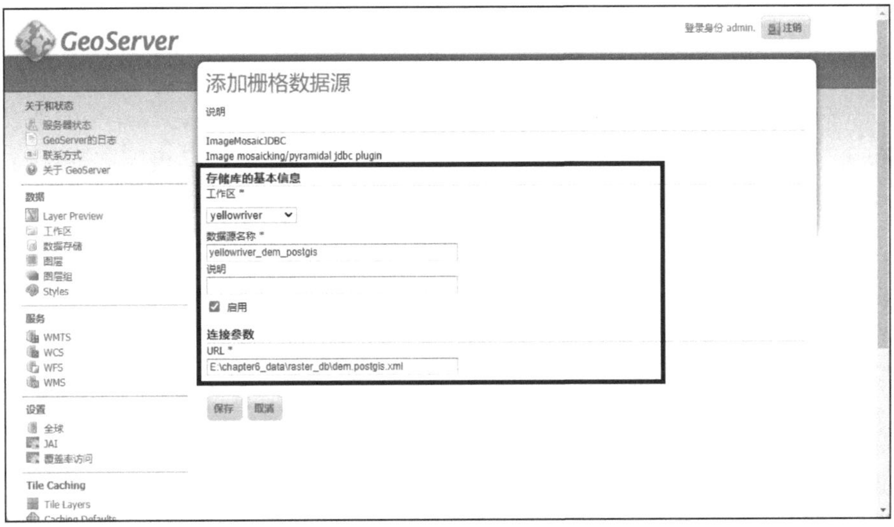

附图 12　栅格数据表连接参数配置

当看到“新建图层”界面，表明已经成功连接上空间数据库中的栅格切片表，如附图 13 所示。

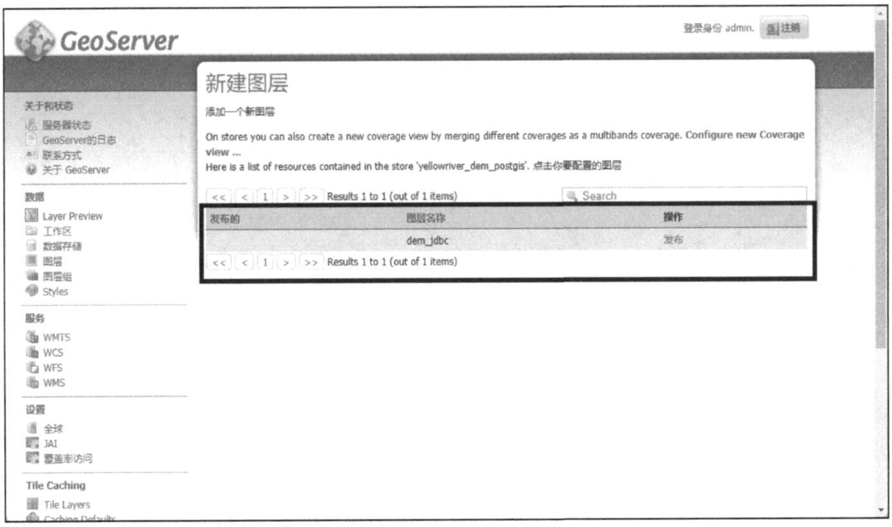

附图 13　栅格数据表创建图层